U0453080

原中央苏区振兴对策研究
主编 陈绵水

2012年度江西省高校哲学社会科学研究重大课题攻关项目

实施原中央苏区振兴政策研究

李晓园 刘善庆 张明林 著

中国社会科学出版社

图书在版编目（CIP）数据

实施原中央苏区振兴政策研究/李晓园等著.—北京：中国社会科学出版社，2014.12
ISBN 978-7-5161-5301-7

Ⅰ.①实⋯ Ⅱ.①李⋯ Ⅲ.①中央苏区—区域经济发展—研究 ②中央苏区—社会发展—研究 Ⅳ.①F129.6

中国版本图书馆 CIP 数据核字（2014）第 308018 号

出 版 人	赵剑英
责任编辑	王半牧
责任校对	石春梅
责任印制	何 艳

出　　版	中国社会科学出版社
社　　址	北京鼓楼西大街甲 158 号
邮　　编	100720
网　　址	http://www.csspw.cn
发 行 部	010-84083685
门 市 部	010-84029450
经　　销	新华书店及其他书店
印刷装订	北京市兴怀印刷厂
版　　次	2014 年 12 月第 1 版
印　　次	2014 年 12 月第 1 次印刷
开　　本	710×1000　1/16
印　　张	15.75
插　　页	2
字　　数	246 千字
定　　价	48.00 元

凡购买中国社会科学出版社图书，如有质量问题请与本社营销中心联系调换
电话：010-84083683
版权所有　侵权必究

前　言

《实施原中央苏区振兴政策研究》是江西师范大学苏区振兴研究院院长陈绵水教授主编的《原中央苏区振兴对策研究》之第三卷，也是基于其主持的2012年度江西高校哲学社会科学研究重大课题攻关项目《实施原中央苏区振兴政策研究》的研究成果进一步完善而成。是苏区振兴研究院对原中央苏区经济社会发展现状及对策研究的又一重要成果。

本书写作缘起于党和国家对原中央苏区的现实关怀。原中央苏区是第二次国内革命战争时期，中国共产党在以瑞金为中心的赣南、闽西和粤北建立的中央革命根据地。原中央苏区在中国革命斗争中地位特殊，为中国革命的胜利做出过特殊贡献，但由于多种原因，原中央苏区贫困面广、贫困程度深，呈现整体深度贫困状态。2012年6月28日，国务院印发了《国务院关于支持赣南等原中央苏区振兴发展的若干意见》（国发〔2012〕21号），2014年3月11日，国务院印发了《关于赣闽粤原中央苏区振兴发展规划的批复》（国函〔2014〕32号，正式批准实施《赣闽粤原中央苏区振兴发展规划》。原中央苏区迎来了振兴发展的良机。但是任何一项好的政策并不会必然地产生好的政策效益。因此江西省教育厅设立重大攻关项目《实施原中央苏区振兴政策研究》全省招标，以期为将原中央苏区振兴政策落到实处提供具体实施政策建议和行动路径，将政策优势转化为经济社会发展优势。以陈绵水教授为首席专家的江西师范大学课题组荣幸中标。

本书以中国特色社会主义理论为指导，从区域经济、公共政策、公共管理等多学科视角出发，理论与实际相结合，综合运用系统分析、案例研究、比较分析和量化研究等多种研究方法，对赣闽粤主要是赣南等原中央苏区的政策要义及实施进行研究。

本书在结构安排上分为上下两篇共 12 章。

上篇是总论，由绪论、第一章至第三章组成，主要阐述本课题研究的背景、意义、国内外研究现状和拟采用的研究方法，研究国内欠发达地区振兴的经验，并从宏观角度整体探寻实施原中央苏区振兴政策的实践、问题、成效及建议。

下篇由第四章至第十一章组成，具体对赣南等原中央苏区财税政策、投资政策、金融政策、产业政策、国土政策、生态补偿政策、人才政策、对口支援政策八个政策进行研究，梳理各项政策的要义，分析目前实施中存在的问题及原因，并提出解决的办法。

本书是《实施原中央苏区振兴政策研究》课题研究团队共同努力，精诚合作的成果。陈绵水教授对本课题的研究进行总体指导并带队调研；李晓园教授统稿并撰写绪论、第一章、第二章、第三章；黄小勇博士撰写第四章；郑双胜老师撰写第五章；李似鸿副教授撰写第六章；刘善庆教授撰写第七章；张明林教授撰写第八章；钟业喜教授撰写第九章；范丽群博士撰写第十章；杨鑫博士撰写第十一章。张云、赖利燕、陈武、陈珂珂、张莉五位研究生收集有关资料，整理调研录音和校稿。

本书著成并顺利出版，得益于来自许多领导、师生和朋友们的慷慨帮助，在此谨向他（她）们表示由衷的敬意和谢忱。

感谢江西师范大学的校领导、社科处的同志及苏区振兴研究院的同仁对本书的形成以及出版给予的指导和帮助。

感谢时在江西发改委地经处工作的郎道先处长和康健林同志及江西社科院经济研究所麻智辉所长为本课题研究提供的资料与智慧支持。

感谢国家社科基金评委，南昌大学总会计师黄新建教授、江西省科协龚绍林书记、江西省科技厅卢福财副厅长、中共江西省委党史研究室何友良主任、江西省发改委研究中心周国兰主任、江西师范大学商学院赵卫宏院长等专家在本课题开题和结题会上所提出的宝贵建议。

感谢赣州市政府，南康市政府、瑞金市政府、宁都县委县政府等政府部门予以调研的大力支持。

感谢江西师范大学商学院研究生陈武和赖利燕同学为本书做了大量认真仔细的校对和排版工作。

感谢中国社会科学出版社的王半牧编辑为本书的出版付出的辛勤劳动和大力帮助。

本书在写作过程中参阅了大量的中外文献，在此谨向所有被引文献的作者们表示衷心感谢。

"路漫漫其修远兮，吾将上下而求索。"苏区振兴发展研究有着重要的理论与现实意义，我们对苏区振兴发展的研究正在起步，我们以问题为导向，以应用为目的，试图推出切题适用的研究成果，但是囿于学识水平和研究资源，本书疏漏和谬误之处在所难免，敬请广大学术界同行与实际部门的同志批评斧正！

《实施原中央苏区振兴政策研究》课题组

李晓园

2014年8月16日于南昌

目　　录

上篇　总论

绪论 …………………………………………………………（3）
　一　研究原中央苏区的范围界定 ………………………（3）
　二　研究意义 ……………………………………………（3）
　三　研究价值 ……………………………………………（5）
　四　研究方法 ……………………………………………（7）

第一章　原中央苏区振兴政策：实践、成效与问题 …………（8）
　第一节　实施原中央苏区振兴政策的实践 ………………（8）
　　一　高度重视，完善机构 ………………………………（8）
　　二　主动对接有关部门，力争将政策落到实处 ………（9）
　　三　招才引智，推动协同创新 …………………………（10）
　第二节　实施原中央苏区振兴规划政策的成效 …………（11）
　　一　资源投入增大，优先解决部分突出民生问题 ……（11）
　　二　扎实推进重大项目，聚集平台建设 ………………（11）
　　三　开展试点示范工作，政策效应逐步释放 …………（13）
　第三节　原中央苏区振兴政策实施中存在的问题 ………（13）
　　一　传统体制性依赖，将政策转化为发展动力的能力不足 ……（13）
　　二　发展基础薄弱，配套资金压力大 …………………（14）
　　三　部分政策可操作性不强，执行难 …………………（15）
　　四　协同意识欠佳，地方利益阻碍府际合作 …………（17）

五　人才不足,执行乏力 …………………………………………（18）

第二章　欠发达地区振兴政策实施:经验与借鉴 ……………………（20）
　第一节　欠发达地区实施振兴政策的经验 ……………………（20）
　　一　外争资源内促制度创新 ……………………………………（20）
　　二　着力打造区域产业特色 ……………………………………（20）
　　三　以点带面完善生态补偿机制 ………………………………（21）
　　四　设计具有地方特色的人才战略 ……………………………（23）
　第二节　欠发达地区实施扶持政策经验启示 …………………（24）

第三章　原中央苏区振兴政策:目标与建议 ……………………………（26）
　第一节　实施原中央苏区振兴政策的发展目标 ………………（26）
　　一　第一阶段目标 ………………………………………………（26）
　　二　第二阶段目标 ………………………………………………（26）
　第二节　优先解决突出民生问题凝心聚力 ……………………（27）
　　一　解决农村住房问题,稳定振兴发展大局 …………………（28）
　　二　解决农村饮水安全问题,保障人民身体健康 ……………（28）
　　三　加强农村电网改造和农村道路建设,夯实振兴发展
　　　　基础条件 ………………………………………………………（29）
　　四　提高特殊困难群体生活水平,体现党和国家反哺人民
　　　　的人文关怀 ……………………………………………………（29）
　第三节　实施原中央苏区振兴政策的建议 ……………………（30）
　　一　打破"等、靠、要"传统观念,创新自我发展的
　　　　动力机制 ………………………………………………………（30）
　　二　实行差别化资金配套政策,激发实施政策的
　　　　内在动力 ………………………………………………………（32）
　　三　发挥市场在资源配置中的决定作用,增强公共
　　　　服务能力 ………………………………………………………（32）
　　四　推动科技创新,促进产业升级 ……………………………（33）
　　五　加强人才队伍建设,为振兴发展提供人力智力支撑 ……（34）

下篇 分论

第四章 原中央苏区振兴财税政策研究 (39)
第一节 财税政策梳理 (39)
一 中央已有财税政策 (39)
二 江西已有财税政策 (44)
三 赣州已有财税政策 (51)
第二节 财税政策实施现状与问题原因分析 (53)
一 财税政策实施现状 (53)
二 财税政策实施现状的成因分析 (54)
第三节 财税政策实施的路径设计 (56)
一 政策实施方向 (56)
二 创新原中央苏区振兴财税政策的思考 (57)
三 推动原中央苏区振兴财税政策的落实 (60)

第五章 原中央苏区振兴投资政策研究 (62)
第一节 投资界定及效应 (62)
第二节 投资政策实施现状 (63)
一 中央、省两级预算内投资及专项建设资金投入不足 (63)
二 重大项目规划布局欠缺 (64)
三 公益性项目投入不足 (64)
四 扶贫投入面广 (64)
五 基础设施投入偏低 (65)
第三节 投资政策实施现状的成因分析 (65)
一 政府主导,动员式的投资驱动 (66)
二 公共服务能力弱 (66)
第四节 投资政策实施的路径设计 (67)
一 立足三个着眼点 (67)
二 理顺投资体制、机制 (68)
三 提升赣南等原中央苏区公共服务能力 (69)

第六章 原中央苏区振兴金融政策研究 (71)
第一节 赣州市金融机构的基本情况 (71)
第二节 金融政策实施现状 (72)
　　一　江西省金融运行情况 (72)
　　二　赣州市金融运行情况 (73)
第三节 金融政策实施的路径设计 (74)
　　一　增加金融机构覆盖率 (74)
　　二　优化金融结构，培育非银行业金融机构 (76)
　　三　促进金融服务面向本地实体经济 (80)
　　四　构建多样化、差异化的融资渠道 (84)
　　五　加大金融知识普及力度 (86)

第七章 原中央苏区振兴产业政策研究 (93)
第一节 产业政策梳理 (93)
　　一　加强基础设施建设和促进产业升级的政策 (93)
　　二　推动产业重组和市场准入的政策 (97)
　　三　推进技术改造和技术进步的政策 (99)
　　四　优化产业布局的政策 (100)
　　五　调整产业结构的政策 (102)
第二节 产业政策实施现状 (107)
　　一　赣南等原中央苏区产业政策分析 (107)
　　二　赣南等原中央苏区产业政策的主要特点 (112)
　　三　赣南等原中央苏区产业政策实施以来取得的主要成绩 (121)
　　四　赣南等原中央苏区产业政策实施中存在的主要问题 (126)
第三节 产业政策实施问题的成因分析 (130)
　　一　文件的贯彻落实需要一个统一认识的过程 (130)
　　二　新老政策有效衔接不够 (130)
　　三　工作协调、推进机制不完善 (131)
第四节 产业政策实施路径设计 (131)

一	完善推进工作机制	（131）
二	加快重大基础设施项目建设	（132）
三	落实实施差别化产业政策	（132）
四	进一步完善产业布局政策调整产业结构	（132）
五	进一步加大财税支持力度	（133）
六	进一步扶持稀土行业发展	（133）
七	加快金融创新，支持产业发展	（133）

第八章 原中央苏区振兴国土资源政策研究 （135）

第一节 国土政策梳理 （135）
一 国有土地政策演变 （135）
二 农村集体所有土地政策的演变 （139）
三 当前国土政策执行中博弈分析 （142）

第二节 国土政策实施现状 （151）
一 国土优惠政策落实进展 （151）
二 国土优惠政策落实中存在的问题 （152）

第三节 国土政策实施路径设计 （153）
一 对赣南原中央苏区城乡一体化进行重新规划 （153）
二 低效果园改造成精品果园，纳入耕地占补平衡范畴 （153）
三 将未利用"抛荒"农田纳入耕地占补平衡范畴 （153）
四 制定支持开展低丘缓坡用地占补平衡激励措施 （154）
五 鼓励农业人口向乡镇集中，支持复垦宅基地行为 （154）
六 贯彻《地质灾害防治条例》，扎实开展地质灾害工程治理和避灾移民搬迁工作 （154）
七 支持工矿废弃地试点项目实施期挂钩新区建设用地 （154）

第九章 原中央苏区振兴生态补偿政策研究 （156）

第一节 生态补偿政策梳理 （156）
一 生态补偿政策背景分析 （156）
二 生态补偿的概念及政策内涵 （158）
三 生态补偿相关政策 （158）

第二节　生态补偿政策实施现状 …………………………………（161）
　　一　中央层面生态补偿政策实践 ………………………………（161）
　　二　地方层面生态补偿政策实践 ………………………………（162）
第三节　生态补偿政策需求分析 …………………………………（163）
　　一　原中央苏区环境保护需要生态补偿 ………………………（163）
　　二　原中央苏区矿产资源开发需要生态补偿 …………………（164）
　　三　原中央苏区建设小康社会需要生态补偿 …………………（164）
第四节　生态补偿政策实施路径设计 ……………………………（165）
　　一　原中央苏区生态补偿受偿对象 ……………………………（165）
　　二　原中央苏区生态补偿目标 …………………………………（166）
　　三　原中央苏区生态补偿标准 …………………………………（166）
　　四　原中央苏区生态补偿的投入机制 …………………………（175）

第十章　原中央苏区振兴苏区人才政策研究 …………………（186）
第一节　原中央苏区人才队伍基本情况 …………………………（186）
　　一　专业技术人才情况 …………………………………………（186）
　　二　技能人才情况 ………………………………………………（187）
　　三　稀土、钨、脐橙等主导产业人才情况 ……………………（187）
第二节　原中央苏区人才队伍建设中存在的问题及原因 ………（188）
　　一　人才总量不足，专业技术人才人数不升反降，而且人才
　　　　整体素质不高 ………………………………………………（188）
　　二　人才分布不平衡，结构不合理 ……………………………（189）
　　三　人才浪费现象存在 …………………………………………（189）
　　四　人才开发投入不足，人才培训、培养工作落后 …………（189）
　　五　高层次专业技术人才创业平台少，引进难 ………………（190）
　　六　人才外流严重 ………………………………………………（190）
　　七　"官本位"用人思想严重 …………………………………（190）
　　八　人才管理制度改革和运行机制滞后 ………………………（191）
第三节　原中央苏区现有人才政策及人才措施 …………………（191）
　　一　原中央苏区现有的相关人才政策 …………………………（191）
　　二　原中央苏区实施人才政策的措施 …………………………（197）

第四节 原中央苏区人才政策效应 (198)
一 国家对原中央苏区的人才和智力支持进一步加大 (198)
二 吸引了一批高层次人才和急需紧缺人才创业就业 (198)
三 入选国家重大人才工程和享受政府特殊津贴的
人才增多 (198)
四 建立博士后科研工作站工作有所突破 (199)
五 一大批专业技术人才接受了高层次培训 (199)
六 技能型人才队伍建设得到了加强 (199)
七 人才公共服务体系进一步完善 (199)

第五节 振兴原中央苏区发展的人才政策方案设计 (200)
一 人才引进的政策设计 (200)
二 人才培养的政策设计 (200)
三 人才载体建设的政策设计 (201)
四 行政事业单位特殊人才政策设计 (201)

第十一章 原中央苏区振兴对口支援政策研究 (203)

第一节 对口支援政策的梳理 (203)
一 对口支援的界定 (203)
二 我国对口支援发展的几个阶段 (204)
三 原中央苏区对口支援政策 (209)

第二节 对口支援政策实施现状 (214)
一 我国实施对口支援政策的现实依据 (214)
二 我国实施对口支援的模式研究 (216)
三 实施对口支援需注意事项 (218)
四 原中央苏区实施对口支援的难点 (220)

第三节 对口支援政策实施中存在的主要问题 (221)
一 市场和政府间角色定位模糊 (222)
二 执行机制不健全 (223)
三 管理机制不完善 (224)

第四节 对口支援政策实施路径设计 (225)
一 提高援建方在对口支援目的与意义上的认识 (226)

二 健全完善对口支援政策实施的管理机制 …………（227）
三 建立对口支援政策规范有效的监督机制 …………（228）
四 构建合理的产业转移机制 …………………………（228）

参考文献 ………………………………………………………（230）

上篇

总论

绪　论

一　研究原中央苏区的范围界定

原中央苏区亦称"中央革命根据地",是指在1929年至1934年土地革命战争时期,中国共产党在赣南和闽西建立的革命根据地,是全国13块革命根据地面积最大、人口最多的一块。关于原中央苏区范围的界定,历来存在争议。2013年7月23日,中共中央党史研究室正式下发《关于原中央苏区范围认定的有关情况》(中央字〔2013〕51号)文件确认原中央苏区范围为97个县,本书研究的原中央苏区范围指赣南等原中央苏区49个县(市),具体如下:瑞金市、于都县、兴国县、宁都县、石城县、会昌县、寻乌县、安远县、信丰县、赣县、南康市、上犹县、崇义县、大余县、定南县、全南县、龙南县、章贡区、青原区、吉水县、泰和县、万安县、新干县、永丰县、吉安县、峡江县、安福县、永新县、井冈山市、遂川县、吉州区、广昌县、黎川县、南丰县、南城县、崇仁县、宜黄县、乐安县、资溪县、金溪县、贵溪县、铅山县、广丰县、上饶县、樟树市、袁州区、渝水区、分宜县、莲花县。

二　研究意义

(一) 有利于将原中央苏区政策优势转化为经济社会发展优势

原中央苏区在中国革命斗争中地位特殊,为中国革命的胜利做出过特殊贡献,正如胡锦涛总书记在原中央苏区考察期间指出:"在革命战争年代,老区人民为中国革命胜利和新中国建立付出了巨大牺牲、做出了重大贡献。今后,我们将继续实施各项扶持政策,推动老区又好又快发展。"[①] 2012年6月,《国务院关于支持赣南等原中央苏区振兴发展的若

---

① 《胡锦涛在闽西革命老区考察时的讲话》,http://www.gov.cn/ldhd/2010-02/13/content_153487.htm. 2010年2月。

干意见》（国发〔2012〕21号文，下称若干意见）出台，标志着原中央苏区振兴纳入国家区域发展战略层面。

但是任何一项好的政策并不会必然地产生好的政策效益。《国若意见》文件有些政策明确具体，但大多数只是原则性指导意见，因此必须在充分了解政策出台的目的和内容的基础上，按照中央的政策方向，立足于政策实施区域情况及发展战略，制定出台一系列既有现实可操作性，又有适度超前性的具体政策及配套措施，才能将党和政府支持原中央苏区振兴发展的优惠政策落到实处，将政策优势转化为经济社会发展优势。

（二）有利于弘扬原中央苏区精神促进红色土地崛起

原中央苏区是土地革命战争时期中国共产党创建的最大最重要的革命根据地、中华苏维埃共和国临时中央政府所在地。在革命根据地的创建和发展中，在探索革命道路的实践中，这块红土地孕育出了以"坚定信念、求真务实、一心为民、清正廉洁、艰苦奋斗、争创一流、无私奉献"的原中央苏区精神。原中央苏区精神激励了一代又一代原中央苏区儿女为理想和信仰拼搏奋斗，在革命和发展建设的各个历史阶段都发挥了难以估量的作用。今天，原中央苏区精神仍然是贯彻实施原中央苏区政策，促进红色土地崛起的强大精神动力。

本研究将有助于破除"等"、"靠"、"要"思想，弘扬原中央苏区精神，并赋予其时代内涵，激励人民自立自强，开拓进取，紧紧抓住重大历史机遇，将国家扶持与自力更生很好地结合起来，促进原中央苏区振兴发展。

（三）有利于推进原中央苏区脱贫致富促进经济科学发展

原中央苏区作为一个区域，有三个特点：一是单位空间区域较大，且集中连片或成线，横跨赣、闽、粤三省，绝大多数是农村地区；二是存在不同于一般经济区域的特殊性致贫因素，如较为特殊的历史或人文条件，较为封闭的地理环境，交通等基础设施建设落后等，原中央苏区农村脱贫致富还任重道远；三是区域内贫困面广、贫困程度深，呈现整体深度贫困状态。上述三个特征的存在，导致当地农村社会经济发展的任务非常迫切。立足自身资源和条件，科学选择和合理布局产业，构建特色产业体系，使之成带状或块状发展，产生聚集效应，贯彻落实好原中央苏区的支持政策是科学发展经济，消除贫困的重要途径。

（四）有利促进赣、闽、粤三省区域经济社会协调发展

本书关于原中央苏区振兴政策的设计方案着眼于赣、闽、粤三省协调发展的视角，探寻行之有效政策。研究成果的运用不仅对原中央苏区市、县振兴有直接的推动作用，而且对协调赣、闽、粤三省的原中央苏区经济社会发展亦具有带动作用。推动思想解放和观念更新，进一步树立以人为本、全面协调可持续发展的理念，着力转变不科学的发展观和自我封闭发展思想，树立开拓创新、共生发展的新理念。

三 研究价值

（一）学术价值

1. 充实原中央苏区研究的理论体系

本书将从经济学、管理学、社会学等多个学科视角出发，基于调查数据和资料，分析实施原中央苏区振兴规划政策的影响因素、重点、难点，构建实施原中央苏区振兴规划政策的路径模型，将极大地丰富和发展了原中央苏区研究内容及理论体系。

2. 深化区域经济理论

本书基于实施原中央苏区振兴规划财税、金融、产业、对口支援等多项政策研究，以促进原中央苏区经济振兴，区域协调发展为主旨，遵循"是什么—为什么—怎么做"系统研究的逻辑思路，将区域经济理论同原中央苏区的具体实践相结合，在剖析鄱阳湖生态经济区、海西经济区、珠三角等改革发展试验区对原中央苏区产业发展影响的基础上，借鉴国内其他地区如西部大开发、陕甘宁等实施区域政策的经验教训，立足于原中央苏区的发展战略等进行实施政策研究，这种研究将拓展、深化区域经济的有关理论。

3. 丰富新公共管理特别是公共政策理论

20世纪70年代末以来，西方发达资本主义国家实行的政府改革，引起了极大的社会反响。尽管这一理论发端于西方社会，但其公共管理由重视"效率"转而重视服务质量和顾客满意度，由自上而下的控制转向争取成员的认同和争取对组织使命和工作绩效的认同等理论观点对我国公共管理具有现实借鉴意义。本书对实施原中央苏区政策的影响因素进行研究，关注公共政策的有效执行及政策成效分析，探讨如何转变

政府职能和提高公共服务能力以适应原中央苏区振兴发展。这在一定程度上将丰富新公共管理理论。

(二) 应用价值

1. 为各级地方政府实施原中央苏区振兴规划提供思路和方案

对原中央苏区振兴政策进行研究是深入贯彻落实科学发展观及《国务院关于支持赣南等原中央苏区振兴发展的若干意见》的具体体现，是紧紧抓住国家支持赣南等原中央苏区振兴发展的历史机遇，坚持民生改善与经济发展相结合、"输血"与"造血"相结合、国家扶持与自力更生相结合，牢固树立"发展为先、生态为重、创新为魂、民生为本"理念，以新型工业化和新型城镇化为核心，带动促进农业农村现代化、发展生态化，大力推进加快发展、转型发展、跨越发展。由此，有利于进一步加快原中央苏区建设创业、宜居、平安、生态、幸福区域，福泽原中央苏区红土地人民。

本书对原中央苏区振兴政策的研究，既有现实分析，又有理论研究，既有微观分析，又有宏观建议，还有方案设计，这将有助于各级地方政府各部门进一步了解原中央苏区经济与社会发展的现状及政策实施的重大意义、实施的重点及难点，并为其出台具体实施意见提供基本思路、相关政策和实施方案等方面的参考。

2. 形成落实《国务院关于支持赣南等原中央苏区振兴发展的若干意见》抓手

据不完全统计，《国务院关于支持赣南等原中央苏区振兴发展的若干意见》出现了9个"试点"、5个"试行"、4个"探索"、2个"试验区"、4个"示范区"、13个"重要基地"和30个"重大项目"，并有5个"扶持"、7个"补偿"、9个"补贴"、11个"优惠"和128个"支持"。《若干意见》实施后，赣南等原中央苏区将成为许多政策先行先试的全新"特区"。因而需要细化《若干意见》内容，形成实施《若干意见》纲要的抓手。

3. 为全国其他老区实施区域政策，振兴发展提供借鉴

原中央苏区属欠发达地区，工业化、城镇化都较落后，但是森林覆盖率高，是东南部地区的生态屏障。许多老区具有类似特征。党和政府非常关心老区的发展，出台了一系列的区域发展的支持政策，如何将政

策优势转化为发展优势同样是摆在其面前亟待解决的问题。因此本书的研究成果对全国其他革命老区实施区域政策,促进其跨越式发展,亦具有一定的借鉴作用。

四 研究方法

(一) 系统分析法

系统分析法是关于研究较为复杂的人类活动的分析方法,它关注组织运行的环境和强调理解实现目标所需的各种活动间的相互关系。本书将运用系统组织理论模型分析影响实施原中央苏区振兴规划政策的因素,并构建政策实施路径模型,为实施政策总体建议和分项政策实施方案设计提供依据。

(二) 案例分析法

案例分析法是管理学等应用科学的重要研究方法。案例分析法的要点是对已经发生的公共管理事件,分析者尽可能从客观公正的观察者立场加以描述或叙述,以脚本等形式说明一个与事件有关的情况,力图再现与事件有关的当事人的观点、所处的环境供读者评判。本书将通过实施原中央苏区振兴政策的典型案例说明当前实施原中央苏区振兴政策过程中存在的问题。

(三) 比较分析法

20 世纪 50 年代,比较分析法始引入管理学领域。本书着重于国内外欠发达地扶持政策工具与实施效果的比较,分析各种工具的典型特征及适用性,为出台原中央苏区振兴政策的实施对策提供借鉴作用。

第 一 章

原中央苏区振兴政策：实践、成效与问题

第一节 实施原中央苏区振兴政策的实践

一 高度重视，完善机构

自国务院出台《若干意见》以后，上至中央国务院相关部门，下至江西省政府和赣南地方政府都十分重视落实《若干意见》等振兴原中央苏区的支持政策，主要体现在以下三个方面。

一是建立由国家发展改革委员会牵头的支持赣南等原中央苏区振兴发展的部际联席会议制度。主要负责指导和统筹协调赣南等原中央苏区振兴发展相关工作，协调解决《若干意见》实施过程中遇到的重大问题，加强对《若干意见》实施工作的监督检查和跟踪评估，推动有关部门和地方的沟通交流，及时向国务院报告工作进展情况。联席会议有助于积极研究支持赣南等原中央苏区振兴发展工作中遇到的重大问题，有助于互通信息、相互配合、相互支持、形成合力。

二是设立专门机构推动苏区政策实施。赣州市成立了赣南原中央苏区振兴发展办公室，从各单位抽调精干力量，组建赣南原中央苏区振兴发展工作办公室，主要负责宣传、协调、调度、指导全县原中央苏区振兴发展工作。各县相应成立原中央苏区振兴发展办公室，推动赣南原中央苏区振兴发展。

三是召开了一系列专题会议，进行动员，并研究如何将党和政府制定的实施原中央苏区振兴政策落到实处，出台相关细则，促进政策实施。如2012年4月国家发展改革委员会副主任，国家部委联合调研组组长杜

鹰在支持赣南等原中央苏区振兴发展国家部委联合调研组与江西省委省政府交换意见会上提出了发展赣南等原中央苏区的五个重要问题，阐述了重点解决五个问题的重大意义。2012年7月江西省委省政府召开专题会议贯彻落实《国务院关于支持赣南等原中央苏区振兴发展的若干意见》，等等。

为了更好地实施《若干意见》，赣州很多市（县）都结合自身发展情况和本地资源特色，因地制宜的出台了相关振兴本地经济发展的实施细则。以宁都县为例，2013年4月，宁都县委县政府出台《宁都县人民政府关于推进江西省锂电新材料产业基地建设的意见》，结合宁都县本地产业特色提出了发展锂电产业的总体思路、发展方向、目标建设规划和本地提供的政策支持等各项保障措施。同年5月印发《宁都县农村乡土拔尖人才选拔管理暂行办法》的通知，明确了农村乡土人才的选拔程序、数量、条件、范围、培养教育、待遇和管理服务内容等，为振兴发展提供人才支持。

二 主动对接有关部门，力争将政策落到实处

一是推动对口支援落到实处。《若干意见》出台后，江西省委省政府和赣州市、县各级政府主动加强与上级部门和对口相关部委的沟通协调，反映地区发展存在的问题以及切实需要，争取更多对口支援。促进上级政府将对口支援的原则性规定落到实处。截至2013年，赣南中央苏区争取国务院及国务院办公厅出台8个配套文件，38个部委出台43个具体实施意见或支持政策。139项西部大开发政策或标准执行到位。39个中央国家机关及有关单对口支援赣州18个县（市、区）。29个省厅（局）出台实施意见或签订战略合作协议。①

如2013年8月，国务院办公厅印发《中央国家机关及有关单位对口支援赣南等原中央苏区实施方案》，要求充分调动各方面积极性，形成整体合力，共同推动赣南等原中央苏区加快振兴发展。对口支援工作期限初步确定为2013—2020年。原中央苏区省级政府各部门积极与有关部门主动对接，尽快将对口支援政策落到实处。2013年10月江西省出台《关

---

① 2014年赣州市政府工作报告。

于组织省直机关及有关单位对口支援赣南等原中央苏区的通知》，明确省直机关及有关单位对口支援的主要任务为：科学编制对口支援规划、加强政策对接落实、加快推进项目建设、拓展对口支援内容。至此有52个中央国家机关及有关单位和54个省直机关及有关单位对口支援赣南等原中央苏区振兴发展。

三 招才引智，推动协同创新

赣南原中央苏区充分利用特殊人才政策，采取相应措施优化人才来赣州创新创业环境，促进赣州科技协同创新，主要表现在：

一是降低创业成本，积极实施西部大开发人才政策，对来赣州创业的企业给予税收优惠。

二是提供资金扶持和荣誉鼓励。高层次人才到赣州就业入选国家"千人计划"、国家"特支计划"机会更大，评选专家学者名额更多等。

三是获得更多的高层次培训机会。在赣南原中央苏区的高层次人才可以优先作为"西部之光"访问学者，免费到中央科学院研修；教育人才可以参加"国培计划"培训。此外到国家多个部委参加培训的名额明显增多。

四是明显改善科研环境。建立了多个国家技术研究中心，如国家脐橙工程技术研究中心和国家南方离子型稀土资源高效开发利用工程技术研究中心。赣州市人民医院列为"国家支持的地市级区域医疗中心"，由北京大学第三医院对口帮扶，同时获得国家中央财政补助，将建设成为国内一流并与国际接轨的区域性现代化中心城市医院，支持赣州市高等院校的特色学科建设。

五是提高工资待遇，赣州市按照西部大开发政策，对赣州基层机关和事业单位工作的各类人才提供艰苦边远地区津贴。

六是提供更多创业和就业岗位，赣州市积极申报高新开发区建设，以此带动稀土、钨等优势产业转型升级，借此提供更多的就业和创业岗位。

通过上述人才引进措施，赣州市吸引了一批高层次人才和急需紧缺人才到赣州创业就业，如中科院院士严纯华受聘为赣州市离子型稀土工程技术研究中心主任，并在虔东稀土集团股份有限公司建立院士工作站。

入选国家重大人才工程和享受政府特殊津贴的专家明显增多,一大批技术人才获得了高层次培训。赣州市的招才引智措施为赣南原中央苏区振兴发展和企业科技协同创新提供了技术支持和智力保障。

第二节 实施原中央苏区振兴规划政策的成效[①]

一 资源投入增大,优先解决部分突出民生问题

只有集中力量尽快解决最突出的民生问题,切实改善群众生产生活条件,才能保护和调动人民群众参与原中央苏区振兴发展的积极性。

自《若干意见》出台以来,赣州市争取到了292亿元上级财政补助资金,2012年,赣州市财政支出首次突破400亿元大关,增长了29.5%。其中,中央财政性专项补助6亿元并进入基数,中央补助农村危旧土坯房改造资金7.5亿元,保障性住房建设相关资金11.4亿元,农村饮水安全工程3.8亿元,农村升级改造资金4亿元,赣州市以农村危旧土坯房改造为振兴发展开局大事,2012年用半年时间完成10.6万户改造任务,占江西省任务近60%,赣州市"两红"人员及革命烈士遗嘱遗孀危旧土坯房改造全部完成。2013年30万户改造任务全面启动。同时解决了99.37万农村人口饮水安全问题,3.69万烈士子女享受定期生活补助,农村电网和中小学校舍危房改造加快推进。保障性安居工程建设力度为近年来最大,新开工建设4.75万套,建成6.35万套,落实省"四个一"扶贫机制,赣州市每年整合1亿元资金专项用于扶贫开发。2012年赣州市民生类支出227.3亿元,占财政支出的56.3%。

二 扎实推进重大项目,聚集平台建设

重大项目建设开工有利于带动其他产业的发展,同时有利于改善周边的投资环境和交通状况。赣州市编制了1856个项目并列入赣南原中央苏区振兴发展重大项目库,总投资超过17900亿元,2012年7月以来,上报国家部委项目148个、省154个,已取得"路条"、批复同意

[①] 数据来源于调研时赣州市政府提供的书面资料。

及获得上级补助项目107个，梳理稀土研发中心资源综合利用及应用产业园区等12个条件成熟的央企投资拟签约项目，总投资额约为741亿元。赣崇高速公路和大广高速公路龙杨段全面建成，寻乌至全南高速公路、兴国（宁都）至赣县高速公路开工建设，昌吉赣客专线、黄金机场改扩建两个项目将在2013年开工建设，鹰瑞梅铁路、赣井铁路前期工作正在稳步推进，赣州南500千伏等8个输变电工程建成投运，西气东输三线工程赣州段、樟树—吉安—赣州成品油管道、省天然气二期管网工程开工建设。国家能源局对赣州东（红都）500千伏输变电工程和抚州至赣州东（红都）500千伏线路项目下发"路条"。此外赣州充分利用政策优势进行招商引资，引进神华集团、机械工业集团、中海集团、华润集团等世界500强企业、央企和大型民营企业，投资22亿元的柔性LCD项目，豪鹏科技16.5亿元清洁能源系统制造项目等落户赣州。总投资100亿元的中国汽车零部件（赣州）产业基地项目正式签约，2013年期将签约凯立国际赣粤现代轻纺业城、科技之光蓝光高清光学产业基地等17个总投资额为25.3亿美元的招商引资重大项目。2012年赣州市施工项目和新开工项目比2011年分别增加288个和267个，达到1691个和1158个，168个市属重点工程完成投资额近600亿元，增长24.9%，赣州市完成固定资产投资1110.9亿元，增长35.5%，增速排在江西省第一。

战略性发展平台建设得好，能够更好地为本地区招商引资服务，同时也能够更好地吸引更多的投资者来本地投资，更多的科技型人才到本地创业或者就业。

赣州市政府重点抓好了一批"国字号"平台建设，龙南经济技术开发区获批升格为国家级开发区，瑞金经济技术开发区升级已进入国务院签文程序，国务院已将赣州综合保税区批转海关总署启动申报程序，"三南"承接加工贸易转移示范地列入商务部授牌名单并等待审批，赣南承接产业转移示范区获国家发改委批复，全国革命老区扶贫攻坚示范区、瑞兴完成经济振兴试验区规划编制，科技部批准立项"国家脐橙工程技术研究中心"、"国家离子型稀土资源高效开发利用工程技术研究中"。江西省政府向国务院呈报了《关于将赣州高新技术产业园升级为国家高新技术开发区的请示》，龙南发光材料及稀土应用高新技术产业化基地被科技部认定为国家高新技术产业化基地。同时启动了章康新区规划建设，争取建设成为国家级新区。

三 开展试点示范工作，政策效应逐步释放

赣州市积极开展先行先试工作，截至2013年12月，设立"国家旅游扶贫试验区"，列为第二批国家低碳城市试点城市、全国唯一的稀土综合开发利用试点城市、全国林权改革示范区、稀土矿产地储备试点。全国首批低丘缓坡荒滩等未利用地开发利用试点和工矿废弃地复垦利用试点、农产品现代流通综合试点城市和"西果东送"城市，国家旅游局、国务院扶贫办批复赣州市设立"国家旅游扶贫试验区"，瑞金、上犹获批国家生态文明示范工程试点，赣州市政府将赣州市统筹城乡发展综合改革试验总体方案报送省发改委，由省发改委报国家发改委批复，赣县被认定为国家现代农业示范区等。

第三节 原中央苏区振兴政策实施中存在的问题

实施原中央苏区振兴规划政策的重点在于如何将政策落到实处，没有落实的政策只能是纸上的空谈而一文不值。好的政策要产生好的效应，贵在执行。当前实施原中央苏区振兴政策主要存在以下问题。

一 传统体制性依赖，将政策转化为发展动力的能力不足

一是一些地方政府有"等、靠、要"思想，躺在过去的功劳簿上不思进取，工作缺乏主动性。在执行政策时对上级政府的依赖性很强，不能结合本地实际情况创新政策具体执行方式，而是机械等待上级部门的指示，缺乏主动作为意识，甚至以会议落实政策，常常出现《关于贯彻落实××的通知》之类的"文件履行"，"原原本本传达，原封不动执行"后，缺乏监督落实。

二是缺乏有效的激励机制，开拓创新精神不足。目前原中央苏区地方政府尚未建立科学的政策执行评估体系和奖惩机制，加之开拓创新有一定的风险，如在当前开展群众路线教育活动的背景下，有些人错误理解八项规定和反对四风，不敢作为，缺乏敢为人先的勇气。只是机械地

执行政策，只敢走别人走过的路。因此目前原中央苏区振兴的扶持政策还未产生应有的政策效应。

三是学习不够，不能认真领会政策的精神实质。比如党和政府给了原中央苏区先行先试政策，但是有些政策只有些原则规定，并没有明确具体地指出哪些领域可为，哪些不可以作为。在此情况下，则是法无禁止，不违反社会公序良俗就可以进行先行先试，但是一些地方政府却胆识不足，不能充分利用政策优势，促进地方社会经济发展。因此目前原中央苏区的先行先试工作进展缓慢。

二 发展基础薄弱，配套资金压力大①

原中央苏区经济实力普遍较低，基础设施水平薄弱。经济发展水平远远落后于全国平均水平。赣州市国土面积和人口数量分别占全国的0.41%、0.68%，但经济总量和财政收入分别仅占全国的0.28%和0.15%；二是贫困人口多，实现小康目标仍面临严峻挑战。国家扶贫工作重点8个，省级扶持贫困村1119个，全市贫困人口约215.5万人，有25.44万人生活在深山区、库区和地质灾害频发区，有41.7万人依靠国家低保补助生活，2011年赣州市小康目标实现程度为71%，比全国平均水平低近10个百分点；三是发展基础差。自我发展能力严重不足，尚处在工业化初级阶段，城镇化水平低，基础设施建设滞后，交通网络不完善，没有高速铁路，8个县不通铁路，2个县不通高速公路，5个县不通国道，缺电、少煤、无汽油。电力供需矛盾日益突出，灌溉用水利用率不到45%，18.9%的农田没有灌溉设施或配套设施不全，环境约束加剧，资源开发与生态环境约束矛盾突出。《若干意见》提出到2015年，赣南等原中央苏区在解决突出的民生问题和制约发展的薄弱环节方面取得突破性进展。尽快完成赣州市农村安全饮水、农村危旧土坯房改造、农村电网改造升级、农村中小学薄弱学校改造等任务；基础设施建设取得重大进展，特色优势产业集群进一步壮大，城镇化率大幅提升，生态建设和环境保护取得显著成效；经济保持平稳较快发展；城乡居民收入增长与经济发展同步，基本公共服务水平接近或达到中西部

---

① 数据来源于2013年4月28日赣州市扶贫办提供的材料《赣南扶贫开发工作情况》。

地区平均水平。到 2020 年,赣南等原中央苏区整体实现跨越式发展。现代综合交通运输体系和能源保障体系基本形成;现代产业体系基本建立,工业化、城镇化水平进一步提高;综合经济实力显著增强,人均主要经济指标与全国平均水平的差距明显缩小;人民生活水平和质量进一步提升,基本公共服务水平接近或达到全国平均水平,与全国同步实现全面建设小康社会目标。要在短暂的 8 年时间内完成上述目标需要巨大的资金投入,但是由于当前赣南原中央苏区发展基础比较薄弱,在资金配套方面面临巨大压力,如 69.5 万户农村危旧土坯房改造,市、县两级政府需负担建房补助 30 亿元,水、电、路等配套资金 173.75 亿元,全面完成低压用户改造所需投资超过 100 亿元,2013 年国家和江西省安排资金仅有 8.14 亿元,因此资金严重短缺。

三 部分政策可操作性不强,执行难

政策本身的科学性,是影响政府执行力的重要因素。"一项政策能否得到很好执行,主要取决于政策内容本身"。当前原中央苏区的部分扶持政策内容不太具体,又没有相应的实施细则予以明确,因此实施难度较大。

一是部分政策本身模糊。美国学者霍尔珀林(M. N. Halperin)在研究美国总统外交政策的执行时发现,导致政策执行失败"更因为政策执行人员所得到的政策指令往往是含糊笼统的,很容易引起人们的误解,从而导致政策执行的失败";[①] 革命导师列宁也曾明确指出:"方针明确的政策是最好的政策。原则明确的政策是最实际的政策。"[②] 但是原中央苏区的一些政策例如《若干意见》提出的对口支援政策等很多都属于指导性的规范,仅仅给出了政策执行的方向或范围,操作性模糊或缺乏现实的可操作性。对于一些基本问题,如谁有资格成为支援方、谁有资格成为受援方、如何支援、支援形式、支援多少、何种比例等问

---

① 参见 M. N. Halperin, Implementing Presidential Foreign Policy Decicion: himitatim and Resistanu, J. E. Andersm (ed.). Case in Public Policy-making, N. Y.: Praeger Publishers, 1976, pp. 212 – 222.

② 《列宁全集》第 12 卷,人民出版社 1992 年版,第 9 页。

题都没有具体规定，缺乏客观的衡量标准。"支援比例按不低于上年财政收入的1%考虑"这一条，仅有下限而缺乏上限规定，使得实施过程中操作难度加大，执行部门会由于政策的模糊性而产生不一致的执行标准，因此地方政府都争着要财力雄厚的部门作为支援方。

二是部分政策可行性差。政策可行性包括政治可行性、经济可行性和技术可行性等。美国著名战略管理学家彼得·德鲁克（P·F·Drucker，1909—2005）说："政策执行的第一次严重错误就在于政策制定者制定了超越性的政策目标。"① 赣南原中央苏区的一些扶持政策也存在类似的可行性问题。

举例来说，赣南等原中央苏区执行西部大开发政策，但是西部大开发的差别化产业目录与赣州工业发展阶段不相适应。赣州执行西部大开发的差别化产业目录，在实际中能享受政策优惠的企业很少，比例非常低。大体情况是，国税所管的企业有1万户，但目前符合条件的只有100多户。又如《若干意见》鼓励赣州先行先试，鼓励民间资本参与金融。虽然赣州民间资本活跃，但是，无法突破现行金融政策限制，在金融领域无所作为。小额贷款公司无法转型成为村镇银行，从而影响其对企业的贷款。以宁都为例，体制外资金大约有15亿—20亿元之间，由于受政策限制，无法通过合法渠道进入中小企业。这种大的政策有，小的配套政策无，从而导致政策无法真正实施的现象，被称为"玻璃门"现象，在赣州比较普遍。这些政策的出发点都是为了给予赣南原中央苏区振兴发展政策优惠，但是没有结合原中央苏区实际情况，导致政策实现的可行性差，难于贯彻执行。

再如，西部大开发政策中差别化产业目录分为鼓励类、限制类、淘汰类、允许类。以赣州市的优势矿产业稀土、钨的产业链比较长，由于政策比较笼统，对于什么样的稀土、钨产品、工艺才是属于国家鼓励的产业目录，政策执行部门难以把握。按照规定，对于国家鼓励产业目录里的难以认定的，必须由省一级相关部门出具证明。实际操作中，往往出现无法确认主管部门的情形，从而给企业和税收部门造成不少困难。

---

① 转引自丁煌：《政策执行阻滞机制及其防治对策》，人民出版社2002年版，第243页。

三是政策的不稳定性影响了企业投资积极性。美国学者麦克尼尔（D. B. Mcneill）在其《新社会契约论》一书中提出了"偿还利益、信赖利益和期待利益"三个规范并认为，在这三个规范中，期待利益的实现是以偿还利益和信赖利益为基础和条件的。① 这就是说，只有政策具有良好的稳定性，相关的政策执行主体才会真诚地支持它、接受它，才会自觉地在它的约束下选择自己的行为方式，进而形成对政策的持久坚强的信任、忠诚和认同。调研组在赣州市稀土行业协会调研座谈会上了解到当政府相关管理部门调换主要领导后，原先制定的政策就会发生变化，导致原先的政策无法继续执行，很多企业反映来本地投资时地方政府给予的优惠政策措施很好，企业也愿意来投资，投资后往往会出现"关门打狗"和"政策随着领导走"（指地方主要领导离开，其当时允诺的政策也跟着失效）影响企业投资的积极性。

四 协同意识欠佳，地方利益阻碍府际合作

自利性是导致政策执行力不佳的深层原因之一。政策执行者的自身利益、需求和行为也影响着其对政策的有效执行。各项政策的最终执行者都是人，而人是不可避免地有着自身利益追求和行为倾向的。要使政策执行者在执行政策的过程中始终保持绝对的"价值中立"实际上是不可能的。如果一项政策威胁到自身利益，那么政策执行者无论出于公心或者私心，都有可能抵制这一政策，因而使得该项政策难以顺利执行。美国公共政策学者尤金·巴达克（Eugene Bardach）以博弈理论来分析公共政策执行过程，他把政策执行过程视为一种赛局（game），在冲突和竞争的情况下，每一参加者都寻求得到最大的收获，并且将损失减少到最低限度。而每一项政策的成功与失败，往往取决于各方参加者的"策略选择"。马克思指出："人们为之奋斗的一切，都同他们的利益相关。"② 这种逐利性对政策执行的影响是深层次的，主要表现在以下两个方面。一方面，公共政策制定的过程就是对社会利益进行权威性

---

① ［美］麦克尼尔：《新社会契约论》，雷喜宁艾译，中国政法大学出版社1994年版，第45页。

② 《马克思恩格斯全集》（第1卷），人民出版社1956年版，第82页。

分配的过程，其实质是对社会利益结构的调整和规范。在利益多元化情况下，公共政策却无法整合所有不同阶层和个人、不同地域和部门的利益。另一方面，由于部分政府机关和公职人员具有自利性，因此他们不能时时真正代表社会利益。一旦他们按自利的原则行事，就会使公共政策偏离预期目标，使政策执行力弱化。下级对上级政策往往以自己的利益损益值作为对策参考，得益越多，越乐于执行，受损越多，越不乐于执行，乃至抵制、变换。地方政府政策执行力的高低不仅关系到赣南原中央苏区的兴衰成败，而且关系到党政权的巩固与发展以及统治的合法性。

在国家和省有限资源的投入下，地方政府为了地方政绩都想尽一切方法获得更多的资金和政策支持：一是过分夸大地方存在的困难，地方县级政府向上级政府夸大强调地方存在的困难，都需要给予特殊照顾；二是盲目申报建设项目，目的是为了更多的争取资金支持，但是没有充分认证项目的可行性，导致资源浪费；三是各自出台地方政策时，结合本地实际，但是考虑政策对周边县的相关影响不够，导致地方县级政府之间形成恶性竞争。

五　人才不足，执行乏力[①]

在公共政策过程中，当政策确定以后，政府部门执行人员就是影响政策能否落到实处的决定性因素。原中央苏区人才队伍建设主要存在以下问题：

一是人才密度低。截止2011年年底，赣南等原中央苏区人才总量153.32万人，占人力资源总量的11.86%。其中党政人才6.59万人，经营管理人才20.18万人，专业技术人才40.57万人，技能人才61.65万人，农村实用人才22.12万人。但是中央苏区人才密度较小，仅为7.32%，低于全国8.75%的人才平均密度相比，与江西省10.11%的人才平均密度相比，则低了2.79个百分点。

二是人才缺口大。随着赣南原中央苏区经济社会的快速发展，人才明显供不应求，缺口较大。仅赣南原中央苏区，人才总量需求90.97万

---

① 数据来源于赣州市提供的《2013年赣州市人才工作情况汇报材料》。

人,但目前实际数为80.97万人,缺口9万人。除了前述与产业发展密切相关的优秀企业家等人才缺乏外,重大疾病专科专家、基层卫生院全科医生、各级各类教育学科带头人以及社会管理人才也非常缺乏。

三是人才结构性矛盾突出,与区域经济社会发展特别是优特产业发展不匹配。专业技术人才大部分集中在教育、卫生和农业等系统。赣南苏区教育、卫生等非生产性领域的专业技术人才占总量的92%,经济领域专业技术人才仅占4.2%,特别是非公有制经济单位专业技术人才较少,而与产业特别是与稀土—钨稀有金属、脐橙和新材料、新能源汽车等产业发展密切相关的优秀企业家、高端产业技术研发人才与技术工人、金融资本、城市规划、现代物流等专业人才更加稀缺。人才层级分布不平衡,高素质人才非常缺乏。从人才的学历结构来看以大中专为主,本科以上学历较少,且大部分是通过函授、进修取得。吉安苏区近64%的人才为中专及以下学历,具有大学本科及以上学历的只占人才总量的14.77%,具有研究生学历的人才共1514人,仅占人才总量的0.5%,而具有博士学位的还不足50人;经营管理人才中具有大学本科及以上学历的仅占14.41%,尚未完成"十一五"20%的目标。从人才的职称结构来看,以初级居多,高级偏少,如抚州苏区高级职称者仅4667名。吉安苏区现有高级职务专业技术人才仅占专业技术人才总数的10.29%,其中正高级职务的只有211人;高级技师40人和技师2445人,分别只占高技能人才总数的0.16%和9.46%。从人才的类别来看,高层次人才少,且年龄老化。赣南等原中央苏区入选国家"千人计划"1人(江西省仅5人),入选"赣鄱英才555工程"24人,省"新世纪百千万人才工程"71人,国家津贴专家121人、省级津贴专家87人,但是高层次人才结构老化,61个国家津贴专家仅7人在职在岗。

赣南等原中央苏区人才队伍存在的这些问题使得实施振兴原中央苏区政策人力不足,对政策的认识不足,执行不力,从而影响政策优势向经济社会发展优势的迅速转化。

第二章

欠发达地区振兴政策实施：
经验与借鉴

第一节 欠发达地区实施振兴政策的经验

一 外争资源内促制度创新

宁夏回族自治区在财税政策方面的做法具有一定的借鉴价值，他们一方面及时向财政部预算司汇报当地经济社会发展中遇到的困难和问题，争取中央的理解和支持，进一步增加对当地的均衡性转移支付投入；另一方面，不断完善对市（县）的均衡性转移支付办法和激励性转移支付办法，突出均等化理念，建立健全基本财力保障机制，增强对市（县）科学发展、转变方式的引导，努力实现转移支付制度体系的规范和创新，全力推进当地基本公共服务均等化水平。这些宝贵的经验和做法值得我们参考和借鉴。

二 着力打造区域产业特色

《关于印发陕甘宁革命老区振兴规划的通知》（发改西部〔2012〕781号文）提出了支持陕甘宁革命老区的产业政策：一个基地，两个区。第一，国家重要能源化工基地。立足能源资源优势，按照科学开发、高效循环利用的原则，突出工业强区，着力打造大型能源化工基地和重要的西煤东运、西电东送、西气东输基地。第二，国家重点红色旅游区。发挥红色文化、历史文化、民族文化独具魅力的优势，进一步加强全国爱国主义教育、革命传统教育和延安精神教育基地建设，探索建立以红色文化为主体并充分发挥自然、历史、民俗等资源作用的文化创新改革区域。第三，现代旱作农业示范区。按照高产、优质、高效、生态、安全的要求，构建集农业新品种培育、新技术引进、产业化经营、休闲观光以及生态家园于一体的特色农业综合示范区。

《国务院关于实施西部大开发若干政策措施的通知》（国发〔2000〕33号）文指出西部大开发的产业政策的总体思路是巩固农业基础地位，调整工业结构，发展特色旅游业。水利、交通、通信、能源等基础设施，优势资源开发与利用，有特色的高新技术及军转民技术产业化项目，优先在西部地区布局。加大对西部地区矿产资源调查评价、勘查、开发、保护与合理利用的政策支持力度。制定促进探矿权、采矿权依法出让和转让的政策办法，培育矿业权市场。具体的产业政策集中体现在《西部地区鼓励类产业目录》中。西部大开发政策实施以来，地方政府积极落实，目前新疆天山北坡经济区发展规划、呼包银榆经济区发展规划、贵安新区实施方案等多项支持西部大开发的规划方案已经或准备上报国务院，伴随着上述规划政策获批，大量的新建改建基础设施及产业项目将逐步落实。

关于产业政策的实践做法为赣南等原中央苏区产业发展提供了有益的借鉴和启示，但是如何创造性地运用产业政策理论的新发展，在创新型国家建设的大背景下，解决赣南等原中央苏区建设中的实际问题是我们目前面临的一项主要挑战。

三 以点带面完善生态补偿机制

20世纪80年代中后期以来，我国对生态补偿政策进行了持续的探索和推广，并取得了一定的成效。从实施主体来看，我国的生态补偿主要从中央与地方两个层面来推进。从生态补偿政策的实施对象来看，主要在矿区、水源区、库区、海洋、森林、农田等不同领域开展。

从中央层面来看，1983年12月31日，国务院召开第二次全国环境保护会议，正式将环境保护确立为我国的基本国策。生态补偿机制作为一种新的政府实施生态环境管理的政策手段，在我国最先应用在森林生态环境管理领域。同年，针对采矿业对生态环境造成的严重影响和破坏，云南省以昆阳磷矿为试点，每吨矿石征收0.3元，用于采矿区植被恢复及其他生态破坏的恢复治理，这可视为我国施行生态补偿政策的开始。1998年以来国家先后实施了天然林保护工程、退耕还林还草项目和森林生态效益补偿项目等大型环境补偿项目，对生态环境服务进行国家补偿。此外，中央政府先后在西北荒漠化地区、青藏三江源地区、三峡库区、丹江口库区等区域实施了一系列大规模的生态补偿政策。例如：自2000年以来，在国家的大力支持下，三江源地区组织实施了天然林保护、退耕还林、封山育林、退牧还草、生态移民等工程。通过这些举措，使源区不断改善了生态环境，恢复了绿色植被，缓解了土地沙漠化，减少了水土的流失，产生了积极的生态效益和经济效益。

从地方层面来看，福建是最早提出要建立水源地生态补偿机制并将其付诸实践的省份。2003年，福建省出台《水库库区重要水源地水土保持生态建设实施纲要》，选择莆田东圳水库等10个水库为试点，以提取生态补偿费的形式，在全国首创"水源地生态补偿机制"。具体做法是按照"谁受益、谁出钱"的原则，各水库从水费收入中提取一定比例的资金，作为水源地生态建设经费。在探索建立水源地生态补偿机制方面，浙江省也和福建省一样，始终走在全国前列。从全国范围看，浙江是第一个在省域范围内，由政府提出完善生态补偿机制意见的省份，也是第一个实施省内全流域生态补偿的省份。自2004年起台州、绍兴、金华、德清、江山等市县先后对水源地区和库区乡镇以生态补偿的名义进行了财政补贴。此外，各地区还积极探索了上下游自愿协议补偿、异地开发、水权交易等多种生态补偿方式。例如，2004年9月，处于金华江下游的傅村镇与上游源东乡签订生态补偿协议，由傅村镇每年向源东乡提供5万元，作为对源东乡保护和治理生态环境以及因此而造成的财政收入减少的补偿。这些生态补偿政策都取得了一定的成效。广东省每年拿出1.5亿元，交给上游江西省寻乌、安远和定南三县，用于东江源区生态环境保护。截至2007年，辽宁省政府已出台东部地区生态补助政策包括天然林禁伐重点县财政补助政策、重点公益林保护补助等，但从辽宁实际情况来看就公益林保护这一补偿标准只能维持公益林的保护和管理需要，根本无法保障营造和抚育。海南省昌江县王下乡一直以来乱垦滥伐现象严重。为此，海南省政府采取了一定的措施，包括登门入户调查、制定出实施细则、按标准给予森林生态补偿资金补助，成为全省首个实施生态补偿制度的市县。北京市实施农田生态补偿的补贴范围主要是小麦与牧草,通过两年生态补贴政策的实施,对北京市农业生产发展和改善城市居住环境产生了积极的影响,陕西、云南两省属于水土流失最为严重的省份,经过不断的探索发现强化对相关企业征收水土流失补偿费是一种相对可行的方案。山西省在探矿权采矿权使用费和价款的使用上也不同于其他各省,主要用于环境治理,而其他省份是部分用于矿山环境的治理,并取得一定成效。

四 设计具有地方特色的人才战略

2000年实施西部大开发战略决策,制定了非常优越的吸引和用好人才相关政策。(1)建立艰苦边远地区津贴制度。(2)调动西部地区专业人才的积极性和创造性。(3)加强西部地区人才培训。(4)鼓励人才和智力向西部地区流动。(5)实行人才和智力对口支援。(6)对到西部地区工作的各类人才实行来去自由的政策。(7)对到西部地区的外籍高科技人才、高层次管理人才和投资者提供出入境便利。(8)改革户籍管理制度。调整户口迁移政策等。为适应西部大开发对人才的需求,西部地区各省也纷纷出台了针对本地的人才政策。如内蒙古自治区党委、政府出台了《关于进一步加强人才培养、使用和引进工作的意见》,明确规定:自治区每年从财政预算中拿出500万元作为人才开发基金,用于人才的培养、使用和引进。内蒙古计委、科委和教育主管部门每年要拿出专款,用于自治区重点学科和实验室建设。鼓励企业和科研机构在区内外重点高校选择所需专业和对成绩优秀的学生设立奖学金和助学金,毕业生凭合同定向来自治区工作。对于内蒙古亟须的专业技术人才,自治区给予特殊奖励;继续实行重奖有突出贡献科技人员的政策;实行在职院士、博导、正高职称、博士等特殊岗位政府补贴制度。对于引进的高级人才和留学归国人员,各级政府、用人单位将提供必要的科研启动经费和必要的工作条件。内蒙古的人才政策已呈现"从自发到自觉"、"从社会到政府"、"从分散到系统"及"从经验到科学"四大特点,"建设人才流入区"、"建立人才储备制度"、"主动为企业服务"已成为内蒙古人才工作的"三大亮点",人才流动趋向重点企业、重点项目、重点工业园区等的态势日渐凸显。

第二节 欠发达地区实施扶持政策经验启示

梳理上述各类促进区域特别是欠发达地区经济社会发展政策的理论研究与实践总结，我们可以得出如下启示：

一是要有优越于其他地区的政策支持。欠发达地区一般包括赣南等原中央苏区的振兴发展必须要有来自高层政府的超常规的支持政策。

二是高层政府的支持政策不会必然带来良好的政策效果，而是深受地方政府对政策的认识、创新精神、决策能力与执行能力等的影响。

三是要将《若干意见》（国发〔2012〕21号文）政策落到实处，必须要破除"等、靠、要"思想，继承和发扬原中央苏区"坚定信念、求真务实、一心为民、清正廉洁、艰苦奋斗、争创一流、无私奉献"的原中央苏区精神。

四是随着《若干意见》（国发〔2012〕21号文）政策出台，江西省委省政府、各厅局及原中央苏区所在市、县都纷纷出台了相关的实施意见，但是由于时间短，落实国发〔2012〕21号文政策又是一项涉及要素众多的系统工程，而且在政策实施过程中既有合作，也有冲突和竞争。因此，对实施原中央苏区振兴规划政策进行研究，立足于原中央苏区区域经济社会发展情况，协调各方利益，将原中央苏区振兴政策进一步细化，拓展，使之具有可行性、高效性及适度的超前性，构建政策实施的监控和评价体系保证其实施，从而促进原中央苏区共生发展是当前亟待解决的重大问题。

五是必须要有优越的人才政策吸引人才，培育人才，用好人才，建设一支优秀的人才队伍，为政策实施提供人才保障。好的人才政策，应当要体现以下几个方面：第一，价格优势。价格是价值的表现形式，任何形式的资本都可以量化以价格的形式表现，人才资本也不例外。对人才的投资产生人才资源，而对人才的投资收益率远高于对其他要素的投资。在经济一体化的背景下，人才与其他商品一样，受价格因素的影响流向报酬高的国家和地区；第二，归属感。认同感和归属感是人才愿意留下的积极心理特征；第三，人才培训。当今社会科技迅猛发展、知识更新迅速，社会知识总量每五年就要翻一番。无论是公共部门中的公务人员，或是私人部门中的人员，对于其岗位工作和个人发展，一次性的学校教育都不能满足需求，培训是一种能收到丰厚回报的智力投资。

第三章

原中央苏区振兴政策：
目标与建议

第一节 实施原中央苏区振兴政策的发展目标

原中央苏区有"四特"，即特殊地位、特殊贡献、特殊困难和特殊支持。随着《国务院关于支持赣南等中央苏区振兴发展的若干意见国发〔2012〕21号》、《赣闽粤原中央苏区振兴发展规划》等政策文件的出台，原中央苏区获得了前所未有的政策支持，迎来了振兴发展良机。赣南等原中央苏区振兴发展目标分两个阶段。

一 第一阶段目标

第一阶段是到2015年，赣南等原中央苏区在解决突出的民生问题和制约发展的薄弱环节方面取得突破性进展。完成赣州市农村安全饮水、农村危旧土坯房改造、农村电网改造升级、农村中小学薄弱学校改造等任务；基础设施建设取得重大进展，特色优势产业集群进一步壮大，城镇化率大幅提升，生态建设和环境保护取得显著成效；经济保持平稳较快发展；城乡居民收入增长与经济发展同步，基本公共服务水平接近或达到中西部地区平均水平。

二 第二阶段目标

第二阶段是到2020年，赣南等原中央苏区整体实现跨越式发展。现代综合交通运输体系和能源保障体系基本形成；现代产业体系基本建立，工业化、城镇化水平进一步提高；综合经济实力显著增强，人均主要经济指标与全国平均水平的差距明显缩小；人民生活水平和质量进一步提升，基本公共服务水平接近或达到全国平均水平，与全国同步实现全面建设小康社会目标。

第二节 优先解决突出民生问题凝心聚力

所谓民生，从社会层面上着眼主要是指民众的基本生存和生活状态，以及民众的基本发展机会、基本发展能力和基本权益保护的状况等。民生问题，简单地说，就是与百姓生活密切相关的问题，最主要表现在吃穿住行、养老就医、子女教育等基础生活必需上面。民生问题也是人民群众最关心、最直接、最现实的利益问题。关注民生、重视民生、保障民生、改善民生，同党的性质、宗旨和目标一脉相承。教育是民生之基，就业是民生之本，收入分配是民生之源，社会保障是民生之安全网。这四大问题都是民生的基本问题。民生问题涉及三个层面：

第一个层面主要是指民众基本生计状态的底线。这一层面上的民生问题主要侧重民众基本的"生存状态"，即社会要保证每一个社会成员"能够像人那样有尊严地生存下去"。其具体内容包括：社会救济，最低生活保障状况，基础性的社会保障，义务教育，基础性的公共卫生，基础性的住房保障等。

第二个层面主要是指民众基本的发展机会和发展能力。人不仅要有尊严地生存下去，还要有能力生存下去。这一层面上的民生问题主要侧重民众基本的"生计来源"问题，考虑每一个社会成员"要有能力和机会活下去"的问题，即一个社会在满足了社会成员基本生存问题之后，就应考虑社会成员基本的发展能力和发展机会问题，以期为民众提供起码的发展平台和发展前景。其具体内容包括：促进充分就业，进行基本的职业培训，消除歧视问题，提供公平合理的社会流动渠道，以及与之相关的基本权益保护问题（如劳动权、财产权、社会事务参与权）等。

第三个层面主要是指民众基本生存线以上的社会福利状况。这一层面上的民生问题主要侧重民众基本的"生活质量"问题，即当一个社会解决了民众基本生存和基本发展机会、基本发展能力之后，随着经济发展水准和公共财力的大幅度提升，随着现代制度的全面确立，进一步需要考虑的问题，应当是为全体社会成员提供使生活质量得以全面提升的福利。主要包括：民众应当享受到较高层面的社会福利，比如，未来公立高等学校的学生应当得到免费的教育；住房公积金应当普及到每一个劳动者；社会成员的权利应当得到全面的保护等。应当看到，这一问题属于较高层面上的民生问题，目前的中国社会尚没有能力全面解决这一问题。不过，应当将这一层面的民生问题作为未来的一个重要目标列入改善民生的中长期目标体系当中。

解决好民生问题是振兴发展的首要任务。赣南等原中央苏区振兴发展，最终目的是富民惠民，实现共同富裕，要坚持民生为本，有限解决最迫切、最突出的民生问题，切实让赣南原中央苏区人民在短期内看到振兴发展带来的实惠和变化，为原中央苏区振兴凝心聚力。现阶段赣南原中央苏区振兴发展要重点做好以下民生问题。

一 解决农村住房问题，稳定振兴发展大局

住房是民生之本，是民生问题第一个层面中涉及民众基本生计状态的底线的问题，住房问题没有解决，群众的后顾之忧就没有彻底解决，即使原中央苏区振兴发展得再快、再好也不能得到老百姓的支持和认可，因此解决农村住房问题关系到原中央苏区振兴发展的大局，关系到原中央苏区振兴发展的成败，为此要加大对赣南等原中央苏区农村危旧土坯房改造支持力度，重点支持赣州市加快完成改造任务。适应城镇化趋势，结合新农村建设，积极探索创新土坯房改造方式。大力支持保障性住房建设，加大对赣州市城市棚户区改造支持力度，加快国有工矿棚户区和国有农林场危房改造，"十二五"末基本完成改造任务。解决好了农村农民住房问题，就解决了原中央苏区振兴发展稳定的大局，正如我国三农问题中提到了"农民富则国家盛，农村稳则社会安"，把解决农村农民住房问题放在解决民生问题的首位具有重大战略意义。

二 解决农村饮水安全问题，保障人民身体健康

饮水安全问题涉及农村人民群众的切身安全，是民生问题第一个层面中涉及民众基础卫生安全的问题，农村人民身康体健，才能为原中央

苏区振兴发展提供更多的动力,为原中央苏区振兴发展输出更多的人才。为此要加大农村安全饮水工程实施力度,2014年底前解决赣州市农村饮水安全问题,"十二五"末全面完成赣南等原中央苏区农村饮水安全任务。支持有条件的农村地区发展规模化集中供水,鼓励城镇供水管网向农村延伸。建立健全农村水质安全监测系统。农民身心健康,才能为建设美好家园作出更大的贡献。

三 加强农村电网改造和农村道路建设,夯实振兴发展基础条件

加强农村电网改造和农村道路建设关系到民生问题第三层面中涉及农民生活质量的问题。要想富,先修路,电是生活和发展的动力,因此这两项基础设施对农业生产、农村生活和农民增收具有重要意义。为此要加快推进赣南等原中央苏区新一轮农村电网改造升级,到"十二五"末建立起安全可靠、节能环保、技术先进、管理规范的新型农村电网。支持赣州市农网改造升级工程建设,加大电网企业投入,2013年底前全面解决赣州市部分农村不通电或电压低问题。实施农村公路危桥改造,推进县乡道改造和连通工程,进一步提高农村公路的等级标准和通达深度。

四 提高特殊困难群体生活水平,体现党和国家反哺人民的人文关怀

农村特殊困难群体是指烈士家属或退役老兵,其家人曾经为共和国的建设奉献了一生甚至生命,导致家庭年轻劳动力丧失等原因致使生活出现困难、老人无人赡养等情况。为此要将居住在农村和城镇无工作单位、18周岁之前没有享受过定期抚恤金待遇且年满60周岁的烈士子女,以及试行义务兵役制后至《退役士兵安置条例》实施前入伍、年龄在60周岁以上(含60周岁)、未享受到国家定期抚恤补助的农村籍退役士兵等人员纳入抚恤补助范围,落实相关待遇。积极研究在乡退伍红军老战士、失散红军等人员遗孀定期生活补助政策。支持解决上述特殊困难对象中孤老病残优抚对象的集中供养问题。帮助残疾人改善生活条件。解决好退伍军人和烈士子女的生活问题,充分体现了党和国家反哺人民的人文关怀,真正让原中央苏区人民感受到曾经的奉献是值得和

珍贵的，精神财富远比物质财富更加重要，让原中央苏区人民的原中央苏区精神永远传承下去。

第三节　实施原中央苏区振兴政策的建议

一　打破"等、靠、要"传统观念，创新自我发展的动力机制

当前在许多地方政府和群众都存在程度不等的等上级出政策、靠上级提供政策、向上级部门要政策"等、靠、要"思想，"态度决定行为，思路决定出路"。赣南等原中央苏区振兴是艰巨复杂的系统工程，必须要发挥干部群众的创新精神，激发其自我发展的动机，强化干部主动作为精神，创新作为精神。

（一）创新公民参与机制

公共政策能否落实得好在于政府和公众的广泛合作，政策执行者是否具有执行力，与政策利益相关者对政策的接受程度具有很大的相关性。主动开展广泛的公众参与，创新公众参与机制，让公民和社团充分参与政策制定，使各方的利益诉求能够最大限度地体现在政策当中，有利于提高政策制定的科学性与针对性，从而有助于提高执行性效率，促进各项利民政策顺利实施。原中央苏区地方政府应当在现有振兴规划政策的基础上，通过网站、微信、博客、短信等新媒体，广泛开启政民互动通道，鼓励公民和企业社会团体献计献策，结合本地特色来创新更加契合实际的政策实施细则。

（二）健全政策实施的考核评估机制

一是对政策本身进行评估。政策执行到一定阶段比如两年、三年，应当进行评估：政策的科学性如何？是否带来了经济社会的可持续发展？政策的针对性如何？是否切合当地实际？政策的可操作性如何？是否易于执行？等等。根据评估的结果，要总结经验和不足，对好的政策，要稳定下来，并在类似的地方进行推广；对一些政策内容好，但易产生歧义的政策，或难于执行的政策则应当出台相应的实施细则；对一些可行性不强，或难于执行的，应当进行纠偏。党和政府出台其他新的政策对原中央苏区支持政策有更强的支持力度，则应当补充新的内容，完善政策体系。等，使振兴原中央苏区的政策保持很强的时效性、可行

性、针对性和一定的前瞻性。

二是对政策执行绩效进行评价。把是否能充分利用每项政策的资源优势，每项政策是否能充分落到实处，人民群众是否能从中获得了实实在在的政策实惠，政策优势是否能转化为经济社会发展优势等，作为政府绩效的评价指标。完善公务员绩效考评制度，实行分类分级考核，把政策执行绩效、人民群众的满意度与奖励、晋级晋升相结合，而不是单纯地与职级挂钩。

（三）完善政策执行的监督机制

加强地方政府部门在政策执行过程中的检查执法力度，充分调动多种监控手段实现全面监督，如媒体舆论监督、权力监督、政党监督、社会组织监督、行政系统内部监督和人民群众监督等，以此建立一个多层次、广覆盖的行政监督体系，以便能够及时发现并纠正政策执行过程中暴露的问题，采取相应措施进行补救。

至于应该采取何种措施来构建政府政策执行力督促体系，不同学者有着不同的观点，其中美国行政学者威廉·邓恩（William N. Dunn）提出了四种监督政府执行活动的方式：社会系统核算、社会实验、社会审计及综合实例研究。我们可以借鉴这些监督方法和手段，结合原中央苏区实际完善监督体系。

一是建立专门的由省级领导的监督协调机构，并保持其独立性。江西省政府要把监督机构置于省领导的直接指导之下，使其不受制于地方政府政策执行机构，同时由江西省政府制定专项考核督促方案并授权，让监督机构代表政策制定者完全履行监督职责。

二是建立健全投诉、检举、举报机制。严格执行"投诉有门、快速办理、结果透明、督查到位"的要求，进一步完善和细化督查小组和办事机构的工作规则及相关制度，明确检举、揭发、投诉受理范围，认真受理群众的投诉，抓住群众反映强烈的重点、难点问题，加大自办和督办的力度，进一步提高投诉办理的质量。

三是强化监督反馈系统的功能，使监督反馈常态化、制度化，建立并实现多功能、多层次、内外沟通、上下结合的监控网络。进一步形成和完善以政党监督为先导、权力监督为主体、舆论监督为动力的监督体系。增加政策执行的透明度，通过调查、质询、罢免、撤销、受理申诉、控告等方式，实现对政策执行过程的有效监督。

二 实行差别化资金配套政策，激发实施政策的内在动力

原中央苏区振兴政策给予加大对赣南等原中央苏区财政拨款或转移支付的力度，但是同时要求原中央苏区地方政府按照拨款的政策提供相应的配套资金投入。由于各个地方的经济发展程度差别很大，造成部分地方政府财政负担加重，无力承担配套资金的投入量，从而失去了需要资金配套项目的机会，失去了发展机会，这样就因资金配套问题产生了政策上的"马太效应"，贫者愈贫，富者愈富。因此应对赣南等原中央苏区县实行差别化的资金配套政策。

一是根据原中央苏区各县（市）经济发展程度来实施配套政策，依据地方社会经济发展程度，经济较发达的地区提高配套比例，对于经济落后地区降低配套标准或者无需配套，直接由上级部门提供政府资金。

二是根据原中央苏区各县（市）财政收入情况进行配套，可以根据地方财政收入情况实施差别化的比例配套政策，对于财政收入较高的地方政府实行较高比例的配套资金，对于财政收入低的地方政府实行较低比例的资金配套政策。

三是建立配套资金减免奖励机制，上级政府部门可以充分结合原中央苏区各县（市）政府部门的政策执行效果以及地方政府在吸引投资创业等方面的实际绩效来给予地方政府部门适当的资金配套减免奖励，促进地方政府用好、用活资金。

三 发挥市场在资源配置中的决定作用，增强公共服务能力

发挥市场在资源配置中的决定作用就是要依据市场规则、市场价格、市场竞争配置资源，实现效益最大化和效率最优化。原中央苏区虽然得到党和政府很大力度的政策支持，但是其底子薄弱，其仍然面临着财力不足的困境，缺乏配套资金建设公共服务项目，公共服务能力不足，难以支持其振兴发展的需求。因此要实现原中央苏区振兴发展，政府就必须动员充足的社会力参与公共事务管理。引入民间资本参与公共服务是有效缓解政府财力不足的重要途径，也是国外许多国家的实践

做法。

随着公共服务体制的改革，公共服务提供的主体多元化，社会力量的参与成为扩大政府公共服务资源基础的重要力量，政府不再是公共物品和服务的唯一直接提供者。公共服务引入市场机制的主要方式有合同外包、特许经营、购买服务、用者付费以及内部市场等方式，提供公共服务的质量与效率。原中央苏区政府要转变观念，根据公共服务产品的特性选择不同的方式，充分吸引民间资本进入基础设施、教育、医疗、卫生等领域。

四　推动科技创新，促进产业升级

原中央苏区要振兴发展，必须要培育壮大特色优势产业。产业升级，区域品牌化是区域竞争发展战略的新焦点，而推动政府间的合作、企业和高校科研机构协同创新是实现产业升级、形成区域品牌的根本途径。

一是要构建良好的利益均衡机制，促进政府间合作。建立原中央苏区地方政府顺畅的利益表达渠道和利益导向机制。通过建立行之有效的利益沟通和导向机制，帮助地方政府以及政策执行者树立正确的利益价值观念，能够正确处理整体与局部、地方与地方、地方与上级部门之间的各种利益关系。要建立健全利益约束机制。地方利益能够获得充分地表达和接收是提高地方政府政策执行力的前提条件，但是不能一味地满足局部利益而不顾整体利益，这关系整个原中央苏区振兴发展的大局，同时对政策执行效率也是有害的。因此，要通过法律和制度手段来约束和规范政策执行主体的行为，必须使他们的利益追求被限制在合理的范围内，以保证整个原中央苏区振兴发展大局能够最终实现，使原中央苏区实现均衡发展。要引入利益调节机制。地方政府之间会因为利益的不同需求经常会出现矛盾，上级管理部门能否正确化解这些利益冲突将对政策的执行效率有着不可忽视的影响。通过建立利益调节机制，对于那些在合理范围之内的但是暂时又不能满足的利益诉求要进行适度地调节，进而不会影响地方政府落实政策的积极性。要建立利益补偿机制。部分原中央苏区振兴政策的出台和执行会对一些地方正当利益产生一定的损害，建立公平合理的利益补偿机制，给利益受损主体提供一定的补偿，有利于增进社会和地区公平，同时减少地方在执行政策时的阻力。生态补偿、矿产资源开采等。

二是建立协同创新激励机制，促进企业与高校科研机构合作。原中央苏区特色产业资源丰富，如脐橙、甜柚等农产品和稀土、钨等稀有金属以及红色、古色及绿色文化等资源，但是产业发展的集合度不高，产品也多处于产业发展的中低端。因此必须充分发挥政府的引导作用、企业的主导作用，促进企业与高校和研究机构的协同创新，资源整合，优势互补，解决产业发展中存在的技术和管理问题，促进产业升级，形成区域品牌。

五 加强人才队伍建设，为振兴发展提供人力智力支撑

要遵循人才成长规律，构建人才成长的支持体系，发挥政府引导与市场配置人才的作用。

一是创新激励机制，吸引优秀人才向基层政府、优势集群产业和农村聚集。必须从分配制度、社会保障、事业发展空间等方面创新人才激励机制，设立基层公务员特殊津贴，探索人才激励新模式，完善以能力、业绩为主导的人才评价制度，深化职称评定制度改革，推进非公经济组织职称评审工作、建立农村乡土人才评价机制等，以吸引优秀人才到基层、企业和农村工作。

二是加强紧缺型人才的引进与培养，优化人才配置。既要出台超常规的人才引进优惠政策，加大外来人才的引进力度，特别是引进一批能够突破关键技术、带动高新产业和新兴学科发展的科技领军人才，并优先纳入全省"急需紧缺高层次专业技术人才引进计划"。同时又要出台相关政策鼓励人才挑战自我、重新学习转换到人才缺乏岗位，充分利用本土普通高校和职业院校资源，加大紧缺人才的培训与开发，统筹推进党政人才、企业经营管理人才、专业技术人才特别是经济领域的专业技术人才、高技能人才、农村实用人才等各类人才队伍建设。

三是营造人才发展的优良环境，招才引智。要增强主动为人才服务的意识。中央苏区经济基础薄弱，可用财力紧张，人才创新创业资金扶持力度较弱，因此要从人才发展需求出发，制定具有竞争力的人才引进特别是高层次紧缺人才的政策，从事业和生活上予以更多的关心和支持。对于特殊人才、紧缺人才不仅在购房补贴、生活津贴、家属安置、子女就学等生活方面给予大力支持,而且要在创业资金扶持等生产方面推出一系列优惠政策,要多渠道构筑引才引智平台,积极参与国家"千人计划"、"西部之光"计划等重大人才工程、打造特色产业人才高地、建设科研平台、改善基层留人环境等,支持符合条件的单位申报建立院士工作站和博士后科研工作站。根据地方经济社会发展需要设立高端人才创新创业基地和建立海外留学人员创业园。以重大项目为抓手,以高校、科研机构、博士后流动站和企业研发机构以及创新创业基地等为平台,延揽海内外人才到中央苏区进行短期科研攻关、业务指导,创新创业,有效地解决政府和企业在经济社会发展中遇到的重大问题,并带出优秀的本土科研团队和管理团队。

四是用好现有人才。人才价值,以用为本。赣南等中央苏区拥有一支对党和政府特别忠诚,勤勉敬业的人才队伍。现有人才熟悉市情县情,了解红色文化,如果充分调动其积极性,其更易与组织同心协力,形成休戚与共的团队合作精神,从而增强了组织的凝聚力。

下篇

分论

第四章

原中央苏区振兴财税政策研究

第一节 财税政策梳理

一 中央已有财税政策

（一）财政政策①

1. 西部大开发的财政政策

加大中央财政对西部地区均衡性转移支付力度，逐步缩小西部地区地方标准财政收支缺口，推进地区间基本公共服务均等化。中央财政用于节能环保、新能源、教育、人才、医疗、社会保障和扶贫开发等方面已有的专项转移支付重点向西部地区倾斜。通过多种方式筹集资金，加大中央财政资金支持西部大开发的投入力度。中央财政加大对西部地区国家级经济技术开发区、高新技术开发区和经济合作区基础设施建设项目贷款的贴息支持力度。

2. 加大中央财政均衡性转移支付力度，逐步缩小地方标准财政收支缺口的政策

中央财政设立均衡性转移支付的目的是缩小地区间财政差距，逐步实现基本公共服务均等化，推动科学发展，促进社会和谐。均衡性转移支付不规定具体用途，由接受补助的省（自治区、直辖市）政府根据本地区实际情况统筹安排。均衡性转移支付资金分配选取影响财政收支的客观因素，考虑人口规模、人口密度、海拔、温度、少数民族等成本

---

① 转引自《国务院关于支持赣南等原中央苏区振兴发展的若干意见》简明读本，社会科学文献出版社2013年版，第385—388页。

差异，结合各地实际财政收支情况，按照各地标准财政收入和标准财政支出差额及转移支付系数计算确定，并考虑增幅控制调整和奖励情况。用公式表示为：某地区均衡性转移支付 =（该地区标准财政支出 - 该地区标准财政收入）×地区转移支付系数 + 增幅控制调整 + 奖励资金。凡标准财政收入大于或等于标准财政支出的地区，不纳入均衡性转移支付分配范围。中央均衡性转移支付资金规模不断扩大，从1995年的21亿元增加到2011年的7486.81亿元，年均增长48%。2012年中央财政均衡性转移支付预算数达8583.65亿元。中央财政对赣州的均衡性转移支付规模逐年增加，以2008—2011年数据为例，中央财政对赣州均衡性转移支付分别为5.92亿元、8.63亿元、10.06亿元、11.35亿元，年均增长22%。《若干意见》提出："进一步加大中央财政均衡性转移支付力度，逐步缩小地方标准财政收支缺口"。这将提高赣州市县级财力保障水平，缩小地方标准财政收支缺口，增强基本公共服务能力。

3. 加大中央财政对赣南等原中央苏区振兴发展的财力补助政策

财力补助是一般性转移支付的通俗说法。它不规定具体用途，可由地方作为财力统筹安排使用，旨在促进各地方政府提供基本公共服务的均等化和保障国家出台的重大政策的实施。例如：均衡性转移支付、民族地区转移支付、资源枯竭城市转移支付、县级基本财力保障机制、调整工资转移支付等。赣州地方财力状况较差，收支矛盾突出，财政支出的2/3依靠上级转移支付支持，2010年人均决算财力5.6万元/年，仅相当于全省平均水平的三分之二，70%左右的财力用于人员经费和正常运转支出需要，维持着最基本、低标准的保障水平。《若干意见》提出："加大中央财政对赣南等原中央苏区振兴发展的财力补助"，对于缓解赣州地方财力困难将起到很好的"输血"作用。

4. 中央专项彩票公益金加大对赣州社会公益事业的支持政策

彩票公益金是从彩票发行收入中按规定比例提取的，专项用于社会福利、体育等社会公益事业的资金，彩票公益金由各省、自治区、直辖市彩票销售机构根据国务院批准的彩票公益金分配政策和财政部批准的提取比例，按照每月彩票销售额据实结算后分别上缴中央财政和省级财政。彩票公益金按政府性基金管理办法纳入预算，实行"收支两条线"

管理，专款专用，结余结转下年继续使用，不得用于平衡一般预算。根据财政部《关于印发〈彩票公益金管理办法〉的通知》（财综〔2012〕15号）规定，上缴中央财政的彩票公益金，主要用于社会福利事业、体育事业、补充全国社会保障基金和国务院批准的其他专项公益事业。当前，赣州社会福利和体育事业面临较多困难：一是福利设施严重不足，供需矛盾十分突出。全市尚无一所标准化、规范化的综合养老服务机构。二是残疾人数量较多、困难程度较大。据统计，2012年赣州市有残疾人58万人，但截至2012年没有一所功能完备的残疾人专业康复机构。三是专业性儿童福利机构少，康复和特教设施缺乏，福利机构床位紧缺。全市儿童福利机构床位不及全市孤儿总数的7.14%，大量孤儿无法实现集中养育，只能散居在乡镇敬老院、光荣院或被迫送给家庭寄养。四是体育设施较差。人均体育场地面积仅为全国、全省人均水平的32%、60%，截至2012年没有一座能举办综合性体育赛事的体育场馆。《若干意见》提出"加大中央专项彩票公益金对赣州社会公益事业的支持力度"，这是对赣州社会福利、体育等公益事业的有力支持，是赣州改善落后的社会公益事业状况的历史性契机。赣州将积极争取省里支持，主动向民政部、体育总局、财政部等部委汇报对接。认真研究《彩票公益金管理办法》，切实做好社会福利事业和体育项目的规划、筛选和可行性研究，建立体育和社会福利事业项目库，并积极做好项目申报工作。

5. 化解赣州市县乡村公益性债务的政策

长期以来，赣州市财政基础差、底子薄，属典型的"吃饭财政"，仅能维持最基本的"保工资、保运转"需要，地方财政可以用于公益性建设的资金更是捉襟见肘。在国家有关政策的支持和引导下，赣州市县乡村通过银行贷款、国债转贷、民间集资、外国政府贷款等途径积极开展公益性基础设施建设，由此形成了较大规模的债务。据统计，截至2011年，全市县乡村公益性债务余额几乎是2011年赣州地方财政收入的总和。随着农业税的取消，乡、村没有了财政收入，主要依靠转移支付资金维持乡、村基层政权的运转，之前形成的巨额公益性债务大多数没有还款来源，需由县级财政负责偿还。目前，这些债务除了要付息外，大部分已到还本期，给县域经济的发展增加了沉重包袱。国家自2007年开始化解乡村债务工作，前一阶段主要是化解农村义务教育债务，目前化债重点正在转向乡村垫交税费等其他公益性乡村债务。2009年12月，经国务院同意，国务院农村综合改革工作小组选择重庆等3个省份启动了清理化解乡村垫交税费等其他公益性乡村债务试点工作。目前，试点省份已增至12个。《若干意见》提出："支持化解赣州市县乡村公益性债务，将公益性建设项目国债转贷资金全部改为拨款"，这是解决赣州历史债务问题的有力举措，有利于赣州在振兴发展征程中轻装上阵，促进县域经济加快发展、跨越发展。

6. 中央代地方政府发行债券的政策

中央代地方政府发行的债券本质上是地方政府债券，是指经国务院批准同意，以省、自治区、直辖市和计划单列市政府为发行和偿还主体，由财政部代理发行并代办还本付息和支付发行费的可流通记账式债券。债券期限一般为3年，利息按年支付，利率通过市场化招标确定。地方政府债券资金主要安排用于中央投资地方配套的公益性建设项目及其他难以吸引社会投资的公益性建设项目，严格控制安排用于能够通过市场化行为筹资的投资项目，不得安排用于经常性支出和楼堂馆所项目建设。投资项目资金使用范围主要包括：保障性安居工程，农村民生工程和农村基础设施，医疗卫生、教育、文化等社会事业基础设施，生态建设工程以及其他涉及民生的项目与配套。2009—2011年，赣州共获得地方债资金11.1亿元，一定程度上缓解了赣州保障性住房以及其他公益性基础设施建设的资金缺口问题。《若干意见》指出"中央代地方政府发行的债券向原中央苏区倾斜"，这是中央扶持原中央苏区加快发展的重要措施，对于推进赣南保障性住房以及道路交通、农田水利、教育设施、医疗卫生等公益性基础设施项目建设具有积极意义。

（二）税收政策

1. 执行西部地区税收政策

对设在西部地区的鼓励类产业企业减按15%的税率征收企业所得税。企业从事国家重点扶持的公共基础设施项目投资经营所得，以及符合条件的环境保护、节能节水项目所得，可依法享受企业所得税"三免三减半"优惠。推进资源税改革，对煤炭、原油、天然气等的资源税由从量计征改为从价计征，对其他资源适当提高税额，增加资源产地地方财政收入。各级地方政府在资源税分配上，要向资源产地基层政府倾斜。对西部地区内资源鼓励类产业、外商投资鼓励类产业及优势产业的项目在投资总额内进口的自用设备，在政策规定范围内免征关税。

2.《关于赣州市执行西部大开发税收政策问题的通知》

2013年1月10日，财政部、海关总署、国家税务总局联合下发《关于赣州市执行西部大开发税收政策问题的通知》（财税〔2013〕4号），明确了赣州市执行西部大开发税收政策。政策主要内容：一是对赣州市内鼓励类产业、外商投资鼓励类产业及优势产业的项目在投资总额内进口的自用设备，在政策规定范围内免征关税。二是对设在赣州市的鼓励类产业的内企业和外商投资企业减按15%的税率征收企业所得税。政策执行的时限自2012年1月1日至2020年12月31日。

3. 享受西部大开发政策的企业应该符合的条件

一是设在赣州市范围内，以《产业结构调整指导目录》规定的鼓励类产业项目为主营业务，且主营业务收入占企业收入总额的70%以上的内资企业。二是设在赣州市范围内，以《外商投资产业指导目录》规定的鼓励类项目和《中西部地区外商投资优势产业目录》规定的江西省优势产业项目为主营业务，且主营业务收入占全业收入总额的70%以上的外商投资企业。企业既符合西部大开发企业所得税优惠政策，又享受企业所得税税法、条例以及国务院相关规定的企业所得税优惠政策的，可以同时享受，叠加适用。

4. 总分机构企业享受企业所得税优惠政策的条件

总机构设在赣州市的企业，仅就设在赣州市的总机构和分支机构（不含赣州市外设立的二级分支机构在赣州市内设立的三级以下分支机构）的所得确定适用15%优惠税率。总机构设在赣州市外的企业，其在赣州市内设立的分支机构（不含仅在赣州市设立的三级以下分支机构），仅就该分支机构所得确定适用15%优惠税率。企业在投资决策时，可以充分考虑注册地的选择，利用好税收优惠政策，为自身发展创造机遇。比如，可以通过调整自身的机构设置，将总部企业和二级分支机构迁到赣州市，赣州市三级以下分支机构升级为二级，赣州市的分公司变为子公司，从而享受15%的企业所得税优惠政策。

5. 中国服务外包示范城市的内涵及其优惠政策

为了促进各地加快发展服务外包产业，积极承接国际服务外包企业的竞争力，商务总会同有关部委自2009年起开展中国服务外包示范城市试点工作，目前全国共有北京、上海等21个试点城市，其中包括江西省南昌市。根据《国务院办公厅关于促进服务外包产业发展问题的复函》（国办函〔2009〕9号），对服务外包示范城市实行税收优惠、特殊工时工作制、支持人员培训、扶持公共服务平台建设等政策措施。在税收优惠上，财政部专门下发了《关于示范城市离岸服务外包业务免征营业税的通知》（财税〔2010〕64号）和《关于技术先进型服务企业有关企业所得税政策问题的通知》（财税〔2010〕65号）两个文件，对税收优惠政策进行了明确、细化：（1）财税〔2010〕64号文件规定，自2010年7月1日起至2013年12月31日，对注册在21个中国服务外包示范城市的企业从事离岸服务外包业务取得的收入免征营业税。（2）财税〔2010〕65号文件规定，自2010年7月1日起至2013年12月31日止，在21个中国服务外包示范城市实行以下企业所得税优惠政策：对经认定的技术先进型服务企业，减按15%的税率征收企业所得税；经认定的技术先进型服务企业发生的职工教育经费支出，不超过工资薪金总额8%的部分，准予在计算应纳税所得额时扣除，超过部分准予在以后纳税年度结转扣除。目前，赣州有大专院校7所、职业技术学校37所，每年培养出大批服务外包从业人员，同时有十余家从沿海地区转移进来的企业已经开展服务外包业务。《若干意见》明确"统筹研究将赣州列为中国服务外包示范城市并享受相关优惠政策问题"，将有力促进解决赣州大中专毕业生的就业问题，同时鼓励区域内企业加强与世界知名企业的联系，推进赣州服务外包等现代服务业的发展。

二 江西已有财税政策

江西省地方税务局全力支持赣南等原中央苏区振兴发展税收优惠政策和服务措施，赣地税发〔2012〕91号规定以下财税政策：

（一）企业所得税

1. 加大对赣州市特色优势产业发展的支持力度。结合赣州产业发展规划和布局，对赣州市辖区范围内凡符合国家鼓励类产业发展项目的企业，在规定的期限内，一律减按15%的税率征收。

2. 积极支持赣州市申报中国服务外包示范城市，并享受相关税收优惠政策。对赣州市符合条件的技术先进型服务企业，在规定的期限内，减按15%的税率征收。

3. 支持赣州市国有企业改组改制和机制创新。对赣州市国有企业在改制过程中发生的资产评估增值作为国有资本金，经批准后，可不作为企业收入，暂免征收。

4. 积极支持赣州旅游产业发展尤其是红色文化旅游发展，对设在赣州市从事旅游业的企业发生的广告费和业务宣传费支出，报经批准，在不超过当年销售营业收入30%的部分，准予在企业所得税前扣除。

5. 对企业从事国家重点扶持的港口码头、机场、铁路、公路、城市公共交通、电力、水利等公共基础设施项目投资经营所得，自项目取得第一笔生产经营收入所属纳税年度起，第一年至第三年免征企业所得税，第四年至第六年减半征收企业所得税。

6. 经省级认定管理机构认定的高新技术企业，减按15%的税率征收企业所得税。企业为开发新技术、新产品、新工艺发生的研究开发费用，未形成无形资产计入当期损益的，在按照规定据实扣除的基础上，按照研究开发费用的50%加计扣除；形成无形资产的，按照无形资产成本的150%摊销。企业的固定资产由于技术进步等原因，确需加速折旧的，可以缩短折旧年限或者采取加速折旧的方法。

7. 新办软件生产企业经认定后，自获利年度起，第一年和第二年免征企业所得税，第三年至第五年减半征收企业所得税；国家规划布局内的重点软件生产企业，如当年未享受免税优惠的，减按10%的税率征收企业所得税。软件生产企业的职工培训费用，可按实际发生额在计算应纳税所得额时扣除。

8. 在一个纳税年度内，居民企业技术转让所得不足500万元的部分，免征企业所得税；超过500万元的部分，减半征收企业所得税。

9. 支持中小企业发展。对符合条件的小型微利企业，依法减按20%的税率征收企业所得税。在规定期限内，对年应纳税所得额低于6万元（含6万元）的小型微利企业，其所得减按50%计入应纳税所得额，按20%的税率缴纳企业所得税。

10. 对国有工矿企业、国有林区企业和国有垦区企业参与政府统一组织的棚户区改造，并同时满足一定条件的棚户区改造资金补助支出，准予在企业所得税前扣除。

11. 对饮水工程运营管理单位从事《公共基础设施项目企业所得税优惠目录》规定的饮水工程新建项目投资经营的所得，自项目取得第一笔生产经营收入所属纳税年度起，第一年至第三年免征企业所得税，第四年至第六年减半征收企业所得税。

12. 企业从事蔬菜、谷物、薯类、油料、豆类、棉花、麻类、糖料、水果、坚果的种植，农作物新品种的选育，中药材的种植；林木的培育和种植，牲畜、家禽的饲养，林产品的采集，灌溉、农产品初加工、兽医、农技推广、农机作业和维修，远洋捕捞等农、林、牧、渔服务业项目的所得免征企业所得税；从事花卉、茶以及其他饮料作物和香料作物的种植以及内陆养殖项目的所得，减半征收企业所得税。

13. 对企业从事公共污水处理、公共垃圾处理、沼气综合开发利用、节能减排技术改造项目的所得，自项目取得第一笔生产经营收入所属纳税年度起，第一年至第三年免征企业所得税，第四年至第六年减半征收企业所得税。

14. 对经营性文化事业单位转制为企业后，在规定时限内免征企业所得税。

(二) 营业税

1. 对赣州市符合条件的技术先进型服务企业，在规定的期限内，其从事离岸服务外包业务取得的收入免征。

2. 对单位和个人从事技术转让、技术开发业务和与之相关的技术咨询、技术服务业务取得的收入，免征营业税。

3. 对县级以上地方人民政府或自然资源行政主管部门出让、转让或收回自然资源使用权的行为，不征收营业税。

4. 按照城市发展规划，在旧城改造过程中，单位和个人因土地被征用而取得的不动产拆迁补偿费，不征收营业税；对经营公租房、廉租房经营管理单位按照政府规定的价格、规定的对象所取得的租金收入，免征营业税。

5. 为安置军队转业干部自主择业、随军家属就业而新开办的企业，以及为安置城镇退役士兵自谋职业而新办的服务型企业、商贸企业凡符合条件的，三年内免征营业税。

6. 对城镇退役士兵自谋职业、军队转业干部自主择业以及随军家属从事个体经营（除建筑业、娱乐业以及广告业、桑拿、按摩、网吧、氧吧外）的，自领取税务登记证之日起，三年内免征营业税。

7. 对持《就业失业登记证》人员（含失地农民）从事个体经营（除建筑业、娱乐业以及销售不动产、转让土地使用权、广告业、房屋中介、桑拿、按摩、网吧、氧吧外）的，在三年内，按每户每年8000元为限额依次扣减其当年实际应缴纳的营业税。

8. 对安置残疾人的单位，按单位实际安置残疾人的人数，限额减征营业税，但最高不得超过每人每年3.5万元。

9. 对个人从事营业税应税劳务，按期纳税月营业额2万元以下的，免征营业税。

10. 企业从事农业、林业、牧业生产机耕、排灌、病虫害防治、植物保护、农林牧保险以及相关技术培训业务，家禽、牲畜、水生动物的配种和疾病防治的免征营业税。支持农业、林业项目土地利用，对转让土地使用权用于农业、林业生产的，免征营业税。

11. 在规定的期限内，对符合条件的农村金融机构以及银行业机构设立的贷款公司取得的金融保险业收入减按3%的税率征收营业税。对符合条件的中小信用担保机构取得的担保业务收入三年内免征营业税。

12. 支持社区、家政、社会化养老等生活服务业发展。养老院、残疾人福利机构提供的育养服务，托儿所、幼儿园提供养育服务免征营业税。

13. 对符合条件的节能服务公司实施合同能源管理项目，取得的营业税应税收入，暂免征收营业税。

14. 支持教育事业发展。对从事学历教育的学校提供教育劳务取得的收入，免征营业税。对政府举办的职业学校设立的主要为在校学生提供实习场所、并由学校出资自办、由学校负责经营管理、经营收入归学校所有的企业，对其从事规定的服务项目（广告业、桑拿、按摩、网吧、氧吧等除外）取得的收入，免征营业税。

15. 支持医疗卫生事业的发展。对医院、诊所和其他医疗机构提供的医疗服务免征营业税。

16. 支持文化体育事业的发展。纪念馆、博物馆、文化馆、文物保护单位管理机构、美术馆、展览馆、书画院、图书馆举办文化活动的门票收入，免征营业税。对科普单位的门票收入，以及县和县以上党政部门和科协开展的科普活动的门票收入，在规定期限内免征营业税；广播电视运营服务企业按规定收取的有线数字电视基本收视维护费，经批准，免征三年营业税。

(三) 房产税

1. 全力支持赣州市发展产业集群和集聚。自 2012 年 7 月 1 日起，凡赣州市辖范围外的企业转移到赣州市辖省级工业园区（含石城、寻乌、崇义省级产业园）和赣州市经济技术开发区内的企业，自投产之日起，按困难企业给予三年内免征。

2. 对赣州市新办的属于国家鼓励类的工业企业或新建公共基础设施和节能环保项目（单独核算），自生产经营或投产使用之日起，按困难企业给予三年内免征。

3. 凡是在基建工地为基建工地服务的各种工棚、材料棚、休息棚和办公室、食堂、茶炉房、汽车房等临时性房屋，不论是施工企业自行建造还是由基建单位出资建造交施工企业使用的，在施工期间，一律免征。

4. 对经营公租房、廉租房经营管理单位按照政府规定的价格、规定的对象所取得的租金收入，免征房产税。

5. 对饮水工程运营管理单位自用的生产、办公用房产、土地，免征房产税。

6. 对政府部门和企事业单位、社会团体以及个人等社会力量投资兴办的福利性、非营利性的老年服务机构自用的房产、土地暂免征收房产税；企业办或社会力量举办的各类学校、托儿所、幼儿园自用的房产、土地，免征房产税。

7. 对非营利性医疗机构自用的房产、土地，免征房产税、城镇土地使用税。营利性医疗机构自用的房产、土地，自其取得执业登记之日起，三年内免征房产税。对批准从事采集、提供临床用血的血站，自用的房产、土地，免征房产税。

8. 财政部门拨付事业经费的文化单位转制为企业的，自转制注册之日起，在规定时限内，对其自用的房产免征房产税。

(四) 城镇土地使用税

1. 全力支持赣州市发展产业集群和集聚。自2012年7月1日起，凡赣州市辖范围外的企业转移到赣州市辖省级工业园区（含石城、寻乌、崇义的省级产业园）和赣州市经济技术开发区内的企业，自投产之日起，按困难企业给予三年内免征；

2. 对赣州市新办的属于国家鼓励类的工业企业或新建公共基础设施和节能环保项目（单独核算），自生产经营或投产使用之日起，按困难企业给予三年内免征。

3. 对企业投资用于自身生产经营所需的铁路专用线、公路、码头等用地，除另有规定外，在厂区以外、与社会公用地段未加隔离的，暂免征收城镇土地使用税。民航机场的飞行区用地、机场场外道路用地，场内外通信导航设施用地和飞行区四周排水防洪设施用地，免征城镇土地使用税。对港口码头用地免征城镇土地使用税。对水利设施及其管护用地（如水库库区、大坝、堤防、灌渠、泵站等用地），免征城镇土地使用税。经批准开发荒山、改造废弃土地，从使用的月份起免征城镇土地使用税十年。

4. 对城市改造过程中纳入政府统一计划实施的城市棚户区、国有工矿棚户区改造安置住房建设用地免征城镇土地使用税。对公租房、廉租住房、经济适用房、棚户区改造、危旧房改造建设用地，免征城镇土地使用税。对廉租住房经营管理单位按照政府规定价格、向规定保障对象出租的廉租住房用地及公租房建成后占地免征城镇土地使用税。

5. 对饮水工程运营管理单位自用的生产、办公用房产、土地，免征城镇土地使用税。

6. 对直接用于农、林、牧、渔业的生产用地，免征城镇土地使用税。对林区的林地、运材道、防火道、防火设施用地免征城镇土地使用税。

7. 在规定的期限之内，对物流企业自有的（包括自用和出租）大宗商品仓储设施用地，减按所属土地等级适用税额标准的50%计征城镇土地使用税。

8. 对政府部门和企事业单位、社会团体以及个人等社会力量投资兴办的福利性、非营利性的老年服务机构自用的房产、土地暂免征收城镇土地使用税；企业办或社会力量举办的各类学校、托儿所、幼儿园自用的房产、土地，免征城镇土地使用税。

9. 对非营利性医疗机构自用的房产、土地，免征房产税、城镇土地使用税。营利性医疗机构自用的房产、土地，自其取得执业登记之日起，三年内免征城镇土地使用税。对批准从事采集、提供临床用血的血站，自用的房产、土地，免征城镇土地使用税。

（五）资源税

1. 对赣州市保障住房、旧城改造、危旧房改造等民生建设工程以及列入国家和省重点建设工程，开采天然石英砂、黏土、建筑用石等非金属矿原矿用于本项目工程建设的，可暂缓征收。

2. 纳税人开采或者生产应税产品过程中，因意外事故或者自然灾害等原因遭受重大损失的，报经省政府批准，给予减征或免征。

（六）耕地占用税

1. 对铁路线路、公路线路、飞机场跑道、停机坪、港口、航道占用耕地，减按每平方米2元的税额征收；

2. 农村居民占用耕地新建住宅，按照当地适用税额减半征收耕地占用税。农村烈士家属等在规定用地标准以内新建住宅缴纳耕地占用税确有困难的，经所在地乡（镇）人民政府审核，报经县级人民政府批准后，可以免征或者减征耕地占用税。直接为农业生产服务的生产设施占用林地、牧草地、农田水利用地、养殖水面以及渔业水域滩涂等其他农用地的，不征收耕地占用税。

3. 对养老院占用耕地，学校、幼儿园经批准征用的耕地，免征耕地占用税。

（七）个人所得税

1. 按照城市发展规划，在旧城改造过程中，单位和个人因土地被征用而取得的不动产拆迁补偿费，不征收个人所得税。

2. 对残疾人、烈属从事个体经营的，减半征收个人所得税。对烈士子女取得的抚恤金、救济金免征个人所得税。

3. 对采取定期定额征收和按附征率征收管理的个体工商户，月营业额2万元以下的，不征收个人所得税。

4. 对个人或个体工商户从事种植、养殖、饲养、捕捞等农林牧渔项目所得，免征个人所得税。

（八）土地增值税

因城市实施规划、国家建设的需要而被政府批准征用的房产或收回的土地使用权免征土地增值税；因城市实施规划、国家建设需要而搬迁，由纳税人自行转让房地产的，比照有关规定免征土地增值税。

（九）契税

支持农村饮水安全工程建设、运营。在规定期限之内，对饮水工程运营管理单位为建设饮水工程而承受土地使用权，免征契税。

（十）印花税

1. 对饮水工程运营管理单位为建设饮水工程取得土地使用权而签订的产权转移书据，以及与施工单位签订的建设工程承包合同免征印花税。

2. 国家允许的收购部门与村民委员会、农民个人签订的农副产品收购合同，免征印花税。对农民专业合作社与本社成员签订的农业产品和农业生产资料购销合同，免征印花税。

3. 在规定的期限内，对金融机构与小型、微型企业签订的借款合同免征印花税。车船税对非机动车船（不包括非机动驳船）、拖拉机、捕捞养殖渔船免征。

三 赣州已有财税政策①

（一）《赣州市人民政府关于认真落实稀土资源税政策的通知》，赣市府〔2011〕197号文件规定以下财税政策：

经国务院批准，财政部、国家税务总局联合下发了《关于调整稀土资源税税额标准的通知》（财税〔2011〕22号），决定自2011年4月1日起，统一调整全国稀土矿原矿资源税税额标准。鉴于此，赣州市人民政府出台了《赣州市人民政府关于认真落实稀土资源税政策的通知》（赣市府〔2011〕197号文件），规定以下财税政策：

1. 统一全市稀土精矿对原矿的计税折算比。市各地离子型稀土原矿品位相差较大，特别是寻乌县的低钇低铕稀土矿虽然品位较高，但价

---

① 资料来源于赣州市提供的书面材料。

格低。因此，在据实征收的基础上，对纳税人不能准确提供销售数量或移送使用数量的，寻乌县按1∶900的折算比计证稀土资源税，其他各县（市、区）按1∶1200的折算比计征。

2. 统一收购和自采稀土资源税税额标准。新政策在全国范围内开征并统一了税额标准，其中：中重稀土原矿资源税税额标准由原来的2元/吨提高到30元/吨。

（二）《赣州市鼓励社会力量引进项目（资金）实施办法》

根据《关于加快推进承接产业转移工作的决定》（赣市发〔2008〕15号）文件精神，特制定《赣州市鼓励社会力量引进项目（资金）实施办法》，规定以下财税政策：

1. 鼓励提供项目投资信息和引进资金。提供信息并成功落户的，由受益财政按项目实际固定资产投资额的1‰，奖励给信息提供人；直接参与引进客商投资赣州市，按引进项目固定资产投资额的2‰奖励给引进人，部门或个人通过非工作业务关系引进资金有偿无息，用资时间1—3年的按1%奖励，3年以上的按2%奖励；引进资金属无偿使用或捐赠的，按5%奖励。

2. 鼓励引进大项目。凡引进工业、农业产业化、旅游和商业固定资产投资超过2亿元以上的项目（资源开发和初加工、房地产项目除外），按上述标准奖励外，竣工验收后，受益财政按下列标准再奖励项目引进人：固定资产投资2亿—5亿元（含本数，以下同），奖励1‰；固定资产投资5亿—10亿元，奖励1.2‰；固定资产投资10亿—20亿元，奖励1.5‰；固定资产投资20亿—50亿元，奖励1.8‰；固定资产投资50亿元以上，奖励2‰。

（三）《赣州市人民政府关于加快推进特色产业园（基地）建设的指导意见》

《赣州市人民政府关于加快推进特色产业园（基地）建设的指导意见》（赣市府发〔2011〕23号文件）规定以下财税政策：

1. 优化扶持服务，加快建设海关、出入境检验检疫、外管、银行等"一站式"配套服务设施；切实减轻特色产业基地内企业的各种行政事业性收费负担，市及市以下行政事业性收费全免，服务性收费按低于标准的50%收取；特色产业项目租用工业园区建设的标准厂房，所在县（市、区）政府对实际租用厂房面积三年内给予每月每平方米1—2元的不等补助；特色产业基地内企业用水价格按同期价格补贴0.2元/吨，补贴年限为三年。

2. 加大特色产业基地奖励扶持力度，对五年内特色产业基地主营业务收入首次突破50亿元的县（市、区），由市政府奖励5万元；对五年内特色产业基地主营业务收入首次突破100亿元的县（市、区），由市政府奖励10万元；以此类推，每增长50亿元奖励一次，奖励相应提高5万元。对五年内主营业务收入首次突破10亿元的特色产业企业，由受益县（市、区）奖励5万元；对五年内主营业务收入首次突破20亿元的特色产业企业，由受益县（市、区）奖励10万元；以此类推，每增长10亿元奖励一次，奖励相应提高5万元。对五年内固定资产投资达到5亿元的重大项目，由受益县（市、区）奖励相关责任部门10万元，达到10亿元的奖励20万元；以此类推，累计投资每增长5亿元奖励一次，奖励相应提高10万元，每个项目所获奖励不能突破该企业缴纳税收地方留成部分总和。

第二节 财税政策实施现状与问题原因分析

一 财税政策实施现状

（一）资源税执行效果不佳

为保证资源的合理使用和控制污染，在稀土开采和生产过程中征收相应的资源税。但由于江西省严格按照资源税的规定执行，从而增加了企业的成本负担。为此，许多企业通过走私渠道，到江西省外获取相应的资源，而这些区域的资源税执行率较低，甚至可以通过逃税的方式获得资源，从而以更低的成本获得相应的资源。这样就使得赣州市本身所拥有的资源无法得到合理有效地使用。

（二）地方配套规定导致地方政府负担加重[①]

振兴原中央苏区许多的政策规定都要求地方进行相应的配套，上级转移资金越多，地方配套越多，这无异于加大了地方政府的资金压力，

---

① 数据资料来源于宁都县财政局提供的书面资料。

增加了极大的负担。而且地方政府配套的是专项资金项目，就无法对资金在地方政府层面进行有效统筹，资金实际使用效果不佳。据调研，以土坯房公益性建设项目为例，宁都县每年给予4010万元土坯房改造资金支持，而县里需要配套资金2000万元，县财政根本无法进行相应的配套。同时这些资金都是属于专项转移支付，而不是一般性转移支付，无法给予其他项目支持。对于70%靠上级政府转移支付的地方政府，专项转移性支付的不可调配性根本不能满足当地政府的需求。

（三）国债转拨于化解乡镇债务没有具体的实施计划与细则

振兴原中央苏区的诸多政策并没有得到很好的执行，国债本应该转为财政拨款，当前也没有得到很好地执行，导致地方政府还得不断地上缴相应的利息，这种政策的滞后性所带来的政策危害惯性还在不断地影响着地方政府的发展。同时化解乡镇债务也没有得到很好地解决，乡镇债务一直存在，此种现象导致的结果是诸多的乡镇只能望策兴叹，在有政策无落实过程中纠结与煎熬。据调研，宁都县国债可以转为拨款政策还是没有执行，2000多万元的国债，每年需要扣缴500多万元利息，同时化解县乡公益性债务政策，根本没有看到明显的变化，未来是否会化解，也没有看到具体的实施计划和步骤。

（四）界定严格的所得税优惠政策致使符合要求的企业较少①

根据振兴原中央苏区的税收规定，原中央苏区执行西部大开发的税收政策，所得税减按15%税率。可是在实施过程中，享受的企业较少。据调研，2012年宁都县有9户企业，减免所得税58万元，享受金额非常小，其原因主要有：一是企业的投资结构和产业项目不符合国家的产业政策，许多企业有两个基本条件很难达到，其中发改委确定的鼓励类产业，很难界定，界定的要求过高，而且也比较模糊，企业没有积极性去申报；同时主营业务收入必须占总收入达到70%以上，这也是很多企业很难达到的，因此企业很难得到这个政策的支持。

二 财税政策实施现状的成因分析

财税政策的执行往往受到各方面因素的影响，从而导致政策的执行

---

① 数据资料来源于宁都县国税局提供的书面资料。

与政策制定的初衷相违背,有时甚至出现过度偏离的现象。也有人把这种现象叫做执行阻滞,例如丁煌认为:"政策执行阻滞是指政策执行过程中各种消极因素相互作用、凝聚合流所形成的妨碍政策顺利实施乃至造成政策执行过程停滞不前,进而导致政策目标不能圆满实现甚至完全落空的阻力合力及其运作方式。"[1] 原中央苏区财税政策执行不力的具体表现形式主要有:

(一) 政策表面化

政策在执行过程当中只是被大力宣传,而未被转化为具体的操作性措施,使政策所产生的作用大大低于政策目标的要求。政策往往只是停留在解读层面,而没有进行细化,制定细则,使政策难以被企业所真正领会,也就不能按照政策规定达到符合政策的要求,结局只能是望梅止渴。政策表面化使地方基层政府部门也不能很好地去执行这些优惠政策,可以说在政策规定内无从下手,即知道有很多政策,但是由于政策表面化而不明确,甚至是模糊,从而不知道如何执行。

(二) 政策局部化

政策执行者在执行政策中对政策的精神实质或部分内容任意进行取舍,有利则执行,不利则曲解、抛弃,导致政策无法真正得到贯彻落实,甚至出现与初衷相悖的结果。财税政策的执行需要厘清文件的来源、政策细则以及系统的文件规定,千万不能以偏概全。实施振兴原中央苏区的财税政策须以国家战略大局为前提,如果不能从国家大局出发就很难从根本上实施好相关的财税政策,这就要求在实施细则方面一定要制定得非常全面,尽可能地使政策在实施的时候能够达到全局效果,惠及原中央苏区的各个地方。

(三) 政策扩大化

政策执行者在执行过程中附加了一些原政策目标所没有规定的不恰当内容,致使政策的调控对象、范围、力度、目标超越政策原定的要求,影响了既定政策目标的有效实现。原中央苏区的财税政策的支持是有严格规定的,也是经过深思熟虑的,因此,在执行过程中可以在政策规定范围内进行细化,但是不能超越政策规定的范围,特别是在企业所

---

[1] 参见丁煌《政策执行阻滞机制及防治对策》,人民出版社 2002 年版。

得税优惠方面，必须是在赣南等原中央苏区范围内设立的企业，而不在其范围内的企业是不能享受其优惠政策的。因此，在执行过程中，要避免政策扩大化。

（四）政策全异化

政策执行者发现所执行的上级政策对自己不利时，执行者就制定与上级政策表面一致、实际却相违背的实施方案，使上级的政策难以得到贯彻落实。实施振兴原中央苏区的政策不能带着区域本本主义的思想，有利的政策就大力支持，而不利的政策就有选择性地撇开，从而失去了政策的引导作用。财税政策尤其对经济和产业具有引导作用，在执行过程中不能带有选择性思想，而且不能违背政策的原意。

（五）政策停滞化

政策执行者在执行政策过程中机械、盲目地照搬政策。没有深入地理解和领会政策的精神实质，一旦不能解决具体问题，政策执行者就把过错归咎于政策本身。

第三节　财税政策实施的路径设计

虽然推动原中央苏区振兴的财税政策达到了前所未有的优惠幅度，但在复杂的经济发展环境下，仍然面临巨大的挑战。

一　政策实施方向

（一）各大板块区域的划分，使财税政策效用降低，需要更大的支持力度

改革开放 30 多年来，国家运用部分区域优先发展到带动全国经济发展理念，财税政策倾斜由东部沿海地区，到西部地区，再到中部中心城区。在这一过程中，吸引各方投资，带动当地经济高速发展。在经济建设、基础建设相差悬殊的东、中、西地区，东部地区某些开发区、中心城区、西部地区享有较多的财税政策优惠，作为欠发达地区的原中央苏区显然无法与之相比。在税收政策相当的前提下，显然很难吸引各方的投资。而当地的财政收入也无力支付当地建设、发展所需的资金。由于区域位置原因，虽然原中央苏区身处东、中部地区，但早期却未享受

到促进区域发展的税收优惠,转移支付力度也比较有限。各大板块区域都希望在财税政策下取得优势,以促进当地经济的发展,从而形成了相当复杂的区域博弈格局。中央财税政策多方向的倾斜,使投资者有了更多的选择,对缩小区域差距作用有限,财税政策优势也就不那么明显。原中央苏区要有更大的经济发展,仅靠目前的财税政策显然给人以"杯水车薪"之感。

(二)国家税收政策已由区域优惠转为区域与产业优惠并重

在国际经济形势的大格局下,为了提高国内企业的竞争优势,促进国内经济的发展,国家为相关行业提供更多的税收政策优惠。把经济发展的着眼点定于产业发展,并将税收政策优惠与产业结构相结合。国家对先进技术产业、资本密集型产业有税收优惠政策,而相对落后的原中央苏区县缺乏这些产业。原中央苏区县处在山林地区,资金缺乏,没有形成完整、优势的产业链,优势在于自然、生态、着重点在于第一产业。产业格局的优化是经济结构完善的必经之路,税收政策优惠倒向区域与产业优惠并重的局面,原中央苏区经济发展将面临巨大的挑战。在与各区域经济板块横向比较的过程中,原中央苏区需要有更大的支持力度的独特税收政策。

二 创新原中央苏区振兴财税政策的思考

(一)税收政策

1. 增强税收优惠政策的针对性

其一,在《国务院关于支持赣南等原中央苏区振兴发展的若干意见》中的税收政策方面,对符合条件的企业给予免税优惠,增加了企业自有资金,有利于企业做大做强和扩大再生产,增强企业的发展后劲和市场竞争力,而在地方财政收入上却并未给予优惠。在对企业进行减免税政策时,原本就匮乏的地方财政收入必然减少。虽然国家会进行大量的财政转移支付,但往往是专款专用并具有一定的时滞性。为防止因减免税而导致地方政府资助财政的突然减少,进而影响地方政府职能的发挥,可考虑借鉴民族地区的税收优惠政策,将增值税的一定比例留给原中央苏区,再将上交增值税税额的80%进行税收返还。同时增加企业所得税、消费税等留给原中央苏区的比例。其二,原中央苏区的发展除了政策和资源外，还需要引进高端人才。除了当地加大投资、加强人才培养外，对人才的税收优惠成为吸引人才的亮点。为此，可以从个人所得税切入，对引进的高端人才进行个人所得税的优惠。

2. 税收优惠方式多样化

目前振兴原中央苏区税收政策沿用西部大开发的直接性税收优惠政策，直接对税收进行减、免、退。直接优惠虽然具有透明度高、激励性强的特点，主要是针对有收益性企业，而对于处于建设期、投入期的企业来说却并未真正受益，存在一定的局限性。而且直接的减免是对经营成果的让渡，对企业的投资方向、结构并不能起到很好的引导作用。在国家税收政策由区域优惠转为区域与产业优惠的过程中，高新技术产业早在优惠范围之内，而原中央苏区的传统产业却并未得到特殊的税收优惠。为使企业能切实享受税收优惠，增强企业投资力，应引入允许加速折旧的间接方式，使企业可以延迟纳税，帮助起步企业更快发展。允许企业加速折旧还可以引导企业加大资产投资，对企业发展具有积极的作用。

3. 实施生态税收政策

目前，原中央苏区正处在东部发达城市的产业迁移浪潮的最前方。由于原中央苏区的主要工业产业是矿产业，生态环境基础比较薄弱，在进行产业对接时，要特别注意设置准入门槛。对某些污染、耗能产业的进入应考虑开征环境保护税和资源税，一方面可以督促企业改进生产工艺，减少污染物的排放和能源的消耗；另一方面可以增加财政收入，用于环境治理和公共服务的提供。开征环境保护税并不是目的，而是一种手段。对资源税的征收，应考虑从量从价混合方式征收，防止产能过剩、税收外流情况的发生。在原中央苏区的振兴过程中，生态环境是最宝贵的财富，从一开始就要注意防范，避免发展成为资源枯竭型城市。

(二) 财政政策

1. 加大财政转移支付力度

原中央苏区以第一产业为主，工业基础十分薄弱，财政收入匮乏，财政转移支付资金早已成为当地财政支出的重要来源。而且，原中央苏区属欠发达地区，基础设施、社会保障、人均收入等均排列靠后，提高原中央苏区人民的生活水平、发扬原中央苏区精神、让他们切实感受到国家的关怀,则需要更多的财政支出。因此,目前在江西省内针对原中央苏区县的每县补助 1000 万元的专项转移支付力度还略显单薄,转移支付力度需加大。在《国务院关于支持赣南等原中央苏区振兴发展的若干意见》的实施下,税收政策有大幅度的调整,税收收入会大量减少,若转移支付力度不够,地方财政吃紧状况会更加明显。

近些年来,中央每年对原中央苏区县进行大量的资金转移支付,虽然在绝对量上不断增加,但相对增加率却在减少。以拥有 9 个原中央苏区县的赣州市为例,2009 年、2010 年取得的转移支付为 136 亿元和 153 亿元,增长 12.5%,比中央转移支付少 3 个百分点,比省级转移支付少 0.6 个百分点,增量只占全省的 16.8%。转移支付力度上的不足必将影响原中央苏区县的发展,降低财政调控能力,也使原中央苏区人民的社会保障水平不能相应地提高。目前,国务院明确在民生、农业、基础设施、产业发展和生态环境保护等方面将加大投入,专项转移支付力度投入巨大。建议国家稍微调整转移支付结构,进一步增加一般性转移支付的规模和提高比例,通过增加一般性转移支付,特别是增加对基层转移支付,建立县级基本财政保障机制,努力提高原中央苏区基层政府提供公共服务的保障能力。在增加一般性转移支付过程中,特别是加大均衡性转移支付力度,通过因素法进行科学测算,对原中央苏区县的贫困程度、人口数量等因素进行综合测算。

2. 丰富转移支付模式

国务院在《国务院关于支持赣南等原中央苏区振兴发展的若干意见》中提出对口支援政策,即建立中央国家机关对口支援赣州市 18 个县(市区),吉安、抚州的特殊困难县参照执行;鼓励和支持中央企业在赣州发展,开展帮扶活动;支持福建省、广东省组织开展省内对口支援。鼓励社会力量积极参与对口支援。除中央国家机关的纵向帮扶模式外,增加省内对口及社会力量的横向帮扶模式。另外,横向转移思维模式可考虑运用于原中央苏区县的生态保护,即让生态保护受益的发达地区向该地区进行横向转移支付。在此可借鉴京冀模式,让受益区共同合作、开发和投入。这一方面可调动原中央苏区县进行生态保护的积极性;另一方面也使相关受益者分担相应成本,弥补原中央苏区县地区的部分财政缺口。

同时，在鼓励自愿帮扶活动中，设立专项横向转移账户，以帮助原中央苏区县产业发展，人才培训等。如接收原中央苏区县企业职工赴发达城市先进企业学习、培训、实习等，并支付一定的费用，这项费用支出可从征税额中扣除（相当于公益支持），给予企业一定的鼓励性政策。这不仅在一定程度上缓解了中央财政压力，也加强了区域交流和合作，增强兄弟情谊。在发展各自优势的情况下，带动原中央苏区发展，逐步实现共同富裕的伟大目标。

三　推动原中央苏区振兴财税政策的落实

（一）财政政策

1. 规范政府行为，加强转移支付管理

作为自身发展乏力的原中央苏区，财政转移支付是其主要建设资金来源，转移支付的管理便成了重中之重。同时，原中央苏区县由于信息不及时、人才匮乏等原因，往往不能最大限度地运用和享受国家的财政优惠政策，这在一定程度上削弱了政策的调控作用。转移支付的项目繁多，过程复杂、缓慢，资金没有有效地整合。政府应该加强领导和协调，完善政策措施，研究解决原中央苏区发展中出现的各种问题，规范政府行为，规范财政转移支付管理。

2. 推进转移支付立法，监督资金有效落实

应监督各项资金落到实处，发挥应有的作用。在依法治国的今天，法律规范的缺失，文件的执行力度往往受到人民的质疑。转移支付的规范建设、法制建设也就成为原中央苏区建设落实的关键所在。加快推进转移支付的立法，并加大监督检查和绩效评估的力度，以不断完善原中央苏区振兴财政政策管理体制。只有完善、明确的政策体制实施规范才能最大化财税政策效用，才能切实促进原中央苏区的发展，实现原中央苏区的振兴。

3. 加强沟通合作，协调推进财政政策的落实

原中央苏区的振兴，其财政政策是一个庞大的工程和重大的战略，是一项长期的艰巨任务。国家的政策支持只是外在的助推力量，更多的则是需要原中央苏区人民的共同奋进、合作。比政策的取得更重要的是将政策落到实处，发挥各部门的协同作用，进行政策沟通、信息交流，

使得政策效益最大化，最终实现原中央苏区全面振兴，共同迈入小康社会。

(二) 税收政策

1. 有效运用西部大开发税收政策发展总部经济

充分发挥西部大开发税收政策优势，加快引进国内外鼓励类产业总部企业，各级政府应做好以下几方面工作，一是对鼓励类产业目录进行研究梳理，编制重点引进的鼓励类产业总部企业指导目录。同时，对在赣州设立分支机构或子公司的总分机构调查摸底，为下一步依托企业定向招商做好准备。二是在落实好国家财税扶持政策基础上，研究出台促进总部企业发展的实施意见，加大总部企业在开办入驻、税收优惠、人才引进等方面的政策扶持。三是按照产业性质组建若干总部企业专业招商服务团队，明确招商目标责任，开展政策宣传、招商推荐及项目引进等工作。四是对引进总部企业开设"绿色通道"服务，为总部企业入驻提供优质高效的服务，帮助企业解决实际困难。

2. 大力鼓励企业申请享受西部大开发企业所得税优惠政策

企业申请享受西部大开发企业所得税优惠政策需要经过一定的审核备案程序。企业首次申请享受企业所得税优惠政策时，须在规定的时间内向税务机关提出书面申请并附送相关资料，由税务机关审核确认后，才能享受税收优惠政策，第二年及以后年度实行事后备案管理。具体申报办法及程序由税务部门制定相应的管理办法，并加以执行。

第五章

原中央苏区振兴投资政策研究

第一节 投资界定及效应

投资是个连续的资本形成过程，包括：决策规划、投资主体选择、投资融资、投资管理、投资监管、投资绩效评定等若干个子系统构成的开放系统体系。一般认为投资是经济增长的重要源泉，对国民经济的总量和结构平衡、增加就业机会、保持国际收支平衡、协调区域发展发挥重要影响。

亚当·斯密、马歇尔等古典经济学派以及新古典经济学派相信"看不见的手"的市场机制，给人们的经济活动以完全的、充分的自由，把政府投资主要限定于提供社会公共产品，满足社会公共需要方面。凯恩斯主义认为政府投资的定位和作用应当转变，必须对经济进行干预。其关于国家干预的政策主张有两大特点：其一是以稳定经济为目标；其二是强调财政政策在稳定经济中的重要作用。萨缪尔森认为混合经济的出现是国家干预经济的结果，坚持凯恩斯的宏观经济政策是有效的，能够刺激需求，促进经济增长。但是他主张政府应该主要通过增减消费性公共支出来调节总需求。罗森斯坦—罗丹等发展经济学家阐述了发展中国家政府投资政策调整转变的重点，政府既要作为经济和社会的管理者，行使社会公共管理职能，同时又要承担一定的投资职能，直接投资建设那些经济和社会发展需要而市场配置难以奏效的项目，即政府投资（公共投资或公共工程投资）。

以哈耶克（F. A. Hayek）为首的新自由主义经济学则主张大量削减

政府开支，减少财政赤字，减少公债的发行，避免公债对私人投资的"挤出效应"。

因而，投资是把双刃剑（Double-edged sword），投资政策一方面要彰显投资的正效应；另一方面也要克服投资结构不合理、无效投资等不良投资挤占资源的负效应。

第二节 投资政策实施现状

赣南等原中央苏区地跨赣闽粤，是土地革命战争时期中国共产党创建的最大最重要的革命根据地，是中华苏维埃共和国临时中央政府所在地，是人民共和国的摇篮和原中央苏区精神的主要发源地，为中国革命做出了重大贡献和巨大牺牲。由于历史、自然地理等多种原因，迄今为止，原中央苏区特别是赣南地区，经济发展仍然滞后，民生问题仍然突出，贫困落后面貌仍然没有得到根本改变。赣南等原中央苏区区位条件相对优越，特色资源丰富，现今正处于产业转移加快推进和工业化、城镇化加速发展阶段，国家扶持力度进一步加大，原中央苏区人民思富图强、负重拼搏的意识也不断增强，具有加快发展的有利条件和重大机遇。然而振兴原中央苏区的投资政策水平在促进当地经济社会新发展方面还需进一步提升。

一 中央、省两级预算内投资及专项建设资金投入不足

中央预算内投资以国家预算资金为来源，有计划进行的相关资产投资。通常泛指每年底各地通过各级发改系统分级上报的投资项目，经国家发改委批准后，列入下一年投资计划内的项目，根据项目进展情况和投资概算，在国家每年投资预算总盘子内逐一项目分配。

"十二五"时期，我国区域经济合作将加快发展，在东部发展、西部开发、中部崛起和东北振兴的四大区域经济合作发展的格局下，国家出台了一系列扶持区域经济发展的措施，以小区域经济的开发开放促进大区域经济的全面发展。长三角、珠三角快速发展，鄱阳湖生态经济区、海峡西岸经济区以及长株潭城市群、全国资源节约型和环境友好型社会建设综合配套改革试验区相关举措逐步落实，对赣南等原中央苏区

县既是机遇,又是挑战;既有辐射,更具虹吸。致使中央、省两级预算内投资及专项建设资金投入相对不足。

二 重大项目规划布局欠缺

赣南等原中央苏区是经济欠发达地区,经济发展仍需投资拉动,投资是经济发展的重要推动力。长期以来,由于区位、交通以及国家发展布局等原因,赣南等原中央苏区没有国家重大项目规划、布局、投入。以赣州为例,仅有"一五"期间在赣南建设统调资源的大吉山、西华山等钨矿及解决钨矿开采所需动力设施的5万千瓦的水电站外,基本没有针对赣南等原中央苏区的其他重大项目安排。由此导致上述地区产业规模小、结构不合理、产业投入不足、研发技术创新能力弱等困局。

三 公益性项目投入不足

赣南等原中央苏区的社会公益面临较多困难:城乡福利设施不足,供需矛盾凸显;残疾人数较多、无法满足残疾人基本生活需求;专业性儿童福利机构少;体育设施建设投入严重不足。为满足人们的相关需求,在国家政策的指引下,赣南等原中央苏区城乡通过银行贷款、国债转贷、民间集资、国际机构贷款等多种途径积极开展社会公益事业建设。但是,赣南等原中央苏区经济基础薄弱,财政收入少,仅能维持最基本的"保工资、保运转"状态。由此形成了市县乡公益性债务,进而给区域内经济社会发展增加了沉重负担。

尽管《关于支持赣南等原中央苏区振兴发展若干意见》中指出:"中央在赣南等原中央苏区安排的公益性建设项目,取消县及县以下和集中连片特殊困难地区市级资金配套。"但是目前依然存在进一步明确受惠主体及项目不清的困境。

四 扶贫投入面广[①]

由于历史包袱、自然地理等原因,目前赣南等原中央苏区仍然整体

---

① 数据资料来源于《赣南扶贫开发工作情况》,2013年4月28日。

贫困落后，是全国较大的集中连片特殊困难地区。以赣州为例，困难群体具有以下特点：一是扶贫区域广，有8个国家扶贫开发工作重点县，占全省的38%；有11个县（市）享受连片特困地区扶持政策，占全省的65%；"十二五"规划中全市有1419个贫困村，占行政村总数的41%，其中省级扶持贫困村1119个（含国定贫困村465个，占全省的38.8%），占全省的32.9%，市级扶持贫困村300个。二是扶贫对象多，按新国家扶贫标准，到2012年底，赣州市扶贫对象有172.6万人，贫困发生率达23.4%，大约是全国的两倍。农村地区贫困群众生活仍然困难，居难"安"、食难"饱"、衣难"添"、路难"行"仍然是部分贫困地区群众的真实生活写照。三是贫困类型多样。据调查，全市贫困人口中五保户占2.46%，低保户占14.55%，其他类型贫困户占82.99%。从致贫原因看，主要有缺少生产资金、缺少技术、缺少劳动力、因子女上学、因病、因残、因灾及其他原因等8种类型。较多贫困户贫困类型相互交叉，是多种"不幸"类型的组合。其他区域由于历史、自然条件相同，因而困难群体存在类似特征。

五 基础设施投入偏低

赣南等原中央苏区县大多属于革命老区县，老区多分布在边远山区、丘陵区以及自然条件较差的地区。新中国成立以来特别是改革开放以来，老区基础设施建设面貌已经发生了翻天覆地的变化，但由于历史、自然和交通区位等多方面的原因，大多数老区经济社会发展至今仍相当落后。区内除福建建宁、泰宁、清流、明溪、龙岩、漳平，江西黎川，其余35个县市人均固定资产投入达不到全国平均水平。

第三节 投资政策实施现状的成因分析

赣南等原中央苏区经过大规模的投资和建设，为国民经济的发展和人民生活水平的提高提供了坚实的基础。尽管在多领域的投资力度有所加大，但还存在着一些体制性障碍，探求其原因，主要有：

一 政府主导，动员式的投资驱动

纵观我国投资模式变迁，不难发现市场化取向、多主体参与的公私合作制趋势已经明显。这一制度安排是动员和诱导性制度变迁的结果。但是赣南等原中央苏区投资则主要还是政府主导，动员式的投资驱动。动员式投资体制的一大特点，就是做什么都首先需要有一个大目标——项目，有了这个大目标，然后再去做动员，动员各方面的力量来实现这个大目标——项目。其运作机制是：根据项目作用和受益范围，把项目划分为中央项目和地方项目，过程中涉及各级审批机构以及各级设计、建筑、运营机构等等。中央项目由各行业部委负责组织建设并承担相应责任，地方项目由地方人民政府组织建设并承担相应责任。已经安排中央投资进行建设的项目，由各部委与有关地方人民政府协商确定类别，报国家发改委备案。地方项目运作机制，实质上还是政府主导型，即每年年初根据不同的项目隶属关系，由相对应的行业部门与相应的地方政府计划部门共同或单独提交每年度的基建计划，经行业汇总审核后，报国家相应层级主管部门，再由国家相应层级主管部门根据国家、地方的整体基建计划做出调整，形成每一年度的投资计划，下达到各部及有关省份或部门。其后由国家各级财政部门予以安排财政资金的拨付。

动员式投资驱动对于快速运作项目具有良好的效率指引。然而也会内生性具有缺乏长效机制、重立项轻实效、饱含项目主体意识、投资结构性偏离等缺陷，也即在决策规划、投资主体选择、投资融资、投资管理、投资监管、投机绩效评定等方面缺乏科学完善的体系。这一模式特点主要是地方政府占主导地位，扮演着建设经营的双重角色。中央政府非连续性、非系统性扶持，且扶持对象标准模糊，缺乏监督评估机制。在资源吸取上，主要表现在地方政府"跑项目"，申请项目资金，缺乏市场化的投融资平台。

二 公共服务能力弱

公共服务能力是指公共服务主体为生产或提供优质的公共服务产品以满足公共服务客体的公共服务需求而具备的技能、技术和技巧。现行体制机制下，政府为主体投资公共服务能力包括规划能力、资源汲取能力、资源配置能力和执行能力。

而赣南等原中央苏区规划能力不强，致使项目目标与任务不科学，其主要表现在：地方政府间的协同差，编制规划征询效率低等；资源汲取能力弱，导致中央、省两级预算内投资及专项建设资金投入不足，争取重大项目落户能力差；资源配置能力不佳，影响投资绩效，主要体现在：资源分散，未能在公益性资金、扶贫投入、基础设施建设等民生方向发展。重规划，轻实施；重立项，轻效率；体现了执行能力不强，进而影响到各项政策目标实现。

第四节 投资政策实施的路径设计

投资政策及其实施往往嵌入于产业政策、税收政策、金融政策、基础设施建设等政策体系中。赣南等原中央苏区发展是一项复杂的社会系统工程，受到经济、社会、科技、政治、文化等多方面因素的制约，关系到经济社会发展的全局。为此投资政策及其有效实施不仅须秉承组团发展、整体推进的原则，同时也须各县市结合其自身发展的内在要求合理进行。

一 立足三个着眼点

（一）立足城镇化的社会背景

城镇化是经济社会发展的必然选择。从各国城镇化的过程与经验来看，城镇化与现代化、与经济发展之间关系十分密切。我国城镇化的严重滞后已经成为国民经济和社会发展新的制约瓶颈，诱发了一系列经济和社会问题，成为我国现代化建设的矛盾焦点，不失时机地实施城镇化战略是我国现代化建设的关键突破口。所以赣南等原中央苏区要振兴发展，投资政策要立足于城镇化战略。

（二）立足城乡统筹协调发展格局

改变城乡二元结构，构建新型工农、城乡关系，统筹城乡发展是一场深刻的社会变革，是指导全面建设小康社会的大思路、大战略。我国是一个农业人口占绝大多数的农业大国，农业、农村和农民问题始终是我国改革开放和现代化建设的根本问题。新中国成立以来经验教训昭示，

"三农"问题的根本出路在于统筹城乡经济发展,推进城镇化进程。为此,从基础设施建设和社会事业发展的重点转向农村,到国家财政新增教育、卫生、文化等事业经费和固定资产投资增量主要用于农村。积极调整国民收入分配格局和城乡利益关系,农村社会事业和公共服务供给机制出现重大变革。

(三) 立足民生的时代要求

民生问题,简单地说,就是与百姓生活密切相关的问题,最主要表现在吃穿住行、养老就医、子女教育等生活必需上面。民生问题也是人民群众最关心、最直接、最现实的利益问题。关注民生、重视民生、保障民生、改善民生,同党的性质、宗旨和目标一脉相承。教育是民生之基,就业是民生之本,收入分配是民生之源,社会保障是民生之安全网。这四大问题都是民生的基本问题。

十八大报告指出:"提高人民物质文化生活水平,是改革开放和社会主义现代化建设的根本目的。"从这个意义上说,无论是全面建成小康社会、实现中华民族伟大复兴宏伟目标,还是经济、政治、文化、社会、生态"五位一体"总体布局,实际上都贯穿着切实关注民生、重视民生、保障民生、改善民生这条主线,都以努力让人民过上更好生活为目标和归宿。

二 理顺投资体制、机制

投资政策对赣南等原中央苏区经济增长的影响并没有起到强效的促进作用。为此要在以下几个方面进行改善:

(一) 实现投资主体多元化

虽然近几年来赣南等原中央苏区社会固定资产投资中国有经济投资所占比重有所下降,集体经济、个体私营经济以及其他投资所占比重有所上升,但投资主体多元化的格局并没有形成,而且,国有经济投资主体的资金对社会资本的带动作用不强。为改变这种局面,应形成国有、外商投资和民间投资共同发展的投资主体多元化格局,实现社会化投资主体的合理分工与资源的优化配置。

(二) 合理投资结构

赣南等原中央苏区的投资主要集中在工业投资,而基础产业比重偏低,公益性投资、扶贫投入、基础设施等投资不足,导致投资结构失衡。因此,必须调整投资结构,在对基础产业进行投资的同时,加强对其他行业、公益性项目、扶贫项目的投资,引导社会投资的流向。

(三) 优化投资环境

通过优化投资环境,营造良好的投资氛围,吸引来自国内外其他地区的资金,为赣南等原中央苏区产业的发展,经济的增长提供长期、有效的保障。

(四) 提高投资使用效率

赣南等原中央苏区经济增长主要依靠固定资产的大量投入,但在加大投资力度的同时,应注意提高投资使用效率,加快经济增长方式由投资驱动型向效率驱动型转变、由粗放型向集约型转变。

三 提升赣南等原中央苏区公共服务能力

(一) 赣南等原中央苏区政府应强化规划能力,创建良好的行政环境和市场环境

深化行政体制改革,创新行政管理方法,推行行政指导,简化和规范审批程序,推广各种行之有效的便民服务方式,有效服务基层、服务企业,提高行政效能,构建服务型政府;深入推进政务公开,严格依照法定权限和程序行使权力、履行职责,构建规范透明的法制环境;维护市场经济秩序,加强社会信用体系建设,完善投融资中介服务体系,依法保护各类市场主体的合法权益;进一步增强各级政府的社会管理和公共服务职能,营造良好的行政环境和市场环境。

(二) 建立完善赣南等原中央苏区政府联席会议机制,增强区域协调能力

按照区域经济一体化发展的内在要求,完善区域合作机制,加强区域合作,促进区域共同发展、共建健全区域合作机制,创新合作模式,突破行政区划界限,消除行政壁垒,加快区域一体化进程;同繁荣,形成资源要素优化配置、地区优势充分发挥的协调发展新格局。

(三) 夯实行政执行能力,培育具有自我约束机制的市场竞争主体,塑造竞争的市场结构是市场经济的本质,公平是有效竞争的保证

赣南等原中央苏区应大力创造公平竞争的发展环境,给予各类资本

同等的法律待遇，制定平等的市场准入规则，提供均等的竞争机会，建立健全归属清晰、权责明确、保护严格、流转顺畅的现代产权制度，激发企业参与市场竞争和创业创新，从而广泛吸纳社会资本参与原中央苏区基础设施建设。

（四）赣南等原中央苏区政府整合基础设施建设主管主体，实现资源优化配置，提升资源配置职能

原中央苏区政府在基础设施建设方面的主导性职能关系到政府是否能够为经济体系中的主体提供良好的、高效率的投融资、建设和运营环境。为此，必须优化整合政府主管主体，打破部门分割，建立统一、开放、竞争、有序的服务市场体系，实现政府职能和企业经营机制的转换，建立投资责任制，实现资源优化配置。

第 六 章

原中央苏区振兴金融政策研究

第一节 赣州市金融机构的基本情况

赣州市作为江西面积最大、下辖县市数量最多的一个地级市，金融机构和金融运行情况在江西省也同样占有独一无二的地位。到目前为止，赣州市已有的金融机构除了工、农、中、建、交五大行在赣州设有分支机构外，国内还有不少的金融机构，在赣州设有分支机构，如招商银行、南昌银行、浦发银行、民生银行、兴业银行、中信银行等，特别是浙江台州商业，在赣州的每个县市都设立了村镇银行。此外，保险、证券和担保等均已经在赣州设立机构，且已经形成了一个全面覆盖、功能健全的金融网络。截止到2012底，赣州市已形成17家银行业机构、26家保险业机构、10家证券业机构、两家期货公司、28家小额贷款公司、37家融资性担保机构组成的多元化金融组织体系。值得一提的是，作为本土银行，赣州银行大力实施"走出去"发展战略，向县域延伸、到异地设立分支机构，已经在全市18个县（市、区）的县域机构全覆盖，同时还分别在新余、宜春、南昌、吉安、萍乡、厦门等地设立分行，实现了跨越式发展。

作为农村金融的重要成员，赣州农村信用合作组织的发展也进入了一个快速发展通道，除了在每个县市都设立了农村信用合作社外，每个乡镇都有属于自己的信用合作组织，同时还设立了章贡等农村商业银行。可以说，随着金融机构的全面铺开，赣州金融服务也正走向一个更好地服务于本地经济和社会的良性稳定发展的阶段。

但是，现有的金融机构和金融服务还存在着一些不足。一是机构数量还有进一步增加的空间，特别是和东部地区相比，金融机构的密度和金融服务的深度还有待进一步提高。二是现有的机构都是本土金融机构，来自国际的特别是发达国家和地区的金融机构和金融服务网点还处于空白状态，亟须引进，只有国际性金融机构引进来了，其良好的金融经营和服务理念才会随之而来。三是现有金融机构的结构，以银行业金融机构为主，保险和证券等金融机构数量还需进一步增加；在银行业金融机构中，商业银行占绝对主力，投资银行数量不足；在商业银行中，大中型银行机构占多数，中小型银行、小微型银行数量不足，尤其是对于赣州这样一个小微企业占绝大多数的内陆地区来讲，需要有更多的小微银行来为小微企业提供对应的金融服务。四是与江西其他地市相比，金融机构数量固然不少，但为金融机构服务的组织和机构不足，特别是会计、审计、律师、精算、评级、担保等中介机构严重不足。五是现有金融机构大多是针对城市和工业服务的，针对农村和农业服务的金融机构，无论是从数量还是产品来讲，都有进一步提升的空间和必要，尤其是针对赣州这么一个农业占有绝对比重的革命老区和原中央苏区。

针对上述这些问题，本章会做出相应思考，并会提出对应的政策建议。

第二节　金融政策实施现状

一　江西省金融运行情况[①]

根据中国人民银行南昌中心支行网站（http://nanchang.pbc.gov.cn/）发布的相关数据，截至2013年5月末，江西省金融机构本外币各项存款余额为18484.90亿元，比上月末增加266.29亿元，同比多增55.88亿元；比年初增加1644.52亿元，比年初增长9.77%，同比多增562.31亿元。从存款结构上看，单位存款余额为7976.99亿元，比上月末增加109.15亿元，同比多增37.87亿元；个人存款余额为9518.52亿元，比上月末增加29.13亿元，同比少增15.35亿元；财政

[①] 数据资料来源：中国人民银行南昌中心支行，http://nanchang.pbc.gov.cn/。

性存款余额为756.71亿元,比上月末增加126.10亿元,同比多增29.65亿元。

2013年5月末,江西省金融机构本外币各项贷款余额为12145.00亿元,比上月末增加122.35亿元,同比少增18.22亿元;比年初增加1015.14亿元,比年初增长9.12%,同比多增249.45亿元。从贷款结构上看,短期贷款余额为5171.02亿元,比上月末增加53.36亿元,同比多增6.74亿元;中长期贷款余额为6738.56亿元,比上月末增加80.56亿元,同比多增18.70亿元;票据融资余额为219.45亿元,比上月末减少13.15亿元,同比多减41.68亿元。

2013年5月末,全省个人消费贷款余额为2279.62亿元,比上月末增加50.49亿元,比年初增加284.60亿元。其中,个人住房贷款余额为1793.67亿元,比上月末增加37.20亿元,比年初增加229.50亿元;个人汽车消费贷款余额为12.17亿元,比上月末减少0.37亿元,比年初减少2.51亿元。

二 赣州市金融运行情况①

从笔者的调研所得,结合赣州市人民银行发布的相关数据,截至2013年5月末,赣州市金融机构本外币合并各项存款余额为2436.55亿元,比上月增加15.92亿元,比年初增加158.99亿元,同比多增32.71亿元;赣州市金融机构本外币合并各项贷款余额为1477.34亿元,比上月增加15.03亿元,比年初增加180.19亿元,同比多增84.56亿元。

5月末,赣州市金融机构各项人民币各项存款余额为2429.17亿元,比上月增加16.01亿元,比年初增加160.43亿元,同比多增35.11亿元。5月末,赣州市金融机构人民币各项贷款余额为1462.79亿元,比上月增加15.67亿元,比年初增加179.61亿元,同比多增85.85亿元。

由上可知,赣州金融机构本外币合并各项存款余额在全省的占比为13.18%,金融机构本外币合并各项贷款余额占全省比例为12.16%。

---

① 数据资料来源:根据赣州市人民银行发布的相关数据收集整理。

显然，无论是存款比例还是贷款比例，均大大低于赣州市的人口、国土面积等在全省中所占的比例。

第三节 金融政策实施的路径设计

一 增加金融机构覆盖率

据世界银行2005年的发展报告显示，衡量一个地区的经济发展指标，就是当地经济发展的密度，即单位面积的产值。如何提高单位面积的产值？在其他条件和指标协同发展的同时，单位面积上金融机构或金融网点的数量，以及其提供的金融产品情况和金融服务水平，是能够在较大程度上决定一个地方的经济发展密度和经济发展水平的。

从这个角度上来看，赣州已有的金融机构数量和网点情况不是很理想。从金融机构数量上来看，迫切需要从如下方面着手并取得突破。

（一）注重引进国际性大银行

要注重吸引国际性大银行在赣州设立分支机构。吸引国际性金融机构来安家落户，既可以增加本地金融市场的开放性和竞争性，可以提供更加多样化的金融产品和服务，满足不同单位的差异化和个性化的金融需求，同时还可以带来更加先进新颖的金融理念，优化本地的金融生态环境，并使本地的金融运行系统充满效率且更加健康。因而，如何采取更加积极主动、灵活多样的政策吸引国际性金融机构到赣州安家落户，将是振兴赣南等原中央苏区的一项重要工作。

（二）注重引进非银行业金融机构

从国内金融机构来看，除了加大引进银行业金融机构外，还要注重引进非银行业金融机构，如保险业、证券业金融机构，注重商业性保险、政策性保险机构在不同地区、不同行业、不同人群之间的广覆盖和差别化服务，鼓励并引进各种风险基金来赣南进行风险投资、孵化，特别是在高新企业聚集的地方，更加需要数量众多的创新性金融产品和服务。

（三）注重引进中小型银行

在引进银行业金融机构中，除了要引进大中型银行的分支机构外，还要更加注重引进中小型银行。大中型银行的融资能力强，融资规模巨大，但其服务对象也往往以大中型企业为主，所开发的金融产品、金融服务，特别是已有的金融服务流程和服务经验，大多都建立在对大中型企业的服务基础之上的。但从我们的调查情况来看，原中央苏区一带，如赣州等地，目前的企业大多以中小型企业为主，且他们对金融服务的诉求最为强烈。而从所有企业对原中央苏区一带的经济发展的贡献来看，无论是所创造的产值、上交的税收、提供的就业岗位等情况来看，中小企业都有着举足轻重的作用。而区内已有的国有大中型银行，其服务的目光和服务的对象，都是面向已有的大中型企业。事实上，原中央苏区大中型企业数量不多，且已有的大中型企业发展情况也不是特别乐观。因而，尽管各国有大中型银行在赣南等原中央苏区都设立了分支机构，且吸收了大量存款，但满足其服务标准的大中型企业的数量不多，特别是经营情况不理想，因而大中型银行的分支机构在本地发放的贷款数量有限，也很难提供多样化、差异化和个性化的金融服务。因而，由于没有好的贷款对象，各大银行从本地吸收的资金被拆借到原中央苏区以外的地区，对原中央苏区的经济发展反而起了一个"抽血"的作用，使得原中央苏区在经济建设过程中，在资金上表现出"失血"严重的迹象。四大行或其他大中型银行在原中央苏区过低的存贷比可以反映上述情况。而能对中小企业提供较好金融服务和金融支持的，恰恰是中小银行，他们有着丰富的经验和多样化的产品。因而，在引进大中型银行的同时注重引进中小银行，甚至是小微银行。

（四）加大力度建设本土中小、小微金融机构

基于原中央苏区的经济发展还处于一个初级阶段水平，无论是企业数量还是企业规模，都以中小企业和微小企业占绝对比重。因而，所需要的金融产品和金融服务，也只有中小金融机构、微小金融机构才能提供。特别是本土中小金融机构和微小金融机构，他们扎根社区、服务当地，往往能够结合当地的具体情况和不同特点，容易摸索出一整套相应的金融服务手段，能够创新并培育出一系列的金融产品。因此在奉行"经济发展，金融优先"的理念中，要加大力度建设原中央苏区本土的中小、小微金融机构，特别是银行业金融机构。

（五）充分利用现有政策发展多种形式的金融机构

在2013年7月1日国务院办公厅颁发的《关于金融支持经济结构

调整和转型升级的指导意见》中，就明确提出："鼓励民间资本投资入股金融机构和参与金融机构重组改造。允许发展成熟、经营稳健的村镇银行在最低股比要求内，调整主发起行与其他股东持股比例。尝试由民间资本发起设立自担风险的民营银行、金融租赁公司和消费金融公司等金融机构。探索优化银行业分类监管机制，对不同类型银行业金融机构在经营地域和业务范围上实行差异化准入管理，建立相应的考核和评估体系，为实体经济发展提供广覆盖、差异化、高效率的金融服务。"因而，赣南等原中央苏区应充分利用此次难得的金融改革机会，大力培育发展多种形式的金融机构。既要对已有的村镇银行进行进一步的"升级换代"，利用"允许发展成熟、经营稳健的村镇银行在最低股比要求内，调整主发起行与其他股东持股比例"这一政策，加速民营资本进入村镇银行，以扩大当地中小企业、微小企业等经济体在金融领域的自主权和话语权；又要在赣南等原中央苏区建立一种机制，逐步落实促使当地民间资本发起设立自担风险的民营银行、金融租赁公司和消费金融公司等金融机构为实体经济发展提供广覆盖、差异化、高效率的金融服务。

二 优化金融结构，培育非银行业金融机构

从金融机构结构来看，银行业金融机构占绝对比重，非银行业金融机构占比较小，当前的金融机构结构不利于满足本地企业的金融需求。因此要完善优化当地金融体系结构，培育一批能结合本地经济和社会实际情况，满足本地金融需求的非银行业金融机构。

如前所述，在赣南等原中央苏区，特别是在县一级的金融体系中，所有的金融机构，大多都为银行业金融机构，而农村保险机构、证券类机构几乎处于空白状态。而在银行业金融机构中，大多是商业性银行机构，互助性金融机构、合作性金融机构和政策性金融机构，或没有，或严重不足，或名存实亡，与之相对应的是，互助性金融业务、合作性金融业务和政策性金融业务，也分别呈现缺失、不足和名实难副的状态。而在商业性银行机构中，其开展的业务，绝大多数是传统的存贷款业务，而针对农产品的生产风险和市场风险开发的期货、期权等现代金融产品和金融服务缺失。且在传统的存贷业务中，更多的是发放在农业生

产之外的，如农村水电、采矿，甚至政府融资平台等，真正发放并且是用于农业生产的贷款数量并不多。

显然，与中国大多数地区、特别是欠发达地区的情况一样，赣南等原中央苏区的金融机构体系的结构不平衡。要振兴赣南等原中央苏区，金融的力量不容小视。要使金融的力量能够充分发挥出来，全面推进经济发展，除了金融机构数量要充足外，金融体系的结构还必须进一步优化，并使之与赣南等原中央苏区的经济发展状况相适应。具体地，应从如下方面开展改进工作。

（一）引进多元化金融机构

在继续强化银行业金融机构对经济的支持和促进作用的同时，还应认真思考并积极构建保险业、证券业等金融机构，发挥其在经济发展中的风险规避、期限转换、价格发现、成本降低等方面的功能。

据调研资料反映，金融机构进驻赣南等原中央苏区一带的数量多于江西其他地区，但是，金融结构仍然单一，大多以银行业金融机构为主，业务重点主要集中在吸收居民存款，而贷款的发放工作远没有存款吸收那么积极主动。至于保险业金融机构，证券业金融机构，还有各种风险资金、创投资金等则严重不足，担保、信托、期货等业务也还有待进一步的展开。因而，现有的金融机构体系还是一种不健全的金融机构体系。

赣南等原中央苏区的金融机构体系中，银行业一业独大，非银行业的发展不尽如人意。赣州市银监局局长刘源彬早在2011年接受当地媒体采访时说："赣州市先后引进了交通银行、招商银行、浦发银行、南昌银行等多家银行业机构入驻。截至2010年末，辖区内银行业机构达14家，比2005年末增加6家，成为目前全省银行业机构数量最多、种类最全的设区市。提前两年率先在全省实现了银监会'三年实现金融空白乡镇全覆盖'的工作目标。"其中实现金融空白乡镇全覆盖，实际上是银行业金融机构的全覆盖。如在绝大部分乡镇里，只有唯一一家农村信用社，保险、证券、基金，尤其是真正意义上的合作性、互助性金融机构，几乎是处于空白状态。目前在农村的保险业务多是一些人寿保险，农业保险极少。而现实情况是农村基层的保险需求迫切，广大农户盼望着农业保险能下乡进村。各种生产活动，无论是农、林、牧、副、渔，还是种、养、加，如果生产风险和市场风险能被保险覆盖，一方面农户开展起来就会心中有数，大胆投入；另一方面信用社在做信贷业务时，也会胆子再大一些，步子再快一些，金额再多一些。不少信用社主任说，如果开办了农业保险，许多项目的风险被降低之后，信贷资金就会很快相应跟进。"因为没有保险，许多可贷可不贷的项目，一般都被否决。"多家乡镇信用社主任都这样说过："否则，信用社承担的风险太大了。"

(二) 创新金融产品和服务

要在原中央苏区范围内鼓励能大力提高农业生产效率、分散或降低农业生产风险的金融服务和金融产品的创新，对这些服务和产品的开展或创办要先行先试。

在赣南等原中央苏区，农业银行只是在极少数经济发展较好的乡镇设立网点，且只用于吸收存款，较少发放贷款；村镇银行往往设立在县城，成为某某银行在县城的分行，既不进镇更不进村，空有"村镇"之名；邮政储蓄银行在乡镇的网点相对较多，但也只是一家只吸收存款不发放贷款的"储蓄"网点；农业发展银行所做的业务，越来越商业化，在乡镇的业务也是芳踪难觅。在广大农村地区，金融服务仅仅是局限于存贷款业务上，信托、租赁、咨询、托管、代收代付、票据业务都非常缺失。特别是用来规避农户市场风险的各种金融产品亟待开发或引进。如何借助金融手段来规避和转移农户从事种植业、养殖业中的生产风险和市场风险，保护广大农户从事生产的积极性和保证较为稳定的收入，保持市场上农副产品的平稳供应，避免农副产品的市场价格"过山车"般的波动已成当务之急。可见，当前农村金融机构不多，功能单一，产品有限，服务不全，还没有形成包括全机构、宽领域、多产品、广覆盖和深服务的大金融体系。

国务院在新近颁发的《关于金融支持经济结构调整和转型升级的指导意见》中提出："进一步优化主板、中小企业板、创业板市场的制度安排，完善发行、定价、并购重组等方面的各项制度。适当放宽创业板对创新型、成长型企业的财务准入标准。将中小企业股份转让系统试点扩大至全国。规范非上市公众公司管理。稳步扩大公司（企业）债（券）、中期票据和中小企业私募债券发行，促进债券市场互联互通。

规范发展各类机构投资者,探索发展并购投资基金,鼓励私募股权投资基金、风险投资基金产品创新,促进创新型、创业型中小企业融资发展。加快完善期货市场建设,稳步推进期货市场品种创新,进一步发挥期货市场的定价、分散风险、套期保值和推进经济转型升级的作用。"赣南等原中央苏区要采取各项措施用好用足已有的政策并进行先行先试。原中央苏区所在地,历来就有改革创新的渊源与传统,加上其南接广东,东连福建,改革开放30年也正是赣南等原中央苏区接受新生事物洗礼和影响的30年。借着中央对原中央苏区的关怀与厚爱,出台了一系列的优惠措施,如何把这些好政策用足用实?就是要在赣南等原中央苏区开展一系列新政策的试验与落实,并形成一系列经验与做法,既造福于本地经济和社会的发展,又为其他欠发达地区的振兴和崛起提供借鉴和启示。在中央已经出台的各项金融政策的落实和实施方面,更应如此。

(三)积极引进金融服务中间组织和机构

要积极引进金融服务中间组织和机构,鼓励成立一批专门为金融机构提供各种服务的中间组织和机构,如审计师事务所、会计师事务所和律师事务所等,以及信用评级机构,委托代理机构,评估中介等。

经济要发展,金融应先行。但金融机构的设立和平稳有序运行,需要有一个完善的能为各种金融机构运行服务的中介机构体系。纵观世界各地,凡是经济发展顺畅的地方,一定有一个全面的金融机构体系,而在金融机构体系后面,一定有一套完善的为金融机构有序运行提供多样化服务的金融基础设施。完善的为金融机构服务的基础设施的构建,离不开公正、公平、高效、有公信力的会计、审计、法律、信用评级、委托代理、评估仲裁等中介机构。经济的全面发展,离不开高效的金融机构和金融市场,而金融机构和金融市场的能否发挥高效的作用,有赖于金融机构和金融市场能否顺利全面地体现出配置资源、发现价格、分散和转移风险、提供流动性、降低信息的搜寻成本等功能,而这些功能的体现,仅仅依赖于金融机构自身是远远不够的,还需要有一个能为金融机构服务的中介体系和组织体系。改革开放以来,各级地方政府在对外招商引资过程中,如果说第一阶段只注重引进资金,第二阶段才开始注重引进能够融通资金的金融机构的话,现在,则应该进入第三个阶段,即在注重引进不同的金融机构的同时,更应注重引进能够为各种金融机构提供服务的中介组织和机构,创造出能够促进不同金融机构健康高效运行的金融服务环境,打造出一批能够促使不同金融机构有序平稳运行的金融基础设施。

从本课题调研情况来看,赣南等原中央苏区范围内,最紧缺的恰好是为金融机构提供服务的各种中介组织和中介机构。如何培育一种土壤或环境,既使本土的审计师事务所、会计师事务所、律师事务所能够健康地产生和成长,又能使外地的已经成熟的这类中介机构能够进驻本地,留得下扎得根开得花并结出果实来是当前或今后一段时间迫切需要解决的重大难题。具备为金融机构服务的组织机构体系,进而金融机构才能提供更加高效的金融服务和更加多样化的金融产品。如此赣南等原中央苏区的经济和社会的全面发展才会更加稳妥可靠。

三 促进金融服务面向本地实体经济

原中央苏区要采取一系列相应措施防止金融资源"脱实向虚"、"由内向外",促使金融资源向本地实体经济倾斜,从而与实体经济全面对接,通过增强赣南等原中央苏区的大中小企业来推进发展当地的实体经济。

正如麦金农在《经济发展中的货币与资本》一书所述,企业家要获得最大的效用,其短期决策的内容可归纳于三个部分:(1)他所拥有的生产要素禀赋或自己的可配置资本;(2)企业本身独占的生产或投资机会;(3)在企业外部长期放款或借款的市场机会。麦金农认为,以欠发达为特征的被分割资本市场,是将这三个部分完全分割的市场。也就是说,具备潜在生产机会的企业家,缺乏自有资金及外部融通资金。而那些持有大量资金的,往往没有"内部"生产机会,也不会按照充分反映现时资本稀缺的收益进行"外部"投资。由此产生的实际收益率差异,反映了现有资本的不合理配置会阻碍新的资本积累。有什么力量能将分割的状态弥合起来,以产生有效的分工呢?由于人们不能依赖有限的生产要素禀赋来提供资本,在决定高效率投资能否进行时,企业外部的补充资金就极其重要了。麦金农特别强调,在贫困的经济中,努力打破以往使用资本的方式,要比已形成了投资和再投资机制的富裕经济更重要。

但是从当前赣南等原中央苏区的金融服务对象的实际情况来看,尽管已有的银行业金融机构吸收了数量不菲的资金,但由于种种原因,这些资金并没有形成当地企业、特别是中小企业的资金来源。2012年赣州市的存贷比为百分之五十多,是江西境内的原中央苏区区域内最高,而吉安、抚州等市的存贷比为百分之四十多。截至2013年5月末,赣州市金融机构各项人民币各项存款余额为2429.17亿元,而赣州市金融机构各项人民币各项贷款余额为1462.79亿元,存贷比尽管比去年有所提升,但还处于一个较低比率水平,还需进一步提升。以上数据反映现有原中央苏区的金融机构更多的还处于扮演"抽水机"角色,从本地吸收大量的存款,再通过转存或拆借的方式,把存款转移到原中央苏区之外的地方去。如此造成的结果就是,赣南等原中央苏区的企业和其他经济实体难以获得外部融通资金或者资金数量有限,远远不能满足其基本需求,甚至是最低需求。

振兴赣南等原中央苏区,就是要大力发展当地的企业及其他经济实体。如何发展,资金问题首当其冲。因此要制定金融机构体系支持当地实体经济、特别是农业经济、中小企业、微小企业的细则,如:凡是设立在赣南等原中央苏区内的金融机构,要把在当地吸收的存款等金融资源,规定一个最低限额发放在当地的实体经济中,特别是在振兴赣南原中央苏区中起着重大推动作用的经济实体。

具体地,赣南等原中央苏区的金融机构在支持当地实体经济中,应在如下方面形成共识并取得突破。

(一) 引导、推动金融机构向原中央苏区重点领域与行业倾斜

引导、推动金融机构大力支持赣南等原中央苏区的重点领域与行业,并实施信贷倾斜政策,有效满足赣南等原中央苏区经济社会发展中的资金需求。围绕当地经济发展战略和重点,努力增加有效信贷投入,确保满足当地重点建设项目、重点行业、重点企业和中小企业、"三农"以及经济结构调整的信贷资金需求,努力使原中央苏区贷款增速高于全省平均水平。

根据国务院最近出台的"坚持有扶有控、有保有压,增强资金支持的针对性和有效性原则"。全面落实国务院"加大对有市场发展前景的

先进制造业、战略性新兴产业、现代信息技术产业和信息消费、劳动密集型产业、服务业、传统产业改造升级以及绿色环保等领域的资金支持力度。保证重点在建续建工程和项目的合理资金需求，积极支持铁路等重大基础设施、城市基础设施、保障性安居工程等民生工程建设，培育新的产业增长点。对有竞争力、有市场、有效益的企业，要继续给予资金支持；对合理向境外转移产能的企业，要通过内保外贷、外汇及人民币贷款、债权融资、股权融资等方式，积极支持增强跨境投资经营能力……"以赣州的稀土、钨、果业、家具制造业等为重点，加强有针对性和适应性的金融支持政策，扶持发展壮大一批企业。同时，对赣州、吉安、抚州等原中央苏区内的重点城市进出通道，如对赣州吉安到南昌、赣州到深圳等地的高铁项目，抚州对接长三角、吉安进出长株潭等地的铁路公路项目，实施优先发展战略，这方面要积极争取国家开发银行等大型政策性和商业性金融机构在项目和信贷上的优先支持政策。

(二) 整合金融资源支持小微企业发展

要全面落实、逐一贯彻国务院颁发的"国十条"中"优化小微企业金融服务，支持金融机构向小微企业集中的区域延伸服务网点，特别是要根据小微企业不同发展阶段的金融需求特点，支持金融机构向小微企业提供融资、结算、理财、咨询等综合性金融服务。继续支持符合条件的银行发行小微企业专项金融债，所募集资金发放的小微企业贷款不纳入存贷比考核。逐步推进信贷资产证券化常规化发展，盘活资金支持小微企业发展和经济结构调整。适度放开小额外保内贷业务，扩大小微企业境内融资来源。适当提高对小微企业贷款的不良贷款容忍度。加强对科技型、创新型、创业型小微企业的金融支持力度。力争全年小微企业贷款增速不低于当年各项贷款平均增速，贷款增量不低于上年同期水平。鼓励地方人民政府建立小微企业信贷风险补偿基金，支持小微企业信息整合，加快推进中小企业信用体系建设。支持地方人民政府加强对小额贷款公司、融资性担保公司的监管，对非融资性担保公司进行清理规范。鼓励地方人民政府出资设立或参股融资性担保公司，以及通过奖励、风险补偿等多种方式引导融资性担保公司健康发展，帮助小微企业增信融资，降低小微企业融资成本，提高小微企业贷款覆盖面。推动金融机构完善服务定价管理机制，严格规范收费行为，严格执行不得以贷转存、不得存贷挂钩、不得以贷收费、不得浮利分费、不得借贷搭售、不得一浮到顶、不得转嫁成本,公开收费项目、服务质价、效用功能、优惠政策等规定,切实降低企业融资成本"。如果上述条款能够得到有效落实,无疑会给赣南等原中央苏区的中小企业和微小企业的发展,带来重大的发展机遇。因而,在今后相当长的一段时期,当地政府应会同驻地中央银行、金融监管部门协商出台相关细则,全面支持当地小微企业发展,使中央的精神和政策落到实处。

(三) 加大对"三农"领域的信贷支持力度,优化"三农"金融服务

要加大对"三农"领域的信贷支持力度,优化"三农"金融服务,统筹发挥政策性金融、商业性金融和合作性金融的协同作用,发挥直接融资优势,推动加快农业现代化步伐。

鼓励涉农金融机构在金融服务空白乡镇设立服务网点,创新服务方式,努力实现农村基础金融服务全覆盖。支持金融机构开发符合农业农村新型经营主体和农产品批发商特点的金融产品和服务,加大信贷支持力度,力争全年"三农"贷款增速不低于当年各项贷款平均增速,贷款增量不低于上年同期水平。支持符合条件的银行发行"三农"专项金融债。鼓励银行业金融机构扩大林权抵押贷款,探索开展大中型农机具、农村土地承包经营权和宅基地使用权抵押贷款试点。支持农业银行在总结试点经验的基础上,逐步扩大县域"三农金融事业部"试点省份范围。支持经中央批准的农村金融改革试点地区创新农村金融产品和服务。

(四) 进一步发展消费金融,促进消费升级

加快完善银行卡消费服务功能,优化刷卡消费环境,扩大城乡居民用卡范围。积极满足居民家庭首套自住购房、大宗耐用消费品、新型消费品以及教育、旅游等服务消费领域的合理信贷需求。逐步扩大消费金融公司的试点城市范围,培育和壮大新的消费增长点。加强个人信用管理。根据城镇化过程中进城务工人员等群体的消费特点,提高金融服务的匹配度和适应性,促进消费升级。

四 构建多样化、差异化的融资渠道

建立多样化和差异化的融资渠道,从金融需求方面来看,既要强化优化已有的间接融资渠道,更应拓展拓宽多样化和差异化的直接融资渠道。

当前赣南等原中央苏区的绝大部分企业和其他经济主体在有资金需求时,首先想到的是找银行贷款。且对现有企业的资金来源的分析来看,资金来源也大多是以银行贷款为主,除了银行信贷,来自其他渠道的资金极其有限。这样,企业的发展就不可避免地受制于外部因素的变化。近两年,特别是今年,国家开始收缩银行信贷规模,企业间,特别是中小企业明显感觉到了资金需求难以得到满足。

当前金融机构中,特别是银行业金融机构,五大行(加上交通银行)处于绝对垄断地位,而这些银行均已实行商业化和股份制改造,尽管其手中掌握了巨量的资金,但发放的标准和对受信企业的要求越来越严格,几乎是事事讲抵押,处处要担保,而赣南等原中央苏区的企业,大多处于发展初期,财务管理、建章立制、产权规范等方面还很欠缺,极难满足现有银行提出的各种抵押和担保要求。因而,在有强烈的资金需求且向银行提出贷款申请后,往往很难得到满足。具体表现如下,一方面企业的土地使用权取得不规范,土地及地上附属物不能抵押;另一方面担保公司费用高,尤其是有些县财政担保公司不愿意为企业提供担保,存在中介收费环节多与融资成本最小化要求的矛盾。按照贷款的一般程序,借款人办理贷款时必须经过土管、房产、工商、评估、保险等诸多中介机构,每个部门都要收取一定的费用。企业转贷时,这些机构又要重复收费。如贷款到期不能偿还,要处置抵押物时又要再次收费,加之诉讼费用,融资成本十分高昂,有的短期贷款中介收费额甚至超过了贷款利息,这必然严重抑制了以利润最大化为目标的企业的贷款需求,也影响了银行的贷款积极性。据2013年7月12日《经济学观察报》文章,温州中小企业协会会长说,"现在中小企业共有1400万家,大概其中有10%的中小企业能够从银行等金融体系获得融资,这些获得融资的中小企业已经出现'融资难、融资成本高'等问题,而其余90%的企业不符合银行等金融机构的贷款条件,更不必说

'难、贵'的问题。"① 重点解决上述问题对于原中央苏区企业更好地为原中央苏区振兴发展服务具有重大意义。

（一）扶持部分企业上市

在已经完成股份制改造的企业中，挑选一部分符合条件企业，尽快完成到不同的证券市场上市的步伐，通过股票的发行和流通，实现企业的直接融资。根据国务院7月1日颁发的"要加快发展多层次资本市场，进一步优化主板、中小企业板、创业板市场的制度安排，完善发行、定价、并购重组等方面的各项制度。适当放宽创业板对创新型、成长型企业的财务准入标准。将中小企业股份转让系统试点扩大至全国"。作为赣南等原中央苏区，在全面落实甚至是优先落实国家新近出台的政策措施中的"加快发展多层次资本市场"的前提或落实的基础就在于有更多的企业发行股票并在资本市场上市交易流通。

（二）优化债券融资环境

为企业创造一个良好的发行企业债券实现融资的外部条件，优化债券融资环境，促进企业发展。针对赣南等原中央苏区的企业数量不多和企业规模不大的特点，企业通过发行债券融资时，可以采用适当的创新手段，如对那些业绩较优但规模不大的企业，可以在一定规模范围内，鼓励企业联合发债，真正实现在资本市场上通过直接融资等方式抱团发展。前提是地方政府要做好大量的相关工作，如提供一定的担保，或鼓励相应的担保公司在这方面开展业务创新，为企业间的联合发债担保一些必要的、基础性的服务，解决资金供应方在投资债券时的后顾之忧。

（三）构建良好的信用环境

要构建良好的信用环境，打造良好的信用生态环境，大力优化并全面提升资金在赣南等原中央苏区内部的供应方和需求方之间直接配置的效率，创造并鼓励企业之间实施更多的内源融资，扩大并提升内源融资的数量和质量。在各经济体之间，特别是在企业之间构建良好的信用文化，视遵守信用为企业的生命，杜绝企业之间相互恶意拖欠的行为。同时，当地政府应当努力营造良好的信用环境，鼓励并表彰诚实守信的企

---

① 经济观察网，《中小企业资金危情》，http://www.eeo.com.cn/2013/0713/24658.shtml。

业，不让恶意破坏信用环境的行为和事件有任何生存的机会和土壤。鼓励民间自发组织各种信用共同体，鼓励不同的行业根据其自身经济和社会的特征组织信用合作社，信用互助社，对运行有序、信用畅通的组织和团体，政府要在政策上、税收上给予一定的扶持、资助和奖励优惠。

五 加大金融知识普及力度

从金融供求的对接来看，既要使在赣南等原中央苏区一带金融从业人员加快加深对原中央苏区的熟悉和了解，更要在广大原中央苏区人民中普及金融基础知识，实施金融培训，全面提升当地百姓的金融素养和金融能力。

具体可以从两个方面实施。

（一）组织实施"熟悉你的社区、了解你的客户"培训行动

组织当地金融机构从业人员尤其是农村金融机构人员开展"熟悉你的社区、了解你的客户"培训行动。

斯科特在《国家的视角》一书中多次提到"国家知识"、"外部知识"和"地方知识"、"内部知识"。书中举例说。"如果从空中俯瞰那些还没有被严重破坏的中世纪城市或中东地区城市中的古老商业区，会发现它们看起来杂乱无章，整个城镇没有遵循一个全面抽象的形式，城市布局缺少一致的几何逻辑，但这不意味着当地居民也会迷惑，城中的每一条道路都是当地人不断地走出来的，城中的大街小巷是最普通的每天行走的地方。然而，初到的陌生人或商人几乎都会感到迷惑，因为它缺少使生人可以自己找到方向的、在各地被重复的抽象逻辑。即本地人熟悉并掌握着地方知识，而外来人只有外部知识，不谙地方知识。地方知识在空间上的作用就像那些难懂的方言在语言学上的作用一样，它使本地人可以交流，而不在本地长大、不会说本地方言的人却根本不懂。"[①]

类似的情况出现在《水浒传》中的祝家庄，江西乐安县流坑古村中，外人往往进来易，出去难。书中还举了航海的例子，在航海中，一般的航行知识与更具体的导航知识往往不一样。当大的货轮或客船进入

---

① ［美］斯科特著：《国家的视角》，王晓毅译，社会科学文献出版社2012年版。

主要港口的时候,船长一般将对船的控制权交给当地的导航员,他将船驶入港口的停泊处,当船离开时也会重复同样的过程,直到安全地进入到航线。这样做可以减少不少事故和许多不必要的麻烦。这反映在大海中航行的是比较一般的知识,而在某个港口引导一艘船则是与环境联系紧密的具体知识。同样的情况,也发生在开车到某个酒店(或餐厅、夜总会等地)时,到酒店门口时车主即把车子交给酒店的泊车员。这样做的好处是,酒店泊车的地方在哪里,哪里还有车位等,车主未必清楚,而作为酒店的泊车员,则是一清二楚的,因为他具有"本土技术知识"(indigenou stechnical knowledge)、"民间智慧"(folk wisdom)、"实践技能"(practical skills)。这样做既节约了车主搜寻车位的时间和精力,又尽量减少了酒店门口拥堵的可能性,以及车主自己开车时因为不熟悉情况而发生的刮蹭。

当下我国不少农村信用社,正在发生着巨大的变革。在业务办理、产品开发、市场营销、服务手段、员工招录与培训,越来越借鉴着国家商业银行的做法,遵循的也是国际通行的规则和惯例,特别是随着大量年纪较大员工的退休或离职,通过考试招聘引进了一大批高学历员工。这些新人经过了一系列的岗前培训,走上工作岗位,到达农村信用社的一个个基层网点后,办理业务都严格遵循规定好了的业务流程。也就是说,这些新员工懂的是国家规章,上级规定,银行规则,掌握的是"国家知识"、"外部知识"、"一般知识",甚至是"国际知识"。

但是,尽管这批新员工年青、专业、形象亮丽,但往往不是本地人,短期内较难融入本地环境和文化中去,并且有些员工并没有在此长久工作的准备和打算。如新来的人讲的是普通话,玩的是网络,平时忙活在三尺柜台之内,因为本地没有熟人和亲戚,极少去走村串户,遇节假日大多返城去了。导致信用社机构和员工与属地乡镇、村庄、农户越来越隔膜,不能接近了解熟悉广大农村的"地方知识"、"内部知识"、"具体知识"。

而我国幅员辽阔,不同的乡镇和不同的风土,有着不一样的"地方知识"、"内部知识"、"本土知识"或"具体知识"。农村基层信用社,往往设立在中国农村最基层的乡镇一级,各个乡镇的情况往往千差万别,不同的乡镇之间,语言、风俗、节庆、习惯往往都不一样。比如在语言上，不同地方就有不同的口音和方言。如果说，在北方，地势平坦，来往方便，语言等方面的差异可能并不太明显，但是在南方，山山水水，沟沟壑壑，山高水急，林深草密，人们往来不易，因而各地风俗、人文差异较大，特别是在语言上，往往是"五里不同音，十里不同言"。如江西省上饶县南部一个叫铁山乡的地方，就一乡九语，在这一个小小的区域内，有"铁山腔"、"汀州腔"、"麻山腔"、"建宁腔"、"广丰腔"、"田墩腔"、"广东腔"、"福建腔"和"官话"共九种方言。即便是喝茶，不同的地方，不同的人士，所喝之茶也是不一样的。有婺源茶、修水茶等。婺源茶中，忙人喝"农家茶"、闲人饮"文士茶"，新娘敬"新娘茶"……修水人喝茶不叫喝茶，叫吃（cha）茶，茶中内容非常丰富，有茶叶、菊花、茶穹、生姜末、萝卜丁、橘子皮、芝麻、黄豆、炒米等，所谓"上不见底、下不见里"。一家过得是否殷实厚道，主妇是否贤惠能干，全在一碗茶里呈现。生于斯长于斯的人，只要伸手接过茶水，即能知晓这户人家的基本情况。用溪口信用社的一位老信贷员的话说，他下到农户家，只要伸手接过这家主妇递过来的茶，就大体知道这户人家的日子过得怎么样，信用状况如何，该不该把放款程序继续进行下去，等等。如果茶碗干净、讲究，茶杯端在手上有分量，茶中内容丰富，如菊花丰盈、芝麻饱满、黄豆圆滚，腌制的姜末、橘皮、萝卜丁在沸水冲过后张弛有度，茶水中的香味直奔味蕾，说明了主人家男的勤劳（不勤劳没有这么多产出），女的贤惠（不贤惠茶水没有这么样鲜香），把日子过得有滋有味。这样的人家，定是想着进一步把事情做好做实做细，只是暂时有点资金短缺，才找到信用社来的。一般情况下，给这样的夫妇放款，心里往往会较踏实，资金一般会处在一个相对安全的环境中。

而以上这些，从外地进来的员工往往没有接触过，难以融入，自然一下子是很难了解这些"地方知识"、"内部知识"。更不要说通过"吃茶"、交谈、观察来了解农户间家庭成员与结构情况，谁家有什么特长，有谁在哪里做什么事，一年当中有多少收入，收入来源，现金流最集中的时期与事件，等等。而贷款的发放，特别是所谓的贷前调查、贷时审查、贷后检查，所做的实际上是对人的了解工作，是对借款人的人品、能力、资本的判断与识别工作。由于缺少内部知识，许多工作也就难以展开，表现在贷款的发放上，也就难以进行下去。加上严格的贷款责任追究制度，现在不少农村金融机构、特别是农村信用社，在农村也就成了一个吸收存款却不怎么发放贷款的"金融储蓄机构"了。

如果说，在不少偏远乡镇，特别是各个村庄，经济规模和社会组织都小，早期农村金融形式以非正式占主体，与村落经济、社会是对应的，也是对称的，因而，尽管缺少较为紧密的正式金融服务，但农村金融供求矛盾似乎不太明显，供求紧张关系也不太突出，农户一旦有资金需求，依赖于亲戚、友邻、宗族关系，从非正式途径即可解决资金需求。

但随着农村经济、社会组织规模扩大（农村集镇化、商业化），原有农村金融、特别是非正式金融的资金规模、组织能力、产品种类就不适应了，更不对称了，就得有正式金融的密切参与。这就要求能够形成一种机制或组织方法，把正式金融的"国家知识"、"外部知识"、"一般知识"，与农村当地经济和社会中所独有的"地方知识"、"内部知识""具体知识"有机结合起来，二者间做到相互借鉴、相互了解，直至融会贯通，才能更好地促进农村金融与农村经济和农村社会全面深入、持续健康地发展。

（二）组织对广大农户进行金融知识培训

在赣南等原中央苏区的广大农村地区，要对广大农户进行金融知识培训和普及，以全面提升其金融素养和金融能力。

除了上面所说，笔者认为，为了进一步做好"国家知识"与"地方知识"、"外部知识"与"内部知识"的对接工作，还应加强对在村农户金融知识和金融能力的培训和开发工作，让只掌握"地方知识"、"内部知识"、"具体知识"的农户，熟悉相应的"国家知识"、"外部知识"、"一般知识"。

当下农村，尤其是位置偏远的地方，年轻力壮、有些技术、文化水平稍好些的人大多外出打工，留在村里的大多是些年纪较大、文化程度一般的，这些人很少与农村信用社打交道，在资金短缺时既想不到信用社，想到了也不知道该如何与信用社打交道。更不要说，原先的农村信用合作社，多多少少有些合作的影子，不少农户在信用社有股份，信用社在村队有代办点，代办点的业务人员也大多就是村里的人，平时天天见面相互知根知底，因而有些村民在资金短缺时，往往首先就想到信用社，在所需金额不大且信用状况还好的情况下，往往能迅速得到满足。而现在的农村信用社，没有了"合作"的成分，村里既没有了业务代办点，乡镇的信用社又离村组较远，对信用社员工大多都不认识，相互间几乎没有过交往，一般的农户，在资金短缺时，往往就想不到信用社。

但这并不意味着在广大农村，就没有了金融需求。由于劳动力量大且持续外出，留村农民耕种的土地面积在不断增加，不得不投入更多的物化劳动，要求使用更多的农药、化肥、机械，特别是农业生产中新的品种的广泛使用，对农药、化肥的使用还有一定的依赖。其结果，如果保证农业生产面积不减、农业产量不降，在活劳动投入不断减少的情况下，必须投入更多的资金、技术，留村农户，由于没有外出打工收入，单个家庭的资金有限，必须依靠借入资金。显然，对金融的需求，无论是现实的还是潜在的金融需求，都大大增加了。

孟德拉斯在《农民的终结》一书中说过："农民（Paysans）按其字面上的本义是地方之人（hummesdupays），他们超越不了自己的土地的有限视野。"为了使农户能及时、有效、充分地得到金融的支持，当然必须主动地熟悉并掌握金融方面的"国家知识"、"外部知识"、"一般知识"。把留村农户组织起来，进行相应的金融知识培训和普及，就显得很有必要了。具体路径如下。

首先，是要在广大农户中间普及金融基础知识，要让农民了解农村金融机构，如农村金融机构的性质、作用，熟悉银行业务，特别是和银行打交道的手续和程序，应注意的各种事项。尤其是在贷款方面，从金融机构贷款与向私人借款有哪些不一样的地方，如何才能符合金融机构要求并取得所需要的贷款，贷款的使用应当如何接受金融机构的监督和管理，贷款偿还时要注意的事项。甚至，在当地农村，哪些项目是可以向金融机构申请贷款的，哪些项目是不能向金融机构申请贷款的；或者说，金融机构更愿意对什么样的项目发放贷款，不会对哪些项目发放贷款；如何才能与金融机构保持长期的合作共赢的关系等。此外，还要让农民了解相应的国家产业政策，特别是近些年国家支农惠农方面的政策，国家希望、鼓励农民做哪些，金融机构在这方面有哪些相应跟进政策等。

其次，是要提高广大农户的金融能力，金融能力是指农民通过掌握与运用金融手段来开展生产增加收入提高生活水平的能力、增加或保值家庭财富的能力、分散转移或化解各种风险的能力等。理财、保险、养老等各种金融产品下乡，首先就要让农民了然、熟悉，然后才是接受并使用。特别是当前农村，农民手头有点余钱，其投向相当狭窄，要么存到金融机构，要么参与各种集资，前者利率太低甚至是负利率，后者风险太高很可能血本无归。农户对一些能保值增值的金融产品的需求，正越来越强烈。另外，针对农村形形色色的集资，该如何判断与应对，特别是如何识别那些"庞氏骗局"。农民对未来有相应的预期，该如何利用金融手段来进行管理和维护，等等。

如果农民有了相应的金融知识和金融能力，就可以参与相应的金融事务了，就能够主动参与到农村金融机构的各种金融活动和金融事务中去，参与设计金融产品，融入各种金融管理中去，使农民能够充分利用金融工具和金融手段来发展自己，金融机构又能通过农民的发展来发展金融机构，从而使农户与农村金融之间实现双赢。

再次，就要涉及上述工作由谁来做的问题。最好的办法，是在金融实践中，要设计出一些能让绝大多数农户参与进来的金融产品，让农户在参与金融事务中了解金融、熟悉金融并最终提高金融能力，即让农户"在游泳中学会游泳"。另外，所有涉农金融机构，在农村吸收了巨量廉价的资金，而向农村投放的信贷资金却是极其有限，现在就应当既有必要也有义务在农村开展金融知识普及、满足农户对金融业务的咨询。所谓有必要，是指相对于农村，城市的金融竞争已经是很充分了，市场份额、客户维护、产品拓展的难度越来越大；而相对于城市，农村的金融市场、特别是偏远农村，几乎还是一块处女地，无论是从市场开发、培养潜在的客户群、创新金融产品和拓展服务市场，对于任何一家涉农金融机构，都有必要。也就是说，农村金融市场，已经到了从金融机构的柜台里走出来，走向广大农村的田间地头，走进广大农户的桌边炕头的时候了。

回归到农村信用社的合作性质，把农户组织起来，基于金融是一种资源更是一种权利的认识，特别是当今社会，无论城乡，金融机构几乎包含了所有的资金进出，越来越具有公共产品和基础设施的特性，因而，能否向农户提供均等化、普惠式金融服务，已经成了一个国家或一个地区生活和生产是否方便，经济和社会发展是否和谐和可持续的前提条件。

第七章

原中央苏区振兴产业政策研究

第一节 产业政策梳理

一 加强基础设施建设和促进产业升级的政策

《国务院关于支持赣南等原中央苏区振兴发展的若干意见》（国发〔2012〕21号）中提出产业政策的主要目的是缓解基础设施短缺和促进产业结构优化升级。

（一）加快基础设施建设的政策

《若干意见》提出："按照合理布局、适度超前的原则，加快实施一批重大交通、能源、水利等基础设施项目，构建功能完善、安全高效的现代化基础设施体系。"国家有关专项建设资金在安排赣州市公路、铁路、民航、水利等项目时，提高投资补助标准或资本金注入比例。将公益性建设项目国债转贷资金全部改为拨款。中央在赣州安排的公益性建设项目，取消县及县以下和集中连片特殊困难地区市级资金配套。加大中央预算内投资和专项建设资金投入，在重大项目规划布局、审批核准、资金安排等方面对赣南等原中央苏区给予倾斜。

1. 建设赣州综合交通枢纽

为把赣州建成我国重要的区域性综合交通枢纽，加快赣（州）龙（岩）铁路扩能改造，建设昌（南昌）吉（安）赣（州）铁路客运专线，规划研究赣州至深圳铁路客运专线和赣州至韶关铁路复线，打通赣州至珠三角、粤东沿海、厦漳泉地区的快速铁路通道，加快赣（州）井（冈山）铁路前期工作，加强赣州至湖南、广东、福建等周边省份铁路运输通道的规划研究，提升赣州在全国铁路网中的地位和作用。改造扩建赣州黄金机场，研究建设航空口岸。适时将赣州黄金机场列为两岸空中直航航点。加快赣江航道建设，结合梯级开发，实现赣州—吉安—峡江三级通航，加快建设赣州港。

2. 加强交通基础设施建设

《若干意见》特别重视飞机、铁路、公路等交通基础设施的规划、设计、建设问题。强调要完善铁路网络，加快鹰（潭）瑞（金）梅（州）铁路、浦（城）梅（州）铁路、广（州）梅（州）汕（头）铁路扩能前期工作，适时开工建设。规划研究吉安至建宁铁路。研究瑞金火车站升级改造。加强公路建设，支持大庆—广州高速公路赣州繁忙路段实施扩容改造工程，规划建设兴国—赣县、寻乌—全南、乐安—宁都—于都、广昌—建宁、金溪—资溪—光泽等高速公路。加大国省道干线公路改造力度，力争县县通国道，重点推进通县二级公路建设。加快推进国家公路运输枢纽站场建设。支持三明沙县机场新建工程，扩建吉安井冈山机场、龙岩连城机场，研究建设赣东南机场和瑞金通勤机场。

3. 提高能源保障能力

《若干意见》强调改善原中央苏区现有煤电油不合理的能源结构。在电力方面，研究论证瑞金电厂扩建项目，规划建设抚州电厂、粤电大埔电厂"上大压小"工程等电源点项目。推进国电井冈山水电站前期工作。支持发展风电、太阳能、生物质能发电等绿色能源。建设赣州东（红都）500千伏输变电工程和抚州至赣州东（红都）500千伏线路。提高县网供电保障能力，建设石城、崇义、安远等县220千伏变电站。取消赣州市220千伏、110千伏输变电工程建设贷款地方财政贴息等配套费用。推进樟树—吉安—赣州、泉州—赣州、揭阳—梅州—赣州等成品油管道项目建设。依托蒙西至华中电煤运输通道建设，解决赣州地区煤运问题，支持建设赣州天然气及成品油仓储基地。

4. 加快水利基础设施建设

加大支持力度，加快实施城镇防洪工程建设，提高赣州等市城镇防洪标准。开展上犹江引水、引韩济饶供水等水资源配置工程和韩江（高陂）大型水利枢纽前期工作，继续支持廖坊灌区工程建设。加快章江等大型灌区续建配套与节水改造，尽快完成病险水库除险加固。加快中小河流治理。逐步扩大赣南苏区小型农田水利重点县建设覆盖面。将一般中小型灌区新建、续建配套及节水改造、中小型排涝泵站更新改造以及小水窖、小水池、小塘坝、小泵站、小水渠等"五小"水利工程纳入中央支持范围。建立山洪地质灾害监测预警预报体系。

(二) 制定特色产业目录促进高新技术产业发展的政策

用产业集群理念，通过制定国家重点鼓励的稀有金属产业、特色产品和技术目录，与制定鼓励发展新材料和具有特色的先进制造业目录来促进高新技术产业发展，并用高新技术改造传统产业。

1. 积极推动优势矿产业发展

发挥骨干企业和科研院所作用，加大技术改造和关键技术研发力度，促进稀土、钨等精深加工，发展高端稀土、钨新材料和应用产业，加快制造业集聚，建设全国重要的新材料产业基地。将赣南等原中央苏区列为国家找矿突破战略行动重点区域，加大地质矿产调查评价、中央地质勘察基金等中央财政资金的支持力度。支持赣州建设稀土产业基地和稀土产学研合作创新示范基地，享受国家高新技术产业园区和新型工业化产业示范基地扶持政策。国家稀土、钨矿产品生产计划指标向赣州倾斜。研究支持建设南方离子型稀土与钨工程（技术）研究中心，加大国家对稀土、钨关键技术攻关的支持力度。支持赣州建设南方离子型稀土战略资源储备基地，研究论证建立稀有金属期货交易中心。

2. 加快提升制造业发展水平

发挥现有产业优势，大力发展电子信息、现代轻纺、机械制造、新型建材等产业，积极培育新能源汽车及其关键零部件、生物医药、节能环保、高端装备制造等战略性新兴产业，形成一批科技含量高、辐射带动力强、市场前景广阔的产业集群。支持设立战略性新兴产业创业投资资金，建设高技术产业孵化基地。加大对重大科技成果推广应用和产业化支持力度，增强科技创新能力。支持建设国家级检验检测技术研发服务平台。

3. 促进红色文化旅游产业大发展

编制赣南等原中央苏区革命遗址保护规划，加大对革命旧居旧址保护和修缮力度；支持原中央苏区历史博物馆、原中央苏区烈士陵园和东固革命烈士陵园等红色文化教育基地建设。支持在瑞金建设公务员培训基地。大力发展红色旅游，将赣南等原中央苏区红色旅游列入国家旅游发展战略，支持红色旅游基础设施建设。深化赣南与井冈山、闽西和粤东北的旅游合作，以瑞金为核心，高起点建设一批精品景区和经典线路，支持创建国家5A级旅游景区，推动红色旅游与生态旅游、休闲旅游、历史文化旅游融合发展。支持赣州、吉安创建国家旅游扶贫试验区。

4. 做强脐橙产业

加快脐橙品种选育和改良，推进标准化、有机果园建设，支持贮藏、加工、物流设施建设。积极推进国家脐橙工程（技术）研究中心建设，研究建立脐橙交易中心。对脐橙实行柑橘苗木补贴政策和"西果东送"政策。

5. 大力发展现代服务业支持产融结合

第一，健全金融机构组织体系，完善金融机构、金融市场和金融产品，推动建立赣闽粤湘四省边际区域性金融资源共享机制。鼓励境内外金融机构在赣州设立经营性分支机构，支持和鼓励各类银行业金融机构发起设立新型农村金融机构。

第二，大力发展现代物流业，研究完善物流企业营业税差额纳税试点办法，支持赣州、抚州创建现代物流技术应用和共同配送综合试点城市，推动赣州、吉安综合物流园区及广昌物流仓储配送中心等项目建设。

第三，鼓励发展科技研发、工业设计和服务外包，规范发展法律咨询、信用评估、广告会展、培训认证等商务服务业。

第四，扶持发展社区服务、家政服务、社会化养老等生活服务业。支持赣州建设服务业发展示范基地。

6. 推动产业与城市协调发展实现产城融合

促进产业和生产要素向城市集聚，提升城市服务功能和承载能力。支持赣州建设省域副中心城市，调整行政区划，增设市辖区，推动赣县、南康、上犹与赣州中心城区同城化发展，科学规划建设章康新区，扶持瑞金、龙南次中心城市建设。加快吉泰走廊城镇体系建设。科学规划城市功能定位和产业布局，强化城市基础设施和公共服务设施建设，增强辐射带动能力，推进数字化城市建设。

二 推动产业重组和市场准入的政策

通过采取一定的税收政策和财政补贴办法,支持对产业组织实施较大幅度的改革和调整,重点是培育适应市场经济需要的产业组织结构,支持发展非公有制经济和中小企业。

产业组织政策的目标是促进产业内企业关系结构的健康有序,建立高效运行的产业链联接机制,保证产业结构调整和升级目标的实现。其要点是:

(一)提升规模经济效益

提高产业集中度的重点是在国民经济的关键领域和重点行业培育大公司和企业集团,使其真正成为国民经济的骨干,形成能代表我国产业发展水平和能与国际大公司相抗衡的企业,使其成为国民经济的主力、支柱和行业排头兵。主要方向是:

第一,对规模经济明显、产品同质、市场容量大、进入壁垒高的稀土、钨等有色金属以及大型成套设备制造等产业,形成少数大企业为竞争主体的市场结构。《若干意见》强调,要积极推进技术创新,提升稀土开采、冶炼和应用技术水平,提高稀土行业集中度。按照国家稀土产业总体布局,充分考虑资源地利益,在赣州组建大型稀土企业集团,完善现有稀土行业的市场结构。

第二,在规模经济显著、产品差别明显、产品结构复杂、技术进步快的汽车、机械、电子、通信设备、电气机械等产业,则形成少数大企业集团为龙头,中小企业配套服务的市场结构。为此,《若干意见》明确扶持农业产业化龙头企业发展;支持国内整车企业在赣州等市设立分厂。支持军工企业在赣州、吉安发展军民结合高技术产业。支持赣州新型电子、氟盐化工以及吉安电子信息、抚州黎川陶瓷、龙岩工程机械等产业基地建设。

第三,对规模经济不十分显著的食品、现代轻纺、家具、金属制品等产业,形成以龙头企业为核心,中小企业数目较多的竞争性市场结构。对这类经济,要加快企业、产业集聚,尽快形成产业集群。

(二)加大对中小企业的扶持力度

产业组织政策要充分发挥中小企业在活跃城乡经济、吸纳就业、满足社会多样化需求等方面的作用，制定中小企业设立、财税扶持、信贷支持和扩大出口等方面的政策措施。

切实解决中小企业融资难、技术落后、人才匮乏、信息不畅等发展中面临的问题，为各类中小企业发展创造有利条件。《若干意见》提出支持发展非公有制经济和中小企业，支持赣州在地方金融组织体系、中小企业金融服务等方面开展改革试验，支持符合条件的企业发行企业（公司）债券、中期票据、短期融资券、中小企业集合票据和上市融资。深化融资性担保公司或再担保公司、小额贷款公司创新试点。大力推进农村金融产品和服务方式创新，鼓励和支持设立村镇银行。建立适应地方产业发展的现代职业教育体系，扶持办好中等职业学校；强化农村劳动力转移就业和创业能力培训，鼓励外出农民工回乡创业，建设农民创业基地。积极发展蜜橘、茶叶、白莲、生猪、蔬菜、水产品、家禽等特色农产品。支持畜禽标准化规模养殖场（小区）建设。研究开展脐橙、蜜橘、白莲保险。支持动植物疫病防控、农产品质量安全检验检测等体系建设，扶持农业产业化龙头企业和农民专业合作社发展。

引导中小企业向专、精、特、新的方向发展，搞好同大企业的协作，提高生产的专业化和社会化水平。《若干意见》鼓励发挥现有产业优势，大力发展电子信息、现代轻纺、机械制造、新型建材等产业，积极培育新能源汽车及其关键零部件、生物医药、节能环保、高端装备制造等战略性新兴产业，形成一批科技含量高、辐射带动力强、市场前景广阔的产业集群。

(三) 建立符合市场经济要求的市场准入制度

1. 进一步消除准入壁垒

从国家安全、公众利益的角度出发，除在环境保护、资源节约利用、公众安全等方面制定强制性要求外，必须消除市场准入壁垒，允许企业自由进入。

第一，加大工业行业清洁生产推行力度，严格控制高耗能、高排放和产能过剩行业新上项目，提高行业准入门槛。

第二，在承接产业转移中，严禁高污染产业和落后生产能力转入。

第三，深化行政管理体制改革，加快转变政府职能，提高行政效能，优化发展环境。

第四,处理好产业结构调整和所有制结构调整的关系。

2. 强力扶持特色优势产业发展

在产业结构调整方面,《若干意见》提出加大产业结构调整专项对特色优势产业发展的支持力度。巩固提升农业基础地位,大力发展现代农业,坚持市场导向,立足比较优势,着力培育产业集群,促进集聚发展,推动服务业与制造业、产业与城市协调发展,构建特色鲜明、结构合理、集约高效、环境友好的现代产业体系。

3. 进一步放宽投资领域

在所有制结构的调整上,降低国有经济比重,鼓励和扶持非国有经济发展,放宽投资领域,实行国民待遇,允许非国有经济参与基础设施、教育、卫生等领域的投资和建设,主要是:

第一,放宽基础设施领域市场准入,鼓励民间资本参与基础设施、公用事业和社会事业等领域建设。

第二,稳步开展农村土地承包经营权登记,探索农村集体建设用地流转制度改革。深化集体林权制度改革,开展经济林确权流通。

第三,采取更加灵活的措施,支持和鼓励赣州市在城乡统筹、扶贫开发、投融资等方面先行开展政策探索。

第四,支持开展保险资金投资基础设施和重点产业项目建设,开展民间资本管理服务公司试点。

第五,支持赣州开展教育综合改革试验。

三 推进技术改造和技术进步的政策

产业技术政策是产业结构调整和升级的先导性政策。要充分发挥产业技术在产业发展中的导航作用,必须构建具有前瞻性、战略性的产业技术政策体系。其要点是:

(一) 加大企业技术改造的支持力度

发挥骨干企业和科研院所作用,加大技术改造和关键技术研发力度,促进稀土、钨等精深加工,发展高端稀土、钨新材料和应用产业。积极推进技术创新,提升稀土开采、冶炼和应用技术水平。

(二) 加强产学研合作

支持赣州建设稀土产业基地和稀土产学研合作创新示范基地,享受国家高新技术产业园区和新型工业化产业示范基地扶持政策。

（三）建立国家级高水平研究平台

研究支持建设南方离子型稀土与钨工程（技术）研究中心，加大国家对稀土、钨关键技术攻关的支持力度。支持建设国家级检验检测技术研发服务平台。积极推进国家脐橙工程（技术）研究中心建设。

（四）加大中央财政的扶持力度

加大地质矿产调查评价和中央地质勘察基金等中央财政资金的支持力度，将赣南等原中央苏区列为国家找矿突破战略行动重点区域。支持设立战略性新兴产业创业投资资金，建设高技术产业孵化基地。加大对重大科技成果推广应用和产业化支持力度，增强科技创新能力。

四　优化产业布局的政策

按照统筹规划、因地制宜、发挥优势、分工合作、协调发展的原则，根据市场经济规律和经济内在联系以及地理自然特点，发挥产业集聚效应，形成若干重点产业区和产业带。要点是：

（一）引导产业布局的适当调整

鼓励在大中城市和沿海地区丧失比较优势的资源加工和劳动密集型产业向赣南等原中央苏区转移。坚持市场导向与政府推动相结合，发挥自身优势，完善产业配套条件和产业转移推进机制，依托现有产业基础，促进承接产业集中布局。

第一，支持设立赣南承接产业转移示范区，有序承接东南沿海地区产业转移。

第二，支持建设赣闽、赣粤产业合作区。强化与珠三角、厦漳泉等沿海地区的经贸联系，打造以赣州经济技术开发区为核心，以赣州"三南"至广东河源、瑞金兴国至福建龙岩产业走廊为两翼的"一核两翼"开放合作新格局。

第三，支持吉泰走廊开放开发，建设工业化、城镇化和农业现代化协调发展示范区，打造重要的经济增长带。

第四，在条件成熟时，在赣州出口加工区的基础上按程序申请设立赣州综合保税区，建设成为内陆开放型经济示范区。

第五，推动瑞金、龙南省级开发区加快发展，支持符合条件的省级开发区升级，在科学规划布局的基础上有序推进未设立开发区的县（区、市）设立产业集聚区。支持设立国家级高新技术产业园区。

第六，建立完善区域内更加紧密的合作机制，加强在基础设施共建共享、资源开发利用、产业发展、生态建设与环境保护等方面的合作，加快区域一体化进程。密切与鄱阳湖生态经济区、海峡西岸经济区等周边重要经济区的协作互动。

第七，鼓励与沿海地区加强铁海联运等合作。

第八，深化与台港澳地区在农业、环保、电子信息及服务贸易等领域的合作交流。

（二）加大中央资金的扶持力度

国家掌握的资金更多地用于支持赣南等原中央苏区的发展，优先安排基础设施和生态环境保护的建设项目。因势利导地引导人口向城市和沿海地区的有序流动。采取优惠政策，引导其依托现有城镇，集中布局，提高效益。

第一，加大中央预算内投资和专项建设资金投入，在重大项目规划布局、审批核准和资金安排等方面对赣南等原中央苏区给予倾斜。

第二，国家有关专项建设资金在安排赣州市公路、铁路、民航、水利等项目时，提高投资补助标准或资本金注入比例。

第三，实行差别化产业政策，从规划引导、项目安排、资金配置等多方面，给予支持和倾斜。

第四，对符合条件的产业项目优先规划布局。

第五，支持赣州创建国家印刷包装产业基地，并实行来料加工、来样加工、来件装配和补偿贸易的政策。

第六，在生态保护方面，实行生态补偿政策。将东江源、赣江源、抚河源和闽江源列为国家生态补偿试点。结合主体功能区规划调整和完善，研究将贡江、抚河源头纳入国家重点生态功能区范围，提高国家重点生态功能区转移支付系数，中央财政加大转移支付力度。加快建立资源型企业可持续发展准备金制度。国家加大对废弃矿山植被恢复和生态治理工程的资金支持。加大对国家公益林生态补偿投入力度。

第七，赣州市执行西部大开发政策。

第八,国家稀土、钨矿产品生产计划指标向赣州倾斜。

第九,在农业方面,优化农产品区域布局,建设面向东南沿海和港澳地区的重要农产品供应基地。支持赣州、吉安、抚州等市建设国家现代农业示范区。大力发展油茶、毛竹、花卉苗木等特色林业,支持油茶示范基地县建设。积极发展蜜橘、茶叶、白莲、生猪、蔬菜、水产品、家禽等特色农产品。

五　调整产业结构的政策

产业结构政策的目标是加快产业结构调整,促进产业结构优化升级,从而实现经济的持续、健康、稳定增长,实现与全国同步建成小康社会的目标。这也是整个产业政策的核心。由于现行的产业结构的形成不完全是市场自然作用的结果,有相当一部分产业是行政干预的结果,因而产业结构不合理的矛盾比较突出,再加上经济发展水平比较落后,因此,目标和任务更重,手段和方法更复杂[1]。

(一) 积极发展主导产业

促进主导产业发展是产业结构政策的核心。从经济增长过程看,结构调整和产业升级对经济增长的促进作用,主要体现在主导产业向新型支柱产业的转换给整个经济增长带来新的动力。从主导产业和支柱产业的发展链条看,随着主导产业的不断发育、成熟,最终就会成为国民经济的支柱产业。主导产业向新型支柱产业的及时转换,保证了增长率较高的产业部门对资源的需要,使社会总资源得到合理的配置与利用,提高了单位资源的产出效益,使总量增长始终有充分的后劲。主导产业向新型支柱产业的及时转换,也保证了主导产业对其他产业的带动作用[2]。

1. 大力发展战略性新兴产业

战略性新兴产业也叫先导型主导产业,是实现经济持续增长和产业结构高级化的领航产业,是对国民经济和产业结构转换起促进、导向作用,并具有广阔的市场前景和技术进步能力的产业。由于先导产业往往

---

[1] 李敬辉:《新时期中国产业政策研究》,哈尔滨工程大学博士学位论文,2004年。
[2] 同上。

是一些需要国家关注的基础性、长期性、前瞻性战略领域，在现阶段这些产业还非常幼小，有的还处于萌芽阶段，市场机制不能有效发挥作用，需要政府进行积极干预，不能单纯由市场选择。国家应该有明确的发展目标、重大战略布署、强有力的组织以及相应的政策措施。在发展目标确立之后，对战略技术及产业发展给予持续一贯的支持，也是国家意志的主要体现①。2008年经济危机以来，中央政府出台了相当多的政策应对危机，其中支持战略性新兴产业就是其政策支持的重点。为此，《若干意见》提出要采取措施积极培育新能源汽车及其关键零部件、生物医药、节能环保、高端装备制造等战略性新兴产业。支持设立战略性新兴产业创业投资资金，建设高技术产业孵化基地。加大对重大科技成果推广应用和产业化支持力度，增强科技创新能力。

2. 大力发展主导型支柱产业

主导型支柱产业是指在国民经济发展中，具有战略地位，有重大带动作用，但目前尚欠发达的产业，如有色冶金、机械、电子等产业，虽然整体规模很大，但基本没有核心技术和自主知识品牌，缺乏国际竞争力。特别是在一些关键领域和环节，如机械产业中的装备制造业，电子产业中的芯片制造业等产品主要依赖进口，基本没有竞争力，应该属于主导产业的范畴，是产业结构政策支持的重点，尤其在现阶段，更应成为产业结构政策支持的主要内容②。《若干意见》根据原中央苏区产业实际情况，提出推动优势矿产业发展，尤其是稀土、钨等矿的精深加工，延长产业链，提高附加值；发挥现有产业优势，大力发展电子信息、现代轻纺、机械制造、新型建材等产业，打造产业集群，形成规模经济。

3. 大力发展现代服务业

李敬辉（2004）认为，实施将服务业主要是现代服务业作为主导产业来扶持的产业结构优化方略的主要理由是：③

（1）走新型工业化道路必须处理好服务业与工业化的关系

事实上，工业化是一个伴随工业发展的社会经济全面变革与发展的

---

① 李敬辉：《新时期中国产业政策研究》，哈尔滨工程大学博士学位论文，2004年。
② 同上。
③ 同上。

过程，其中服务业具有重要地位。没有服务业发展的支撑，工业化只能停留在比较初级的阶段，无法深化下去。随着工业化的发展，在工业产品的附加值构成中，纯粹的制造环节所占的比例越来越低，而服务业特别是现代服务业中物流与营销、研发、人力资源开发、软件与信息服务、金融服务、会计、审计和律师等专业化生产服务和中介服务所占的比例越来越高，日益成为提高企业竞争力和经济效益的决定因素。

（2）服务业发展严重滞后于工业

工业的高速增长有一定的必然性和合理性，为国民经济发展做出了不可忽视的贡献，但工业增长太快，特别是重工业超常规增长，提高了有限资源的稀缺程度，正在并将进一步受到资源、能源供给瓶颈和环境容量的严重制约，必然不能持续。与之相比，服务业的发展具有资源消耗低、环境污染少的优势，在最近十几年吸纳了全部净增加就业人数，包括部分从工业减员的人数。然而，自从20世纪90年代以来，无论从总量、结构还是总体素质上看，服务业的发展都与整体经济发展水平不相称。这种状况对解决日益严重的就业问题、扩大消费、保持经济稳定持续增长都有不利的影响。

（3）现代服务业具备加快发展的潜力和现实条件

从需求方面来看，人民生活总体上已达到相当水平，基本解决了吃、穿和部分用的问题，开始向提高生活质量的方向迈进；城镇化的进程加快也使能够更多享受服务的城镇人口数量日益增多。20世纪90年代以来，我国城镇居民服务消费支出占消费总支出的比重大幅度提高，这种消费结构的变动和升级，将会产生对房地产、通信、旅游、文化、医疗、体育休闲等服务行业的巨大需求。中国加入WTO，加快了服务业对外开放步伐，有利于服务业引入竞争、创新和效率提高，有利于服务业发展环境的改善和供给的增加。我国发展服务业空间和潜力巨大，大有可为。而改善体制和市场环境，是促进我国服务业发展的关键入手点。因此，加快发展服务业，培育新的经济增长点，使服务业与制造业一起成为未来一段时期经济增长的两个重要支撑，从而为经济持续快速健康发展提供重要保障，是未来相当长时期产业结构政策的基本导向和主题。

《若干意见》一方面提出采取措施，促进红色文化旅游产业大发展，深化赣南与井冈山、闽西、粤东北的旅游合作，推动红色旅游与生态旅游、休闲旅游、历史文化旅游融合发展。另一方面，提出大力发展现代服务业，健全金融机构组织体系，完善金融机构、金融市场和金融产品；大力发展现代物流业；鼓励发展科技研发、工业设计和服务外包，规范发展法律咨询、信用评估、广告会展、培训认证等商务服务业；适应城镇化和人口老龄化趋势，扶持发展社区服务、家政服务、社会化养老等生活服务业。

（二）加快传统产业改造

以节约资源、保护环境为重点，加快传统产业的改造，这是新型工业化对产业结构政策提出的新要求，也是产业结构政策的新内容。

1. 支持产业共性技术和关键技术的开发应用

传统产业在今后相当长时期内仍将是我国国民经济发展的主体，是促进经济增长的基本力量，也是产业结构调整的一个重大课题。传统产业改造主要是企业自身的事情，政府的责任在于创造一个公平有效的市场环境。只有在风险太大，企业不愿做或单个企业做不了的少数领域需要政府组织各种力量和资源加以解决，以产业共性技术和关键技术开发应用为重点，加强产学研合作，加大技术开发投入，形成一批拥有自主知识产权的产品和技术，并积极推广应用。钨、稀土既是赣南等原中央苏区的支柱产业，也是传统产业。为加快其产业升级、改造步伐，《若干意见》提出要支持赣州建设稀土产业基地和稀土产学研合作创新示范基地，享受国家高新技术产业园区和新型工业化产业示范基地扶持政策。研究支持建设南方离子型稀土与钨工程（技术）研究中心，加大国家对稀土、钨关键技术攻关的支持力度。

2. 在传统产业的改造中注重资源节约、环境保护

基于传统产业的量大面广，同时又是消耗资源、污染环境的主力，应该将节约资源、保护环境作为传统产业改造的重点。重要资源、环境是影响可持续发展的主要因素。而节约资源和保护环境又有较强的外部性，这就使得完全靠市场这只"看不见的手"不能全面实现经济社会发展目标，因此，针对目前资源和环境的严峻形势，国家从中长期的视角，从统筹人与自然和谐发展的高度，通过制定和实施产业改造、升级战略，转变经济增长方式，实现资源环境的可持续发展。《若干意见》

主要从以下两个方面着手：一是加大环境治理和保护力度。编制矿山环境综合治理规划，加大矿山地质环境治理专项资金支持力度，加快完成赣州市历史遗留矿山环境综合治理。支持城镇污水处理厂和污水管网建设，"十二五"末完成所有县城生活污水管网体系建设，支持开发区、工业园、产业园污水处理设施建设。推进多种污染物协同控制，加强城市大气污染防治。支持赣州市重点区域重金属污染防治和历史遗留问题综合整治。二是大力发展循环经济。鼓励参与国家循环经济"十百千示范行动"，支持赣州建设铜铝有色金属循环经济产业园，推进资源再生利用产业化。积极开展共伴生矿、尾矿和大宗工业固体废弃物综合利用，发展稀土综合回收利用产业。支持赣州、井冈山经济技术开发区实施循环化改造，建设国家生态工业示范园区。支持赣州开展全国低碳城市试点，实施低碳农业示范和碳汇造林工程。推进循环农业发展。支持资源型城市可持续发展。

（三）保护弱势产业

保护弱势产业，是产业结构政策的一个重要内容。所谓弱势产业，主要是指按照市场经济原则丧失比较优势，必须退出的产业。但是，由于这些产业对国家社会经济稳定影响较大，国家必须扶持。农业属于典型的弱势产业。农业现代化水平比较低，整体上缺乏有效的竞争力，这是由中国的要素禀赋决定的。但是，农业问题又关系整个国家社会经济的稳定，特别是吃饭问题始终是中国第一位的问题，因此，必须采取更加有力和有效的产业结构政策，在促进农业产业结构调整的同时，保护农业发展。《若干意见》把解决"三农"问题放在突出位置，强调巩固提升农业基础地位，大力发展现代农业，促进农业稳定发展、农民持续增收，加快城乡一体化进程，打牢振兴发展的坚实基础。

1. 稳定发展粮食生产

以吉泰盆地、赣抚平原商品粮基地为重点，加强粮食生产重大工程建设，不断提高粮食综合生产能力。严格基本农田保护，支持高标准基本农田建设，加大中低产田改造投入，积极推行"单改双"，稳定粮食播种面积。支持发展现代种业，加快良种繁育体系建设。扩大对种粮农民直接补贴和农资综合补贴规模，扩大良种补贴范围。将适宜丘陵山区的中小型农机具纳入农机购置补贴范围，促进提高农业机械化水平。支持农业科技服务体系建设,加快新技术、新品种的引进、示范和推广。

2. 大力发展特色农业

优化农产品区域布局,推进农业结构调整,加快发展特色农业,建设面向东南沿海和港澳地区的重要农产品供应基地。发展壮大脐橙产业,对脐橙实行柑橘苗木补贴政策和"西果东送"政策。大力发展油茶、毛竹、花卉苗木等特色林业,支持油茶示范基地县建设。积极发展蜜橘、茶叶、白莲、生猪、蔬菜、水产品、家禽等特色农产品。支持畜禽标准化规模养殖场(小区)建设。研究开展脐橙、蜜橘、白莲保险。支持动植物疫病防控、农产品质量安全检验检测等体系建设,扶持农业产业化龙头企业和农民专业合作社发展。支持赣州、吉安、抚州等市建设国家现代农业示范区。

第二节 产业政策实施现状

一 赣南等原中央苏区产业政策分析

(一) 产业政策实施的基本措施

应立足于市场经济规律来制定和实施产业政策,充分发挥市场机制的作用,政府主要在市场机制不能解决或解决得不好的关键领域和关键环节制定相应的政策,为此,在产业政策的实施方面,政府要从直接管理经济转变为间接管理,综合运用经济的、法律的和必要的行政措施。

1. 经济措施

主要是通过提供信息服务、税收减免、融资支持、财政补贴、关税保护和出口退税等方式,引导企业根据自己的实际情况自主决定服从政府的产业政策目标。

2. 法律措施

比较成熟和比较稳定的产业政策,通常是以立法方式来严格规范企业行为、政策执行机构的工作程序、政策目标与措施等,以保障产业政策目标的实现。在日本,绝大多数产业政策都是以法律规制的形式出台的。目前,中国的产业政策极少以法律的形式出现,主要为"规划"、"目录"、"纲要"、"决定"、"通知"、"复函"之类的文件,如《船舶工业调整振兴规划》、《船舶工业中长期发展规划》、《国家产业政策指导目录》等等。随着我国法制工作的普及，今后越来越多的产业政策将以法律规制作为实现目标的主要手段。

3. 行政措施

行政措施包括政府以配额制、许可证制、审批制和政府直接投资经营等方式，直接干预特定产业的资源配置与运行态势，及时纠正产业活动中与产业政策相抵触的各种违规行为，以保证预定产业政策目标的实现。

在上述三种措施中，以经济措施和法律措施为主，行政措施为辅。在经济体制环境发生重大变化的新形势下，产业政策要从主要依靠政府计划和直接调控措施向主要依靠法治和间接调控措施转型。政府及其有关部门在制定、实施和修改产业政策的过程中，要严格依法办事，充分发挥法制部门和行业协会在产业政策制定、实施和修改过程中的积极作用；要充分利用税收、利率、价格、汇率等间接调控工具实施产业政策，充分利用信息化措施实施产业政策，特别是提供信息服务应作为未来产业政策的主要措施之一。在市场经济条件下，诸参与方因占有的信息量尤其是竞争对手或交易对手的信息量有限，按利益最大化原则决策的结果往往损失自身利益，也造成社会利益的损失，正是这种情况的不可避免性，代表社会利益的政府有必要提供充分的信息，使单个利益主体跳出信息不充分而引致的失败局面，从而提高经济和社会效益。从我国的实际情况出发，提供更为充分的信息，引导社会各界合理决策是符合实际的。

在当前，产业政策实施手段中，配合推进和落实投资体制改革，对部分行业或项目有必要实行项目审批或核准办法，有利于引导企业投资行为；在国家宏观调控方面，将继续运用土地、信贷两个"闸门"来控制或遏制投资过热或局部经济过热。

(二) 赣南等原中央苏区产业政策实施的主要措施

产业政策一般通过经济、法律、行政措施，赣南等原中央苏区产业政策则主要通过行政、经济措施贯彻、实施。

1. 行政措施

从《若干意见》的出台情况看，文件本身就是行政措施的结果。《若干意见》以国务院正式行政文件形式发布。正如《若干意见》所指出的那样："赣南等原中央苏区在中国革命史上具有特殊重要的地位。新中国成立特别是改革开放以来，赣南等原中央苏区发生了翻天覆地的变化，但由于种种原因，经济社会发展明显滞后，与全国的差距仍在拉大。"为支持赣南等原中央苏区振兴发展，逐步缩小区域发展差距，确保与全国同步实现全面建成小康社会目标，需要通过中央政府行政手段的干预，制定和实施适合赣南等原中央苏区实际的产业政策。

为保证产业政策目标的实现，《若干意见》中主要采用了如下行政措施：

第一，配额制。国家稀土、钨矿产品生产计划指标向赣州倾斜。在安排土地利用年度计划、城乡建设用地增减挂钩周转指标等方面，加大对赣南等原中央苏区的倾斜。对因资源枯竭而注销的稀土、钨采矿权，允许通过探矿权转采矿权或安排其他资源地实行接续。对稀土、钨矿等优势矿产资源在国家下达新增开采、生产总量控制指标时给予倾斜，积极支持绿色矿山建设。

第二，许可证制。支持国内整车企业在赣州等市设立分厂。支持军工企业在赣州、吉安发展军民结合高技术产业。鼓励境内外金融机构在赣州设立经营性分支机构，支持和鼓励各类银行业金融机构发起设立新型农村金融机构。

第三，审批制。以瑞金为核心高起点建设一批精品景区和经典线路，支持创建国家5A级旅游景区。支持赣州建设服务业发展示范基地。支持赣州建设南方离子型稀土战略资源储备基地，研究论证建立稀有金属期货交易中心。研究支持建设南方离子型稀土与钨工程（技术）研究中心。支持赣州建设稀土产业基地和稀土产学研合作创新示范基地，享受国家高新技术产业园区和新型工业化产业示范基地扶持政策。支持建设国家级检验检测技术研发服务平台。鼓励参与国家循环经济"十百千示范行动"，支持赣州建设铜铝有色金属循环经济产业园，推进资源再生利用产业化。积极开展共伴生矿、尾矿和大宗工业固体废弃物综合利用，发展稀土综合回收利用产业。支持赣州、井冈山经济技术开发区实施循环化改造，建设国家生态工业示范园区。支持赣州开展全国低碳城市试点，实施低碳农业示范和碳汇造林工程。支持江西省与有关部门共建江西理工大学，扶持赣州等市高等院校和稀土、钨、铀等优势特色学科建设。支持赣州开展教育综合改革试验。支持设立赣南承接产业转移示范区，有序承接东南沿海地区产业转移。在条件成熟时，在赣州出口加工区的基础上按程序申请设立赣州综合保税区，建设成为内陆开放型经济示范区。支持符合条件的省级开发区升级，在科学规划布局的基础上有序推进未设立开发区的县（区、市）设立产业集聚区。支持设立国家级高新技术产业园区。支持省级出口基地升级为国家级外贸转型升级专业型示范基地。

第四，政府直接投资。加快赣（州）龙（岩）铁路扩能改造，建设昌（南昌）吉（安）赣（州）铁路客运专线，规划研究赣州至深圳铁路客运专线和赣州至韶关铁路复线，加快赣（州）井（冈山）铁路前期工作，加强赣州至湖南、广东、福建等周边省份铁路运输通道的规划研究。改造扩建赣州黄金机场，研究建设航空口岸。加快赣江航道建设，结合梯级开发实现赣州—吉安—峡江三级通航，加快建设赣州港。加快鹰（潭）瑞（金）梅（州）铁路、浦（城）梅（州）铁路、广（州）梅（州）汕（头）铁路扩能前期工作，适时开工建设。规划研究吉安至建宁铁路。研究瑞金火车站升级改造。加强公路建设，支持大庆—广州高速公路赣州繁忙路段实施扩容改造工程，规划建设兴国—赣县、寻乌—全南、乐安—宁都—于都、广昌—建宁、金溪—资溪—光泽等高速公路。加大国省道干线公路改造力度，力争县县通国道，重点推进通县二级公路建设。加快推进国家公路运输枢纽站场建设。支持三明沙县机场新建工程，扩建吉安井冈山机场、龙岩连城机场，研究建设赣东南机场和瑞金通勤机场。研究论证瑞金电厂扩建项目，规划建设抚州电厂、粤电大埔电厂"上大压小"工程等电源点项目。推进国电井冈山水电站前期工作。建设赣州东（红都）500千伏输变电工程和抚州至赣州东（红都）500千伏线路。提高县网供电保障能力，建设石城、崇义、安远等县220千伏变电站。取消赣州市220千伏、110千伏输变电工程建设贷款地方财政贴息等配套费用。推进樟树—吉安—赣州、泉州—赣州、揭阳—梅州—赣州等成品油管道项目建设。支持建设赣州天然气及成品油仓储基地。加快实施城镇防洪工程建设，提高赣州等市城镇防洪标准。开展上犹江引水、引韩济饶供水等水资源配置工程和韩江（高陂）大型水利枢纽前期工作，继续支持廖坊灌区工程建设。加快章江等大型灌区续建配套与节水改造，尽快完成病险水库除险加固。加快中小河流治理。逐步扩大赣南苏区小型农田水利重点县建设覆盖面。将一般中小型灌区新建、续建配套及节水改造、中小型排涝泵站更新改造以及小水窖、小水池、小塘坝、小泵站、小水渠等"五小"水利工程纳入中央支持范围。支持原中央苏区历史博物馆、原中央苏区烈士陵园、东固革命烈士陵园等红色文化教育基地建设。支持在瑞金建设公务员培训基地。加大中央预算内投资和专项建设资金投入，在重大项目规划布局、审批核准和资金安排等方面对赣南等原中央苏区给予倾斜。中央在赣州安排的公益性建设项目，取消县及县以下和集中连片特殊困难地区市级资金配套。国家有关专项建设资金在安排赣州市公路、铁路、民航、水利等项目时，提高投资补助标准或资本金注入比例。

2. 经济措施

主要包括财政补贴、税收减免、融资支持等。

第一，财政补贴。将赣南等原中央苏区列为国家找矿突破战略行动重点区域，加大地质矿产调查评价、中央地质勘察基金等中央财政资金的支持力度。扩大对种粮农民直接补贴和农资综合补贴规模，扩大良种补贴范围。将适宜丘陵山区的中小型农机具纳入农机购置补贴范围。对脐橙实行柑橘苗木补贴政策。加大长江和珠江防护林工程以及湿地保护和恢复投入力度。加大对森林管护和公益林建设扶持力度，加强草山草坡保护和利用。编制矿山环境综合治理规划，加大矿山地质环境治理专项资金支持力度，加快完成赣州市历史遗留矿山环境综合治理。加快实施学前教育三年行动计划。支持农村义务教育薄弱学校改造、边远艰苦地区农村学校教师周转宿舍建设，到2013年全面完成赣州市校舍危房改造，到2015年基本解决小学、初中寄宿生住宿问题。逐步提高农村义务教育阶段家庭经济困难寄宿生生活费补助标准，在集中连片特殊困难地区全面实施农村义务教育学生营养改善计划。加大"特岗计划"、"国培计划"对赣州市的倾斜力度。统筹研究解决普通高中债务，在实施普通高中改造计划等项目中对赣州等市进行倾斜。建立适应地方产业发展的现代职业教育体系，扶持办好中等职业学校。进一步加大中央财政均衡性转移支付力度，逐步缩小地方标准财政收支缺口。加大中央财政对赣南等原中央苏区振兴发展的财力补助。加大中央专项彩票公益金对赣州社会公益事业的支持力度。支持化解赣州市县乡村公益性债务,将公益性建设项目国债转贷资金全部改为拨款。加大扶贫资金投入。支持设立战略性新兴产业创业投资资金,建设高技术产业孵化基地。

第二,税收减免。统筹研究将赣州列为中国服务外包示范城市并享受税收等相关优惠政策问题。

第三,融资支持。中央代地方政府发行的债券向原中央苏区倾斜。支持赣州在地方金融组织体系、中小企业金融服务等方面开展改革试验。鼓励政策性银行在国家许可的业务范围内,加大对赣南等原中央苏区的信贷支持力度。鼓励各商业银行参与赣南等原中央苏区振兴发展。促进赣州地方法人金融机构加快发展,发挥差别准备金动态调整机制的引导功能,支持地方法人金融机构合理增加信贷投放,优化信贷结构,满足有效信贷需求。支持开展保险资金投资基础设施和重点产业项目建设,开展民间资本管理服务公司试点。支持符合条件的企业发行企业(公司)债券、中期票据、短期融资券、中小企业集合票据和上市融资。深化融资性担保公司或再担保公司、小额贷款公司创新试点。大力推进农村金融产品和服务方式创新,鼓励和支持设立村镇银行。

第四,保险支持。主要是农业保险,如研究开展脐橙、蜜橘、白莲保险。

二 赣南等原中央苏区产业政策的主要特点

瞿宛文(2010)认为,中国产业政策的突出特点就在于这是一个多层次的架构,这样的模式在世界其他地方甚为少见,是为特色。以成功实施产业政策著称的东亚诸国,包括日本、韩国等,其产业政策机制都是单一层次的架构,由中央政府直接负责制定与实施,并且由中央政府直接面对企业,它们的经验和中国模式有显著的不同。中国产业政策模式的差异,主要在于架构的不同。中国产业政策模式在于中央与地方的分权,中央负责制定政策,但执行方面主要由地方承担。在这一多层次架构下,中央与地方的相对地位不会因为博弈与否而改变,亦即就政策制定而言,中央政府高度集权的位置不会变更。地方政府的目标与行为，会依据其自身的条件与其持有的认知，而有相当的差异。这种差异也同时存在于赣南等原中央苏区产业政策中。

赣南等原中央苏区产业政策是具有新时期、新思维、新体系结构的产业政策，是在中国全面建成小康社会的新时期，以科学发展观为指导思想，以走新型工业化道路和可持续发展等国家发展战略为取向，为了支持赣南等原中央苏区振兴发展，促进经济结构调整和产业转型升级，对特定产业活动实施的支持、引导和调整等措施，从而确保与全国同步实现全面建成小康社会目标的经济政策。李敬辉（2004）在其博士学位论文中，对新产业政策的特征进行了研究，并将之归纳为五个方面，本书借鉴其成果，也将赣南等原中央苏区产业政策的特点归结为五个方面。

（一）产业政策作用领域的特定性

赣南等原中央苏区产业政策以发挥市场配置资源的基础性作用为前提，其目的主要是为了纠正市场机制的缺陷和市场失灵，在更有效发挥市场机制作用的同时，保证公共服务产业、基础产业、先导产业以及一般竞争性产业健康快速合理发展。因此，产业政策只是通过对某些特定产业如稀土、钨等，而不是全部产业的资源配置施加影响来实现的。

（二）产业政策调控方向与国家战略的一致性

赣南等原中央苏区产业政策以邓小平理论和"三个代表"重要思想为指导，深入贯彻落实科学发展观，弘扬苏区精神，加大扶持力度，加快新型工业化和城镇化进程，以解决突出的民生问题为切入点，着力改善城乡生产生活条件；以加快交通、能源、水利等基础设施建设为突破口，着力增强发展的支撑能力；以承接产业转移为抓手，着力培育壮大特色优势产业；以发展社会事业为重点，着力提升基本公共服务水平；以保护生态环境为前提，着力促进可持续发展。在支持、引导或调控产业发展方向和发展模式时，不仅要体现以人为本，实现全面、协调、可持续发展的内在要求，能够有效合理地促进经济、社会、人和资源环境的全面、协调、可持续发展，在统筹城乡发展、区域发展、经济社会发展、人与自然的和谐发展、国内发展和对外开放的发展要求下，推进产业领域的改革、开放、调整和发展，加快落实科学发展观所提出的各项要求，而且要适应全球化、信息化和城镇化的发展要求，促进农业、工业和服务业的国际化、跨越式发展和现代化，全面提升赣南等原中央苏区产业的国内、国际竞争力，整体实现产业结构的合理化、动态转型升级和高级化。

（三）产业政策时期的特定性

原中央苏区产业政策是指在中国全面建成小康社会的特定历史时期的产业政策，其时间跨度为2012年起至2020年。21号文指出："到2015年，赣南等原中央苏区在解决突出的民生问题和制约发展的薄弱环节方面取得突破性进展……基础设施建设取得重大进展，特色优势产业集群进一步壮大，城镇化率大幅提升，生态建设和环境保护取得显著成效；经济保持平稳较快发展；城乡居民收入增长与经济发展同步，基本公共服务水平接近或达到中西部地区平均水平。到2020年，赣南等原中央苏区整体实现跨越式发展。现代综合交通运输体系和能源保障体系基本形成；现代产业体系基本建立，工业化、城镇化水平进一步提高；综合经济实力显著增强，人均主要经济指标与全国平均水平的差距明显缩小；人民生活水平和质量进一步提升，基本公共服务水平接近或达到全国平均水平，与全国同步实现全面建设小康社会目标。"显然，这是一项中长期的经济政策，而不是短期对策；是对中长期资源配置格局和经济发展产生重大影响的产业领域调节政策；是兼有一些宏观政策工具性质的产业扶持、调控和引导政策，其功能和调控目标明显不同于其他宏观总量政策。因此，新产业政策是在全面建成小康社会的特定历史时期，配合宏观政策目标得以实现的政策工具。其制定和实施将对赣南等原中央苏区全面建成小康社会时期的产业、经济增长等产生直接或间接的影响，成为中央和赣南等原中央苏区地方各级政府政策体系中不可或缺的重要组成部分。

（四）产业政策的内容特征

产业政策的内容特征主要体现在以下三个方面：

1. 新的发展理念和政策目标

主要体现在全面落实科学发展观和新型工业化、城镇化方面。要走出产业发展的新路子，尤其是产业政策如何体现"以人为本"和"五个统筹"的发展要求，如何体现经济、资源和人口的空间均衡、生态均衡和发展均衡,如何体现新型工业化和城镇化的发展要求。是以往从来没有过的新发展理念和政策目标。

2. 新的产业国际化的发展方向

主要体现在适应经济全球化、区域一体化和制造业、服务业国际产业转移方面。运用政策手段支持、引导和调控产业在开放竞争、引入新要素,加快"走出去"、实现跨越式发展等领域探索新发展方式,提升产业的国际竞争力和资源能源保障能力。

3. 差别化的产业政策

主要体现在赣南等原中央苏区产业政策从规划引导、项目安排、资金配置等多方面,均给予赣南等原中央苏区支持和倾斜。加大企业技术改造和产业结构调整专项对赣南等原中央苏区特色优势产业发展的支持力度。对符合条件的产业项目优先在赣南等原中央苏区规划布局。支持赣州创建国家印刷包装产业基地,并实行来料加工、来样加工、来件装配和补偿贸易的政策。

(五)产业政策的功能特征

赣南等原中央苏区产业政策的主要功能特征具体体现在如下六个方面:

1. 产业调控定位于弥补市场失灵和发挥后发优势

具体表现在以下两点:

第一,明确产业发展方向、战略目标。通过政府干预,弥补市场失灵。随着社会主义市场经济体制的不断完善,市场将成为决定产业结构变动和产业发展的基础性、主导性力量,但是对于存在市场失效的产业,如公共产品和服务以及高风险行业等涉及公众安全、环保等领域,需要通过产业政策的积极运用来弥补市场机制的缺陷。此外,市场主体行为往往存在一定的盲目性,竞争过程中形成的垄断或者恶性的、过度的竞争危害性很大,需要产业政策的引导和约束,以实现资源配置的合理化。特别是中国仍处在向市场经济转轨的过程中,市场不完善的领域还很多,不仅有成熟市场经济国家存在的普遍意义上的市场失灵,还有中国特有的市场失灵,就更需要发挥产业政策的作用。产业政策的重要作用是明确产业发展方向、战略和目标,向企业传递信息,引导企业决策,减少盲目性,从而在某种程度上抑制单纯市场调节的无政府状态造成的危害。

第二,促进发挥后发优势,实现跨越式发展。虽然赣南等原中央苏区存在着历史包袱沉重、现实基础薄弱等困难和问题,但是也具备一定的后发优势。如区位条件相对优越,是珠三角、厦漳泉地区的直接腹地和内地通向东南沿海的重要通道;特色资源丰富,素有世界钨都和稀土王国之称;时机较好,当前赣南等原中央苏区已进入加快发展的关键时期,正处于产业转移加快推进和工业化、城镇化加速发展阶段,市场开发潜力大;国家扶持力度进一步加大,原中央苏区人民思富图强、负重拼搏的意识不断增强。因此,必须牢牢抓住历史机遇,奋力攻坚克难,努力实现全面振兴和跨越式发展。在实施跨越式发展战略的过程中需要更多、更广泛、更积极地运用产业政策。

实施跨越式发展战略,赣南等原中央苏区基础工业、基础设施薄弱。这些领域由于投资大、风险高、效益低、投资回收期长,加上民间资本规模较小,从而延长了跨越式发展过程。通过产业政策的运用,加大政府资源的投入力度以及采取措施鼓励民间资本投向国家优先发展的重点领域,可以解决这些瓶颈问题,加快幼稚产业的成长进步,在较短的时期内提高竞争力,实现跨越式发展。

2. 推进产业结构的优化升级

改革开放以来,赣南等原中央苏区经济增长成就巨大,但是,这种经济增长主要是粗放式的,以数量扩张为主,产业结构的矛盾比较突出。主要表现在:技术和知识密集型的高附加值产业在经济中的比重仍然较低;企业生产和销售的市场集中度低,规模效益差;传统产业的技术含量低,产业结构落后。新中国成立以来,中国经济增长带有强烈的计划经济特征,行政干预较多,导致整个经济结构的矛盾也比较突出,主要包括城乡结构、地区结构不合理,城乡居民和地区之间发展差距过大。这些矛盾与产业结构矛盾相互交织在一起,更加剧了解决产业结构矛盾的复杂性。同时,新科技革命和中国全面建成小康社会的目标也带动需求结构不断升级,人们不再满足吃、穿等基本生活需求,对产品质量档次、花色品种、服务水平等方面的需求大大提高,对加快产业结构调整和升级提出了更高的需求。因此,在全面建成小康社会的新时期,加快经济结构调整,促进产业结构优化升级,是赣南等原中央苏区整个产业政策的核心。

3. 促进参与国际产业分工协作提高产业国际竞争力

随着经济全球化的发展,世界经济一体化趋势日益明显,国际竞争格局不断发生变化,市场竞争形势空前严峻。赣南等原中央苏区面临新的发展机遇和严峻的挑战,迫切需要以产业政策为手段,培育优势产业和主导产业,不断提高产业的国际竞争力,从而维持或强化赣南等原中央苏区产业在经济全球化进程中的优势地位。特别是中国加入WTO后,产业发展和结构调整面临着日益加剧的国际竞争压力。随着外资企业纷纷涌入,经济全球化进程不断推进,赣南等原中央苏区产业发展所面临的国际竞争不仅存在于国际市场,也存在于国内市场;不仅是商品数量的竞争,更重要的是技术、质量和效率的竞争。不仅使赣南等原中央苏区新兴产业发展面临较大的压力,而且使赣南等原中央苏区传统产业的比较优势减弱。因此,必须制定适应经济全球化的产业政策,推进产业结构升级,提高赣南等原中央苏区产业和企业国际竞争力。正是基于这些考量,《若干意见》提出"加大国家对稀土、钨关键技术攻关的支持力度","加大技术改造和关键技术研发力度,促进稀土、钨等精深加工,发展高端稀土、钨新材料和应用产业,加快制造业集聚,建设全国重要的新材料产业基地",增强我国在稀土、钨矿等优势产业的国际竞争力。

4. 基于统筹城乡发展的产业政策

由于农业是弱势产业,农业劳动生产率低下,资源从农村向城市流动是市场经济的必然规律。同时,农业又是基础产业,特别是对我国这样一个人口大国来讲,粮食问题更是摆在第一位的问题因此,统筹城乡经济发展的产业政策的核心是在保证粮食安全的前提下,统筹资源在城市与农村之间的合理配置。一方面要打破城乡分割的体制,取消对农民的各种限制,充分发挥市场机制在解决"三农"问题中的作用;另一方面要充分发挥政府的宏观调控作用,根据工业发展程度逐步实施工业"反哺"农业政策,建立有效的政府对农业支持保护体系,为此,赣南等原中央苏区产业政策的调整和变革方向是:

(1) 完善农村土地制度。土地家庭承包经营是农村基本经营制度的核心,要长期稳定并不断完善以家庭承包经营为基础、统分结合的双层经营体制，依法保障农民对土地承包经营的各项权利。在此基础上，充分发挥市场作用，推动土地承包经营权的依法、自愿和有偿流转；尊重市场经济规律，统筹规划，妥善处理好工业用地与农业用地的关系。既要实行最严格的耕地保护制度，保证粮食安全，又要合理供应工业用地，保证工业化和城镇化发展的需要。《若干意见》强调要"稳步开展农村土地承包经营权登记，探索农村集体建设用地流转制度改革。深化集体林权制度改革，开展经济林确权流通。采取更加灵活的措施，支持和鼓励赣州市在城乡统筹、扶贫开发、投融资等方面先行开展政策探索"。

（2）改善农村富余劳动力转移就业的大环境。农村富余劳动力在城乡之间双向流动就业，是增加农民收入和推进城镇化的重要途径。取消农民进城的各项限制性规定，为农民创造更多的就业机会；推进户籍管理制度改革，把有合法稳定职业和稳定住所的农村人口逐步转为城镇居民。强化农村劳动力转移就业和创业能力培训，鼓励外出农民工回乡创业，建设农民创业基地。支持赣州开展统筹城乡发展综合改革试验。

（3）实施工业反哺农业的产业政策，进一步改善农业支持体系。新中国成立以后，在较长时期内牺牲了农业，建立了相对完整的工业体系。改革开放以来，通过建立社会主义市场经济体制，进一步促进了工业和城市的发展。目前，工业相对于农业已具备了一定的竞争实力和自主发展能力，而农业的弱势却越来越明显，需要建立有效的政府对农业的支持保护体系，加大对"三农"的支持力度。主要体现在两个方面：

一是加大对农业的补贴力度，加大对农业的科技投入，加强农业基础设施建设和粮食综合生产能力建设。以吉泰盆地、赣抚平原商品粮基地为重点，加强粮食生产重大工程建设，不断提高粮食综合生产能力。

二是按照提供均等化公共服务的目标，将农民纳入公共财政的范畴。将公共财政向农村覆盖，统筹城乡规划建设，推动城镇道路、供水、生态、环保等基础设施向农村延伸，公共服务向农村拓展。扎实推进新农村建设，加强村庄规划布局，引导农村社区建设，改善农村人居环境。大力发展县域经济，提升带动农村发展的能力。支持基础较好的中心镇壮大实力，增强对周边农村的生产生活服务功能。具体从以下六个方面入手：

第一,加大农村教育投入力度。支持农村义务教育薄弱学校改造、边远艰苦地区农村学校教师周转宿舍建设,到2013年全面完成赣州市校舍危房改造,到2015年基本解决小学、初中寄宿生住宿问题。逐步提高农村义务教育阶段家庭经济困难寄宿生生活费补助标准,在集中连片特殊困难地区全面实施农村义务教育学生营养改善计划。

第二,加大对农村卫生事业的支持。健全农村县、乡、村三级医疗卫生服务网络,加快重大疾病防控等公共卫生服务能力建设,改善乡村卫生医疗条件,逐步提高新型农村社会养老保险基础养老金标准水平。

第三,改善农村的生产生活条件,加大以土坯房为主的农村危旧房改造力度。加大对赣南等原中央苏区农村危旧土坯房改造支持力度,重点支持赣州市加快完成改造任务。适应城镇化趋势,结合新农村建设,积极探索创新土坯房改造方式。

第四,加快解决农村饮水安全问题。加大农村安全饮水工程实施力度,到2014年年底前解决赣州市农村饮水安全问题,"十二五"末全面完成赣南等原中央苏区农村饮水安全任务。支持有条件的农村地区发展规模化集中供水,鼓励城镇供水管网向农村延伸。建立健全农村水质安全监测系统。

第五,加强农村电网改造和农村道路建设。加快推进赣南等原中央苏区新一轮农村电网改造升级,到"十二五"末建立起安全可靠、节能环保、技术先进、管理规范的新型农村电网。支持赣州市农网改造升级工程建设,电网企业加大投入,到2013年年底前全面解决赣州市部分农村不通电或电压低问题。实施农村公路危桥改造,推进县乡道改造和连通工程,进一步提高农村公路的等级标准和通达深度。

第六,逐步扩大赣南苏区小型农田水利重点县建设覆盖面。将一般中小型灌区新建、续建配套及节水改造、中小型排涝泵站更新改造以及小水窖、小水池、小塘坝、小泵站和小水渠等"五小"水利工程纳入中央支持范围。建立山洪地质灾害监测预警预报体系。

5. 基于区域经济协调发展的产业政策

经过20世纪80年代以来实施区域非均衡发展战略,东部经济迅速崛起,内生性增长机制基本形成,但其他地区尤其是赣南等原中央苏区的发展相对滞后。缩小区域发展差距,统筹区域发展,已成为目前急需解决的重大问题。

赣南等原中央苏区产业政策要重点解决好民生问题和"三农"问题,提升城市化水平,为接受国际和沿海发达地区产业转移创造良好的外部环境。

(1) 整体推进产业调整与整合。大力建设赣南等原中央苏区的交通干线,打通赣南等原中央苏区区域内部以及东、中、西部的交通瓶颈,实现承东启西、照顾南北。

(2) 提高能源保障能力,充分利用赣南等原中央苏区水利资源丰富的优势,大力开发水利资源,提高水力资源在能源结构中的比重。

(3) 将国有资源集中投向公共产品,加强基础设施建设,发展有竞争力的优势矿业、制造业和一些具有比较优势的高新技术产业。

(4) 发挥农业资源优势,重点是抓紧建好国家商品粮基地,保证国家粮食安全。

(5) 根据劳动力资源优势和农产品供给优势,大力发展特色农业及其加工业。

(6) 更多安排大江、大河治理项目,并与流域的生态保护结合起来,牢固树立绿色发展理念,大力推进生态文明建设。正确处理经济发展与生态保护的关系,坚持在发展中保护、在保护中发展,促进经济社会发展与资源环境相协调。根据生态资源和生态要求发展生态产业、旅游产业、观光休闲产业。

6. 基于经济全球化的产业政策

经济全球化使各国产业发展发生巨大变化。值得注意的是,在目前的经济全球化环境中,由于国际社会还没有建立起有效的全球治理结构,在国际经贸关系中依然存在着大量的贸易机会主义和贸易利己主义行为。对此,我国产业在积极参与经济全球化过程中,一方面,要充分有效合理地利用好两个市场、两种资源,全面提高我国产业的综合竞争力和国际竞争力;另一方面,要积极参与制定国际经济新规则,最大限度上减少国际摩擦和不公平待遇对提升我国产业竞争力的负面影响,并根据开放的市场经济规则要求,调整我国产业政策体系。我国的大国性质,决定了在经济全球化过程中我国的产业结构高级化与传统产业长期并存的特点。因此,产业结构政策应该考虑我国不同地区和产业的竞争力差别，考虑我国比较优势和竞争优势动态转型升级的需要，集中于提升我国具有比较优势的产业核心竞争力，并促进其转换为国际竞争力。根据赣南等原中央苏区资源禀赋，《若干意见》主要布局如下两种类型的产业：

（1）发展具有比较优势的劳动密集型产业。赣南等原中央苏区人力资源丰富，大力发展劳动密集型产业可以最充分地发挥赣南等原中央苏区产业比较优势，又可以最有效地解决就业问题，这是我国产业竞争力的立身之本。这些产业主要有轻纺、家具、食品、陶瓷等。

（2）在参与国际竞争中推进产业结构高级化。新形势下，如何在国际新分工体系中取得一席之地，以更高级化的产业结构对付更广领域的产业竞争，以高新技术改造传统产业，并处理好资本密集型产业，技术密集型产业和知识密集型产业之间的关系，是产业结构政策所需要解决的问题。据此，《若干意见》在赣南等原中央苏区布局了如下产业：以机械制造、新型建材为代表的资本密集型产业，以新能源汽车及其关键零部件、生物医药、节能环保、高端装备制造为主的新技术产业，以红色旅游与生态旅游、休闲旅游、历史文化旅游相融合的红色文化旅游产业，以现代金融、现代物流为主的现代服务业。

三　赣南等原中央苏区产业政策实施以来取得的主要成绩[①]

2012年6月28日，随着《国务院关于支持赣南等原中央苏区振兴发展的若干意见》（国发〔2012〕21号）的出台，标志着赣南等原中央苏区产业政策正式发布，至2014年已二年有余，取得了优异成绩。本部分以赣州为例进行分析研究。

（一）基础设施建设速度明显加快

《若干意见》实施以来，赣州编制1856个项目列入赣南原中央苏区振兴发展重大项目库，总投资超过17900亿元。2012年7月以来，上报国家部委项目148个、省154个，已取得批复同意以及获得上级补助的项目107个。

[①] 数据来源：本节数据来源于赣州市发政委、商务局、赣州稀土矿业有限公司提供的书面材料。

1. 高速公路方面

赣崇高速公路和大广高速公路龙杨段全面建成，寻乌至全南高速公路、兴国（宁都）至赣县高速公路开工建设。

2. 铁路方面

昌吉赣客专即将开工建设；鹰瑞梅铁路、赣井铁路前期工作正抓紧推进。

3. 航空方面

黄金机场改扩建于2013年开工建设。

4. 能源方面

赣州南500千伏等8个输变电工程建成投运；西气东输三线工程赣州段、樟树——吉安——赣州成品油管道、省天然气二期管网工程开工建设；赣州东（红都）500千伏输变电工程和抚州至赣州东（红都）500千伏线路项目正式获得国家能源局批复。

（二）产业升级速度加快

1. 重大项目多

神华集团、机械工业集团、中海集团、华润集团等世界500强、央企和大型民企进入赣州投资，投资22亿元的柔性LCD项目、豪鹏科技16.5亿元的清洁能源系统制造项目等落户赣州。总投资100亿元的中国汽车零部件（赣州）产业基地项目正式签约；凯立国际赣粤现代轻纺产业城、科之光蓝光高清光学头产业基地等17个投资总额25.3亿美元的项目签约。

2. 产业链正向高端延伸

以稀土为例。目前，赣州市稀土产业规模以上企业65家，初步形成了上下游配套的产业链：稀土矿山生产能力约占全国同类矿80%；稀土分离规模达4.16万吨/年；金属生产能力达2.4万吨/年，约占全国60%；钕铁硼生产能力达2万吨，2013年的产量和销售收入已跃居全国区域第四位；手机振动微电机、油田用永磁电机产品、摩托车和汽车用永磁电机已批量生产；稀土发光材料生产能力3000吨/年，节能灯生产能力2亿只，发展速度很快；稀土陶瓷形成年产稀土刀具500万把（套）的能力，排名全国第一；同时生产的钇基重稀土复合球化剂、钇基稀土钢用复合变质剂、钇基重稀土铜添加剂等稀土添加剂产品获国家多项专利；钕铁硼废料综合利用具备年回收稀土 1 万吨的能力。

（三）产业重组和产业结构调整速度加快

1. 产业重组升级产业集中度提升

2013 年 3 月，赣州稀土集团正式挂牌，国家已经明确了组建国家大型稀土企业集团的 1+4 构架，标志着赣州南方稀土产业龙头地位的形成。赣州已经被国家列为稀土矿产地储备试点城市。赣州市委、市政府更将稀土产业列为重要的经济支柱，到 2020 年要实现主营业务收入 2000 亿元，实现税收收入 200 亿元的发展目标。

2. 加大对中小企业的扶持力度

总的情况是，金融机构增加了，每个县都有；全赣州市有银行 16 家，保险公司 22 家，证券营业部 10 家，期货经纪公司 2 家，担保公司 11 家，小贷公司 31 家，其中，村镇银行（法人机构）3 家，每个县设立了分之机构。赣州银行在外地有 6 个分行。金融从业人员大概 3 万人，包括保险营销人员，存款 2450 亿，贷款 1462 个亿（2013 年 5 月份数据），存贷比 16.2%，比 2012 年略高。

3. 产业结构调整速度加快

主要体现在以下三个方面：

第一，旅游产业发展平台建设获得突破。国家旅游局、国务院扶贫办批复赣州市设立"国家旅游扶贫试验区"，积极扶持旅游产业发展。

第二，赣州市被列为第二批国家低碳城市试点城市、全国首批低丘缓坡荒滩等未利用地开发利用试点和工矿废弃地复垦利用试点，瑞金、上游获批国家生态文明示范工程试点，为赣州调整工业内部产业结构，走新型工业化道路提供了良好的环境条件和难得的机遇。

第三，赣州市被列为农产品现代流通综合试点城市和"西果东送"城市，比照新疆的水果东送，享受相关政策，享受了 5000 多万元，带动了当地大概 2 亿元的投入。赣县被认定为国家现代化农业示范区，有利于现代农业、特色产业的发展。

需要强调的是，赣州调整农业产业结构工作中，扶贫是一项十分重要的内容。扶贫工作主要从两个方面展开：

一是加快农村基础设施建设。建立以公共财政投入为主的扶贫开发投入体制，加大扶贫开发投入。自 2012 年起，市、县两级财政每年安排扶贫开发投入占本级财政收入比例不低于2%，随着财力的增长逐年增加。2012年，赣州市本级财政安排1亿元资金用于扶贫开发工作，其中，安排2200万元用于市领导挂点村扶贫开发，1040万元用于扶贫移民搬迁工作。在抓好1119个省级扶持贫困村（含465个国定贫困村）整村推进的同时，市财政安排3000万元每年在全市7个非片区县选定300个市级扶持贫困村实施整村推进，进一步扩大贫困地区整村推进扶贫覆盖面，全市扶持贫困村数达1419个，占全市行政村总数的41%。两年来，中央、省、市财政共投入整村推进扶贫资金3亿多元，实施扶贫项目6065个，修建和改造村道3021公里，桥梁221座，水利设施681处（座），贫困村生产生活条件得到明显改善。在扶贫工作中，赣州注重发挥政府资金的引导作用，带动更多企业、社会团体、公益组织和个人对扶贫开发事业进行投入。

二是产业扶贫。实施产业扶贫工程，夯实贫困群众增收基础。赣州整合资金扶持脐橙、油茶等特色产业，科学规划和高标准建成一批特色鲜明、设施先进、产品优质安全的脐橙、油茶等扶贫产业基地。引导农民以农村集体权属入股，投资产业基地建设，大力推行"公司+合作社+农户"的经营模式，引导农户以土地承包经营权、资金、劳动力等要素入股，推动龙头企业与农户建立紧密型利益联结机制，增加农民租金、股息、红利等财产性收入，帮助群众稳定增收。

（四）技术进步，平台建设获得重大进展

1. 建立了国家级研究平台

国家脐橙工程技术研究中心、国家离子型稀土资源高效开发利用工程技术研究中心已经获得科技部立项。其中，前者在赣南师范学院，后者在赣州稀土集团，由赣州稀土集团、江西理工大学、赣州有色金属研究所三家共建。

2. 一些市、县获批技术进步基地

赣州市获批为全国唯一的稀土综合开发利用试点城市；龙南发光材料及稀土应用高新技术产业化基地被科技部认定为国家高新技术产业化基地。

上述平台的建立，为赣南苏区技术进步奠定了坚实的组织基础，有利于整合资源，吸引高端人才，推动企业、产业的技术进步。

(五) 产业布局成果显著

1. 平台建设取得重大进展

龙南经济技术开发区于2013年3月升格为国家级经济技术开发区，这是全省第二个国家级经济技术开发区；瑞金经济技术开发区升级已经进入国务院签文程序。赣州综合保税区国务院已经批转海关总署启动申报程序；"三南"承接加工贸易转移示范基地列入商务部授牌名单待批；赣南承接产业转移示范区获得国家发改委批复。

2. 产业转移进展良好

一批重大项目相继进入，产业转移进展良好。2012年，赣州市施工项目和新开工项目比上年分别增加288个和267个，达到1691个和1158个；168个市属重点工程完成投资近600亿元，增长24.9%；全市完成固定资产投资1110.9亿元，增长35.5%，增速位列江西省第一。

截至2013年5月，赣州市累计引进外资企业3031家，累计合同金额102.44亿美元，累计实际利用外资90.92美元，其中，累计引进港资企业2171家，台资企业408家，分别占全市引进项目总数的71.93%、13.46%；2013年1月至5月，全市新批外资企业37家，合同金额3.83亿美元，实际利用外资5.15亿元，同比增长18.37%，实际利用外资绝对值居全省第二位，仅次于南昌市。

截至2013年5月，赣州市累计引进省外5000万元以上项目1005个，投资总额1993.73亿元，实际利用省外5000万元以上项目资金达1640.17亿元。珠三角、长三角、闽东南地区成为转移项目的主要来源地。一批具有较高质量的轻纺服装、化工、电子信息、新型建材等项目成功落户赣州。

3. 财政扶持力度空前

国家掌握的资金更多地用于支持赣南苏区的发展，优先安排基础设施和生态环境保护的建设项目。21号文出台以来，赣州争取了292亿元的上级财政补助资金。2012年，全市财政支出首次突破400亿元大关，其中中央财力性专项补助6亿元，中央补助农村危房改造资金7.5亿元，批准赣州发行债券53亿元，占全省30%。

4. 实行差别化的产业政策

赣州执行西部大开发政策。符合西部大开发产业目录的企业，只要交 15% 的税。赣州地税系统已经收到了 262 分企业申报的资料，目前批了 107 份，减免了税额 1.35 亿。国税也批了 100 多个。21 号文发布以后，江西省税务系统积极响应，出台了专门针对赣州特殊情况的扶持政策，主要有：（1）小额贷款公司视同金融企业，享受相关税收优惠；小贷公司给中小企业贷款，提取贷款准备金为 5%。（2）新建于赣州产业园内经营困难的企业，享受三年内减免房产税和土地使用税的待遇。（3）困难企业的企业所得税可以延期缴纳，由赣州市地税审批。目前赣州审批了 14 家减免企业，减免了 800 多万元。批了 5 家企业延期缴纳税款，延期缴纳税款 7000 多万元。

四　赣南等原中央苏区产业政策实施中存在的主要问题

《若干意见》实施以来，产业政策成效显著，但是，仍然存在相当多的问题。这些问题主要集中在基础设施建设、产业重组和产业结构以及技术创新等方面：

（一）基础设施建设

基础设施建设的问题主要有：

1. 铁路建设

昌吉赣客专线、赣深客专线、赣韶铁路复线、蒙西至华中煤运通道东延至泉州铁路等落实难度比较大。赣南兴在交通，衰也在交通。京广线开通后，赣南急速衰退。京九线开通后，稍微好点，但是又被高铁所取代。因此，现在开通赣州到深圳的高铁比开通赣州到南昌的高铁更加迫在眉睫。

2. 能源建设

神华集团火力发电项目、华能瑞金电厂二期工程等重大项目落实难度比较大。

3. 地方政府配套资金

在开展基础设施建设上，虽然《若干意见》提出县里可以不配套资金，但是在实际执行中，上级政府规定赣州市、县地方必须按一定比例投入相应资金配套。由于经济欠发达，赣州地方各级政府财力不够，从而造成配套资金投入压力大的问题。如赣州全市 69.5 万户农村危旧土坯房改造，赣州市县两级政府需负担建房补助 30 亿元，水、电、路等配套资金173.75亿元；全面完成低电压用户改造所需投资超过100亿元，2013年，国家和省政府仅仅安排了8.14亿元缺口巨大。

（二）产业重组、产业结构调整

概而言之，产业重组、产业结构调整的问题主要有：

1. 对中小企业支持力度有待加强

为金融服务的机构如会计事务所、审计机构非常少。如在赣州，为小贷公司提供审计服务的3A级的机构只有1家。虽然存贷比较往年增加，但由于贷款额度的管理抑制了贷款，导致存贷比仍然非常低。

第一，中小企业税费负担较重。相比于珠三角的放水养鱼政策而言，赣州小微企业生存、发展的环境差，主要表现为税费负担重。不仅中小企业税负重，一些行业如稀土行业的税负也重。鉴于2011年稀土价格猛涨，出于保护稀土有序开发的考虑，国家决定提高资源税，从量计征，由之前的4000元/吨提高到36000元/吨，有力地抑制了稀土的无序开发。目前，稀土价格大幅回落，国家还在考虑提高资源税。但现实情况是，由于稀土价格已经大幅回落，高昂的资源税已经成为企业的沉重负担，已经危及稀土行业的整体发展，亟须调整。

第二，企业社会负担重。以社保为例，按照江西省规定，赣州企业社保缴费按上一年度的平均工资缴费，比东莞、深圳、厦门等周边地区的社保每个人一个月要多缴费320元。产生差额的原因在于深圳等地是按最低收入（1055元）缴费的。社保缴费是劳动力成本构成的重要组成部分，不能不成为企业迁移时需要考虑的重要因素。

2. 差别化产业目录有待进一步落实

第一，赣州尚未全面落实西部大开发政策。西部大开发政策涉及34个部门，共计166项政策，目前尚有12项政策需要赣州积极争取。

第二，赣州市争取实施西部大开发产业目录政策进展比较缓慢。赣州市、湖南的湘西、湖北的恩施、延边这四个享受西部大开发政策的地级市，尚未能完全享受列入西部大开发政策的差别化产业目录里的优惠政策，在一定程度上影响了赣州产业的发展。

第三，西部大开发的差别化产业目录与赣州工业发展阶段不相适应。赣州执行西部大开发的差别化产业目录，在实际中能享受政策优惠的企业很少，比例非常低。大体情况是，国税所管的企业有1万户，但目前符合条件的只有100多户。

第四，西部大开发政策有的部分难以操作。差别化产业目录分为鼓励类、限制类、淘汰类、允许类，有的难以操作。以赣州市的优势矿产业稀土、钨为例。稀土、钨的产业链比较长，由于政策比较笼统，对于什么样的稀土、钨产品、工艺才是属于国家鼓励的产业目录，政策执行部门难以把握。按照规定，对于国家鼓励产业目录里的难以认定的，必须由省一级相关部门出具证明。实际操作中，往往出现无法确认主管部门的情形，从而给企业和税收部门带来了困惑，给企业带来了很多困难。

3. 金融创新力度有待加大

《若干意见》鼓励赣州先行先试，鼓励民间资本参与金融。虽然赣州民间资本活跃，但是，无法突破现行金融政策限制，在金融领域无所作为。小额贷款公司无法转型成为村镇银行，从而影响其对企业的贷款。以宁都县为例，全县体制外资金大概在15亿—20亿元之间，由于受政策限制，无法通过合法渠道进入中小企业。这种大的政策有、小的配套政策无，从而导致政策无法真正实施的现象，被称为"玻璃门"现象，在赣州比较普遍。

4. 市场准入不一

市场准入不一，产业内部结构不合理，造成产能过剩。以稀土为例，由于稀土产业链比较长，涉及多个部门，国土资源部、工信部、发改委等均涉足其中。几年来，经过国土、工信等部门的整治，稀土生产得到有效管理和控制，但是，由于在稀土废料回收环节管理比较松，导致稀土废料处理产能过剩，废料无法控制。由于这些企业主要落户在吉安，赣州无法实施有效管理。目前，我国一年稀土用量约为6万—7万吨，但是分离能力达到了30万吨，约为市场需求量的4—5倍，产能过剩严重。

（三）技术创新

技术创新的问题集中体现在人才和基础研究两个方面：

1. 高层次的技术创新人才比较缺乏

从调研中了解到，赣南苏区相当多的地方专业技术人才不升反降，形成了人才洼地，产业发展后劲不足。

2. 基础研究薄弱

尤其是对稀土的基础研究，还是吃老本，近年来忽视稀土基础理论研究，主要着眼于当前，重视稀土的应用研究，轻视长远理论。由于轻视理论研究，从而影响技术创新。

(四) 产业政策衔接

产业政策衔接的问题主要表现在如下三个方面：

1. 规划的有效衔接问题

为了振兴产业，各级政府先后出台了行业规划、专项规划，这就出现了《若干意见》如何与这些规划有效衔接的问题。由于相关规划发布在先，《若干意见》中相当多的项目可能无法进入国家的总体规划，导致项目实施难度增大。如果无法有效衔接，则将影响《若干意见》实施的政策效应。

2. 部门政策的衔接问题

与产业政策相关性比较强的政策比较多，突出的是产业政策与税务部门政策、金融部门政策必须有效衔接。但实际情况是，这些部门政策并未实现有效衔接。

3. 产业政策本身的问题

《若干意见》中，在产业政策方面定性政策多、定量政策比较少；鼓励、支持用词多，实际衔接作用少。而且，现行政策与赣南苏区实际情况不相符，往往出现政策、法律与事实上的不符。要执行《若干意见》，在某些方面需要突破现行的政策、法律限制，先行先试。

(五) 产业布局

土地问题、财政扶持落实问题是当前赣南苏区产业布局方面存在的两个主要问题：

1. 土地问题

实现产业集中布局，发挥产业集聚优势，需要扩大工业园区，拓展产业空间。在国家总体用地指标的严格限制下，现有土地指标无法满足产业布局的需要，从而影响到赣南苏区工业的发展。

2. 财政扶持问题

国债转贷并没有得到具体落实。《若干意见》虽然要求加大财政转移支付力度，但是执行过程中都是专项转移支付，一般性转移支付比较少，从而影响了财政对产业的支持。

第三节 产业政策实施问题的成因分析

一 文件的贯彻落实需要一个统一认识的过程

实际上，《若干意见》文件出台比较仓促，需要一个统一认识的过程。从具体调研中，我们了解到《若干意见》文件的出台经历了一个从下到上的沟通过程。开始是赣州的县级市瑞金牵头，进行相关的前期论证工作。该工作在2011年引起了赣州市委主要领导的重视，在其支持下，组织全面调研，于2011年年底形成材料报送中央，引起习近平等中央高层领导重视，并得到支持。在此情况下，由国家发改委牵头，组织相关部门，进入赣南等原中央苏区调研，形成基本意见，并最终以国务院〔2012〕21号文件正式向全国发布。从酝酿到论证再到文件正式出台，前后经历只有大概半年多一点的时间。作为一个有重大政治、经济、社会意义和牵涉面广的区域性振兴发展规划，要在如此短的时间里，统一中央、省、地市等各级政府、各个部门的认识，是非常困难的。因此，在文件出台后，还需要通过各种方式和途径，宣传其重大意义和重要价值，加强对《若干意见》的消化、吸收，统一认识，并最终将行动统一起来，共同支持赣南等原中央苏区的振兴工作。

加之时间紧，压力大，无法对文件所涉及的项目、产业进行全面、科学、完善的论证，这就使《若干意见》难免挂一漏万，在某些方面有所欠缺。在客观上，《若干意见》在实际执行中，可能会出现一些不完善的地方，需要根据实际情况，不断完善。

二 新老政策有效衔接不够

按照路径依赖理论，人类社会中的技术演进或制度变迁均有类似于物理学中的惯性，即一旦进入某一路径（无论是"好"还是"坏"）就可能对这种路径产生依赖。一旦人们作了某种选择，就好比走上了一条不归之路，惯性的力量会使这一选择不断自我强化，并让你轻易走不出去。作为制度重要载体的政策客观上确实存在一定的惯性。新政策出台后，有一个贯彻落实的过程，客观上可能允许存在一个调试期。一般言之，首先需要加强对新政策的学习、宣传，统一各方的认识，加深对新政策重要性的认识。只有思想统一，行动才可能统一，才有可能提高新政策的执行力。在这个过程中，原有的一些政策可能还在发挥作用，尽管这些政策可能与新政策相左。这就需要通过多做宣传、沟通工作。通过不断宣传、沟通，取得理解支持，从而缩短调试过程，加快新政策贯彻、落实的进程。

三 工作协调、推进机制不完善

由于对制定和实施产业政策中协调和配合的重要性认识不足，各部门协调机制没有建立起来，因此，尚未完全走出产业政策仅是其主管部门或制定部门的事这个怪圈。产业政策与宏观调控的协调配合、产业政策执行中适时调整、产业政策与财税及金融等政策协调等，没有引起足够重视。《若干意见》出台后，国务院印发国函〔2012〕199号、国务院办公厅印发国办函〔2012〕172号文，明确了部际联席会议制度和部门分工，32个国家部委出台了具体实施意见或支持政策。虽然中央层面已经建立了推进机制，但是，省级层面的工作推进机制尚需完善。由于省级层面缺乏工作推进机制，导致对接汇报中存在渠道不畅、协调力度不够等问题。

第四节 产业政策实施路径设计

一 完善推进工作机制

成立省级层面的赣南等原中央苏区振兴发展工作领导小组并下设办公室作为常设机构。省委常委会、省政府常务会议每半年听取一次工作汇报，省领导小组实行每季度调度机制。省委、省政府制定专项考核督查方案，把赣南等原中央苏区振兴发展工作列入对相关设区市和省直厅局综合考评以及日常督查、督办内容。落实省实施意见明确的定点帮扶机制。比照中央对口支援方式，对赣南等原中央苏区县分别落实一个省直部门和一个国企实行对口支援与帮扶；由省领导挂帅，省直部门单位牵头协调，落实赣南等原中央苏区振兴发展涉及的重大政策争取和重大项目推进等工作。

二 加快重大基础设施项目建设

由省委、省政府出面,协调国家相关部委将赣州市、吉安市、抚州市相关重大基础设施项目列入国家中期评估调整后的"十二五"规划。尽快开展赣州综合交通枢纽规划评审,2013年内开工建设赣县至安远高速公路、昌吉赣铁路客运专线、鹰瑞梅铁路和赣州黄金机场改扩建工程,启动赣州深圳铁路客运专线、赣韶铁路复线、赣井铁路前期工作。尽快开展华能瑞金电厂二期扩建工程前期工作,年内核准建设赣州东(红都)500千伏输变电工程、抚州—红都500千伏线路工程、赣州500千伏变电站第二主变扩建工程等。

三 落实实施差别化产业政策

省委、省政府协调国家发改委、国务院西部办调整西部大开发相关规划,落实赣州全面执行西部大开发政策并参与各项活动;落实赣州实施差别化产业政策、制定出台赣州市执行西部大开发政策优势产业目录。结合赣州产业特点,将稀土、钨、环保型家具、战略新兴产业、新材料列入鼓励类,扶持其发展,尤其需要将稀土、钨的矿山开采、金属冶炼和分离列入产业目录,从而享受相关政策优惠。

省委、省政府协调相关部门,将产业目录中鼓励类产业的界定权下放到赣州,以加强针对性,提高效率。

四 进一步完善产业布局政策调整产业结构

在产业布局上,加强产业配套能力,完善产业链。为此,建议省委、省政府协调国家有关部委加快对赣州"三南"承接加工贸易转移示范基地的认定并授牌;加快推进赣州高新技术产业园区由省级升格为国家级;批准赣州全城建设现代农业示范区;将赣州市统筹城乡发展综合改革试验区升格为国家级;指导完善并尽快上报瑞兴于经济振兴试验区规划;协调国土资源部同意调整原中央苏区赣州、吉安、抚州三地市2006—2020年土地利用总体规划,并增加用地指标,保证产业发展用地所需。

五 进一步加大财税支持力度

省委、省政府应在省重大项目计划、财政转移支付、土地指标安排、扶贫开发与社会保障等方面给予赣州、吉安、抚州更多倾斜，并尽可能以计划单列、切块安排等制度固定下来。

省财政设立赣南苏区振兴发展专项资金，并向国家争取增加赣南苏区一般性转移支付。

充分关注赣南苏区"三农"问题，尤其是支持赣州加快解决农村危旧土坯房改造、农村饮水安全等突出的民生问题，增加年度计划，提高省级补助标准。协调争取财政部按照国家对陆地边境线农村危房改造补助标准，增加农村危旧土坯房改造中央财政补助。

充分关注稀土、钨产业税负问题，协调国家相关部门将稀土资源税从按量计征改为从价计征。

将赣南等原中央苏区企业所得税按照企业属地分别划归赣州、吉安、抚州，以增加赣南等原中央苏区地方的财力。

六 进一步扶持稀土行业发展

赣州共有88本离子型稀土采矿许可证，全部为国有企业赣州稀土集团所有，占全国南方离子型稀土采矿许可证总量104本的84.6%，目前赣州稀土集团正在按照国土部、省政府批复的文件精神，将88宗采矿权整合为44宗，以进一步提升资源勘查和开发利用水平。

省政府相关部门应主动协调国家工信部，在稀土开采总量上尽可能向赣州倾斜，稀土产品指令性计划指标应向赣州稀土集团倾斜。鉴于赣州稀土矿山开采权和冶炼分离80%都集中在赣州稀土矿业有限公司的实际情况，应指定为赣州稀土矿业公司离子型稀土收储单位，以加强稀土的有效管理。

七 加快金融创新，支持产业发展

支持赣南等原中央苏区深化金融创新。建议将赣州银行重组为全国性的股份制商业银行，并更名为"瑞金银行"；比照深圳前海政策，实行人民币跨境流动、跨境发展、跨境服务。鼓励打破农村金融市场的垄断局面,充实其他金融机构,增强竞争力;鼓励农民以村为单位,开展互助性金融活动,缓解中小微企业资金不足的矛盾。

第八章

原中央苏区振兴国土资源政策研究

第一节 国土政策梳理

中国土地制度改革贯穿于我国改革开放的整个发展过程。主要是在不改变国家对土地的所用权的前提下，变无偿使用为有偿使用，变无限期使用为有限期使用，变无流动使用为流动使用，沿着土地市场化的道路摸索前进。

一 国有土地政策演变

（一）开始向中外合资经营企业收取土地使用费

1979年颁布的《中外合资经营企业法》首开国有土地有偿使用之先河，以法律的形式首次打破大陆延续了将近30年的国有土地无偿使用制度。该法规定：中国合营者的投资可包括为合营企业经营期间提供的场地使用权，如果场地使用权未作为中国合营者投资的一部分，合营企业应向中国政府缴纳使用费。

自此以后，为了解决城市基础设施建设资金长期短缺问题，1982年深圳按城市内不同等级的土地向土地使用者收取不同标准的使用费。1984年广州和抚顺部分土地（经济技术开发区、新建项目、涉外项目）进行了按土地等级开征土地使用费的试点工作。1986年上海对三资企业使用的土地收取土地使用费。这些尝试虽然对旧的土地使用制度触动不大，但却是城市土地使用制度改革的重要步骤。

（二）对城市经营性土地实行使用权有偿转让

1987年深圳在大陆率先试行土地使用有偿出让，且出让了一块

5000多平方米土地的使用权，限期50年，揭开了国有土地使用制度改革的序幕。当年12月深圳市又用公开拍卖的形式转让国有土地使用权。1987年上海市政府颁布了《上海市土地使用权有偿转让办法》，用地方法规的形式确保土地有偿转让的规范化实施。

上述举措使国有土地使用制度改革从理论探索阶段走向实践探索阶段，冲破了土地供应单纯采用行政划拨的旧土地使用制度的束缚，这使大陆土地使用制度带有根本性的改革，创立了以市场手段配置土地的新制度。

（三）修改宪法，颁布《土地管理法》等法律法规

1988年全国人大七届一次会议通过的宪法修正案，以国家根本大法的形式规定了"土地使用权可以依照法律的规定转让"。当年年底修订的《土地管理法》进一步规定"国家依法实行国有土地有偿使用制度"，"国有土地和集体所有的土地的使用权可以依法转让"。从此以后全国各城市开始建立房地产交易所，各专业银行成立房地产信贷部。1990年5月国务院宣布，允许外商进入中国内地房地产市场，发布了《城镇国有土地使用权出让和转让暂行条例》《外商投资开发经营成片土地暂行管理办法》，标志着中国土地市场管理走上了有法可依的轨道，土地使用制度改革由此在全国推开。1998年12月发布《土地管理法实施条例》，至此中国土地使用制度改革和土地管理的法律体系初步形成。

（四）规范土地市场，强化宏观调控

城镇国有土地使用制度改革由沿海扩及内地，由增量土地延及存量土地，由内用土地拓展到涉外土地，由早期的工业用地扩展到住宅和商业用地。从90年代初期全国各地纷纷探索对原来的存量土地即行政划拨用地制度的改革，到重点放在如何使之根据市场需要合理流动。随着90年代上半期出现的"土地热"和"开发区热"，土地转让收入成为各地城市和经济发展的新引擎，在一些地方过量供应的土地后来又被闲置。从90年代下半期开始国家领导人高度重视土地管理工作，要求切实保护耕地，实行对开发区进行清理，防止国有土地资产流失，完善土地市场、规范土地审批行为，防止土地供应过度。具体包含如下几项内容：

1. 国家加强对土地的宏观管理和调控

近些年来国家对土地的宏观管理和调控主要表现为严格控制土地计划指标，包括农转非计划、耕地占补平衡计划、经营性用地计划、经济适用房供地计划等；国家强化对地方政府的土地监管体制，在国土资源部设立国家土地总督察办公室，在全国各地设立9个土地督察局；国家对违法占地、批地不建、滥用非农建设用地、滥设经济开发区和囤积土地等现象展开严肃的清理整顿。

2. 推行土地转让招拍挂

2001年国务院颁发《关于加强国有土地资产管理的通知》，明确指出："商业性房地产开发用地和其他土地供应计划公布后同一地块有两个以上意向用地者的，都必须由市、县人民政府土地主管部门依法以招标、拍卖方式提供。"自此，经营性国有土地招标拍卖供地作为一种市场配置方式被正式确立。2004年3月国土资源部、监察部联合下发《关于继续开展经营性土地使用权招标拍卖挂牌出让情况执法监察工作的通知》，规定国有土地使用权必须以公开的招标拍卖挂牌出让方式进行。

3. 实施土地储备制度

一段时间里大陆土地转让大多是以毛地转让而非净地转让，这是由于市场对土地的需求旺盛和政府缺少土地前期开发费用所致。目前大陆各地的土地收购储备制度和机构相继建立，各地政府动用资金设立专门机构进行土地的前期开发和储备，实行净地招拍挂转让，其目的是调节土地供需总量和结构，平抑市场价格。即在市场低迷时，购进部分土地，增加土地储备总量；在市场上扬时，释放储备土地，扩大土地供给。从发展看政府今后将根据城市总体规划、经济发展需要及土地供应计划，对经营性土地的供应数量、结构、布局、价格和时间等进行有效控制，力争做到定性、定量、定位和定时供应土地，达到城市土地利用的最优化。中国未来的土地收购储备制度将会大范围推广。

4. 进一步健全土地市场体系

中国土地市场体系的完善主要有三方面的工作要做。首先是构建土地市场经营主体。设想建立国有土地资产经营公司，国有土地储备开发公司和土地使用权交易中心等三个层次的市场主体，按照市场化的原则运用市场机制实行营运，从而规范土地市场规则，提高土地利用效率；其次是拓展和规范土地二、三级市场使用权。大陆现状是土地一级市场发展快，土地二、三级市场规模小。今后要加快盘活存量土地，允许闲置土地使用权再流动和再转让，发挥使用效益，规范二三级市场的收益分配，使再转让成为增值收益的主要部分进入国家财力；最后是建立土地价格体系。在城市土地分级的基础上，确定区域基准地价。

（五）城乡建设用地增减挂钩政策

城乡建设用地增减挂钩政策作为一项探索性的制度，在促进土地节约集约利用，统筹城乡发展方面意义重大。而落实城乡建设用地增减挂钩政策，是合理配置土地资源，改善农村生产生活条件，实现城乡统筹，建立城乡统一的土地市场的必然要求，也是缓解建设用地供需矛盾的有效途径。城乡建设用地增减挂钩，是指依据土地利用总体规划，将若干拟复垦为耕地的农村建设用地地块（即拆旧地块）和拟用于城镇建设的地块（即建新地块）共同组成建新拆旧项目区（下称项目区），通过建新拆旧和土地复垦整理等措施，在保证项目区内各类土地面积平衡的基础上，最终实现增加耕地有效面积，提高耕地质量，节约集约利用建设用地，城乡用地布局更加合。

1. 增减挂钩概念提出

增减挂钩经历了从提出、形成、试点到规范等几个阶段。同时，也经历了以促进小城镇健康发展和耕地总量动态平衡为中心，到以保护农民利益为中心的政策转变。2000年11月30日，国土资源部发布的《关于加强土地管理促进小城镇健康发展的通知》明确提出县、乡级土地利用总体规划和城镇建设规划已经依法批准的试点小城镇，可以给予一定数量的新增建设用地占用耕地的周转指标，用于实施建拆旧，促进建设用地的集中。同年12月底，国土资源部发布的《关于加强耕地保护促进经济发展若干政策措施的通知》，进一步提出了为妥善解决小城镇建新拆旧过程中的建设用地指标问题，对国家和省级试点小城镇，单列编报下达一定数量的建设占用耕地周转标。这两个文件可以看作是增减挂钩政策的源头。

2. 增减挂钩政策初试

2004年10月21日，《国务院关于深化改革严格土地管理的决定》

第一次明确提出:"鼓励农村建设用地整理,城镇建设用地增加要与农村建设用地减少相挂钩。"2005年10月,国土资源部下发了《关于规范城镇建设用地增加与农村建设用地减少相挂钩试点工作的意见》,在全国部分省市部署开展2004年10月21日,《国务院关于深化改革严格土地管理的决定》第一次明确提出:"鼓励农村建设用地整理,城镇建设用地增加要与农村建设用地减少相挂钩。"2005年10月,国土资源部下发了《关于规范城镇建设用地增加与农村建设用地减少相挂钩试点工作的意见》,在全国部分省市部署开展了"城镇建设用地增加与农村建设用地减少相挂钩"试点工作。2006年4月,天津市等五省(市)的9个项目区成为第一批"城镇建设用地增加与农村建设用地减少相挂钩"试点。这个阶段是增减挂钩的形成与试点阶段。

3. 增减挂钩政策试点扩展

2008年6月27日,国土资源部印发了《城乡建设用地增减挂钩试点管理办法》,"城乡建设用地增减挂钩"一词,正式成为政策文件的规范性用语。该文件还进一步明确了挂钩内涵和具体的管理办法,核心思想是因地制宜,试点运行。2010年11月10日,温家宝主持召开国务院常务会议,研究部署规范农村土地整治和城乡建设用地增减挂钩试点工作。会议指出了近年来开展城乡建设用地增减挂钩试点所取得的成绩和存在的问题。而之后的《国务院关于严格规范城乡建设用地增减挂钩试点切实做好农村土地整治工作的通知》,对增减挂钩工作提出了新的要求,并强调严格控制城乡建设用地增减挂钩试点规模和范围。经批准开展城乡建设用地增减挂钩试点的地方要严格按照有关规定,坚持局部试点、封闭运行、规范管理,不得擅自扩大试点范围。

二 农村集体所有土地政策的演变

(一)农地使用制度变迁

1978年以后,农地制度改革是以联产计酬等多种责任制形态为土地制度变迁的始点,采用渐进、局部均衡、多样化发展的制度变迁方式,直至确立家庭承包经营的农地基本经营制度。农地使用制度有着明显的阶段性变迁特征。第一阶段从1978年到1983年,人民公社时期的土地集体所有、集体经营开始逐步解体,在经历了非联产责任制—联产责任制—包产到组—包产到户—包干到户的制度变迁后，最后确立了土地的集体所有、农户家庭经营的基本形态。第二阶段从 1984 年到 1993 年，制度变迁的主要内容是将土地承包期限明确延长至 15 年不变。第三阶段始于 1994 年，这一阶段制度变迁至今仍在持续中，制度变迁的政策除了强调土地承包期实行 30 年不变外，主要是强化和稳定农户家庭对土地经营拥有权利的完整性。现阶段中国农地制度变迁的核心，是土地使用权归属和界定问题，而使用权问题的核心，是树立农户对土地使用的预期信念和土地资源合理配置问题。近 30 年的农地制度变迁，从政策调整角度观察，政府一方面强调农户承包经营土地的长期稳定，另一方面鼓励土地作用制度的不断创新。相对单一的农地集体所有的制度安排，客观上存在的区域经济差异和土地经营存在的比较优势不同，促使了农地使用制度的多种形态产生。

（二）农地使用制度形态

1. "两田制"

所谓"两田制"，是将农户承包的土地区分为口粮田和责任田的一种土地承包方式。由于农地既要为农户提供收入和就业功能，又要为社区成员提供稳定的预期和生活保障功能，家庭承包制一直面临平均地权与随人口增减派生的重新调整土地的压力。"两田制"在一定程度上满足了这些要求，并表现出相对广泛的适应性，以至于此种制度安排，一度成为发生面最广的土地使用制度形态。

2. 规模经营

所谓规模经营的制度安排，是指把集体所有的土地，采取农户经营、大户经营或集体经营的方式，形成相对较大的土地经营规模。归纳一下农地规模经营制度安排的内涵和外延，大约有三种不同的类型：其一是以北京顺义为代表的，建立在集体农场基础之上的规模经营；其二是以江苏苏南和广东南海等地为代表的，建立在家庭农场基础之上的规模经营；其三是发生于东部沿海发达地区的"反租倒包"土地使用权流转形式。

3. "四荒"使用权拍卖

所谓"四荒"使用权拍卖的基本制度内涵是："四荒"的所有权权属不变，拍卖其使用权，谁购买、谁治理、谁受益，使用期限一般可达

50—100年，同时，使用权可转让、入股、出租和抵押。从本质上讲，"四荒"使用权拍卖是家庭承包制的继续和发展。在不触动所有权属的前提下，将"四荒"使用权拍卖给农民长期使用，农民感到利益直接，从而真正获得了长期拥有"四荒"使用权的稳定感和权属感，因而舍得投劳、投资，花大力气进行治理。这种以使用权拍卖为特征的制度创新，一度成为与经济发达地区实施规模经营并行的在全国分布最广、影响最大的典型制度创新类型。

4. 股份合作制

土地股份合作制产生于20世纪80年代中后期的广东珠江三角洲，尔后在山东、江苏、浙江等沿海发达地区有所扩展。但迄今为止，作为一种制度形态，农地股份合作制辐射的区域范围和推进速度非常有限。比较典型的股份合作制即是将土地折股分配给农民个体拥有，社区实行土地的统一规划和统一开发利用。土地股份合作制制度安排的基本作法：一是土地折股；二是设置股权，基本股权结构为集体股和个人股，集体股由原社区集体资产折价入股形成；个人股指由社员个人持有的股份；三是产权界定，土地的使用权全部收归社区集体经济组织，对农地采取家庭或专业队投包（招标）承包和适度规模经营；四是分配方式，股份合作制采取按劳分配与按股分配相结合的方式。

（三）耕地管理政策——占补平衡

建设占用多少耕地，各地人民政府就应补充划入多少数量和质量相当的耕地。占用单位要负责开垦与所占用耕地的数量和质量相当的耕地；没有条件开垦的，应依法缴纳耕地开垦费，专款用于开垦新的耕地。耕地占补平衡是占用耕地单位和个人的法定义务。

耕地占补平衡制度的基本要求包括：

1. 任何建设占用耕地必须履行开垦耕地的义务。

2. 开垦耕地的责任者是占用耕地的单位：城市建设区用地统一征收后供地，承担造地义务的是市县人民政府，造地费用可以打入建设用地成本，但责任必须由县市人民政府承担；城市建设用地区外的建设项目用地，承担开垦耕地义务的是建设单位，县市任命政府土地主管部门负责监督验收；村庄集镇建设占用耕地，承担开垦义务的是村集体经济组织或村民委员会，县市人民政府土地管理部门负责监督验收。

3. 开垦耕地资金必须落实。

4. 开垦耕地地块应当落实。

三 当前国土政策执行中博弈分析

（一）国土政策执行中博弈分析框架与背景

本章将以"国有土地—集体土地"为基本的讨论框架，分别从"中央——地方"和"城市化——耕地保护"这两个视角来分析改革开放以后中国土地管理制度的变迁。1997年时，耕地的流失量似乎已经接近了中央可以容忍的底线。最高领导层在该年年初放风说，要在中国"实行世界上最严格的土地管理制度"。1998年《土地管理法》的修订重点：（1）中央政府对耕地的不断流失感到十分焦虑，希望能够保有一定数量的耕地来维护国家的粮食安全；（2）作为国有土地的所有权人，中央政府希望实现并提高国有土地的资产价值；（3）中央政府决定关闭乡村建设用地市场，只保留国有土地市场；（4）政府是唯一的土地一级供给商，集体土地必须首先经政府征收或者征用为国有土地，然后才可以进入土地市场。（5）中央并没有完全放弃对其代理人（即地方政府）的规制，它要求地方在发展经济的同时，对耕地实行"占多少，补多少"，以省为单位实现耕地总量的动态平衡；（6）通过"制定国家土地总体利用规划，然后再将总体利用规划分解为土地年度利用计划，层层下达"这种方式，中央建立了一套高度集权的土地计划管理审批制度，并辅之以党政处分和刑罚惩罚等措施来保证这一套制度的实施。

1998年的土地管理制度变革在思路上是清晰的，逻辑上是完整的：为了避免同时跟地方政府和农民"作战"，中央政府首先关闭了农村的建设用地市场，将建设用地的供应权集中到地方政府手中；然后，由地方政府监管农民，遏制他们发展第二、三产业的冲动；最后，由中央政府通过土地利用总体规划和土地利用年度计划来控制地方。凭借这一套制度，中央政府一方面表达了其对于国家和民族高度负责的态度，但另一方面，也将传统的治理模式，包括指标式的管理，政治考评机制等等推向了极致。

（二）国土政策执行中绩效分析

首先，在耕地保护方面，1996年制定的《1997—2010年全国土地利用总体规划纲要》提出："2000年，耕地总面积保持在12933万公顷（19.40亿亩）以上；2010年，耕地总面积保持在12801万公顷（19.20亿亩）以上。"① 然而，到2000年，全国耕地保有量就减到了19.2356亿亩，全国有19个省市提前10年用完了2010年的计划指标。2001年6月，全国耕地保护工作会议不得不把保有19.20亿亩的目标设定为2005年，然而2002年全国耕地保有量就只剩下18.9亿亩。2006年，这一数据又减到了18.27亿亩。严峻的现实迫使中央在2006年不得不提前修订已经无法实施的《1997—2010全国土地利用总体规划纲要》。

其次，由于以市场为原则，以行政化的无偿划拨为例外的国有土地供给双轨制的存在，中央政府希望通过严格控制建设用地供应量来有效发挥市场配置土地资源的基础性作用也并没有实现，多占少用、早占晚用、优地劣用、占而不用甚至乱占滥用的现象层出不穷，直到2010年的上半年，划拨土地依然占到土地供应总量的34.1%。

再次，公开的乡村土地市场确实如同《土地管理法》所要求的那样，被依法关闭了，然而农民和农民集体也因此失去了在自己的土地上进行自主工业化和城市化的权利。其结果是，农民不得不到城市里寻找发展的机会，并千方百计留在城市里。于是，乡村逐渐衰败，农民日益贫困，城乡差距进一步扩大。

最后，有偿出让制度以及后来不断发展起来的招拍挂制度，确实部分地实现了国有土地的资本化这一目标，并给地方政府带来了丰厚的收益——2009年，全国土地出让总价款15910.2亿元，占全年各级政府财政收入的23.22%（2009年全国财政收入预计为68477亿元）。2010年，全国土地出让总价款则达29109.94亿元（国土资源部统计，全国土地出让成交总价款2.7万亿元），超出预算113%，同比增长70%。然而越来越高的国有土地的价格，既削弱了中央政府宏观调控的能力和效果，也推动了房价的高涨，地方政府还由此患上了"土地财政依赖

---

① 《1997—2010年全国土地利用总体规划纲要》。

症",从而导致近几年城市房屋(拆迁)征收和农村土地征收中矛盾和悲剧频频发生,民众怨声载道。

(三) 国土政策执行不畅原因分析

为什么一向被认为是强有力的中央政府在土地管理领域遭遇了"滑铁卢"[①]？世界上最严格的土地管理制度又为什么如此不堪一击？首先让我们检视一下中央政府的答案,然后再观察一下地方政府及地方官员的应对策略,最后还要考虑一下那些没能在土地管理正式"舞台"上参加"演出"的各种各样土地权利人的反应。

1. 中央政府管理制度不够严格

针对一些地方政府随意侵占耕地的行为,中央政府推出了一套"组合拳"[②]：首先,它决意将省级以下国土资源管理部门实行"半垂直化"的管理,并提醒地方政府,调控新增建设用地总量的权力和责任在中央,盘活存量建设用地的权力和利益在地方,保护和合理利用土地的责任在地方各级人民政府,省、自治区、直辖市人民政府应负主要责任(2004年)；其次,它又明确要求各省、自治区、直辖市人民政府对本行政区域内的耕地保有量和基本农田保护面积负责,省长、主席、市长为第一责任人,耕地保护责任目标考核结果列为省级人民政府第一责任人工作业绩考核的重要内容(2005年)；为了证明这些规定和要求不只是用来做做样子的,2006年,它对中部某省及其省会城市的两级政府领导违反土地利用总体规划和城市总体规划、违法批准征收集体土地14877亩的行为给予了党纪和政纪处分；最后,中央政府还建立了跨区域的土地督察制度,用以监督地方政府的土地执法的情况。

另外,针对地方政府随意划拨、随意批地所滋生的腐败、寻租和土地资源浪费和国有资产流失等诸多问题,首先中央要求严格控制划拨用地范围——国土资源部2001年10月制定了《划拨用地目录》,2005年又修订并缩小了划拨用地的范围；其次要求商业、旅游、娱乐和豪华住

---

① 滑铁卢：原是拿破仑战争失败的一个城市的名称,拿破仑在那次战争后开始走下坡路。后人引申为一个失败的地方或事情。

② 组合拳：是拳击拳法的一种,如左刺拳十右直拳十左勾拳,就是一套组合拳。后引申为：为达到一定目标,采取一连套的措施。

宅用地，有条件的，必须采取拍卖、招标方式；没有条件，不能采取拍卖、招标方式的，可以采取双方协议的方式。之后"招拍挂"的范围又被扩大到工业用地；2006年后，中央要求地方政府将土地出让收支全额纳入地方基金预算管理，收入全部缴入地方国库，支出一律通过地方基金预算从土地出让收入中予以安排，实行彻底的收支两条线，以减少土地有偿出让中的腐败和圈钱交易行为。

通过这一套严格的土地管理制度，中央希望达到以下几个目标：首先，保有一定数量的耕地，从而维护国家的粮食安全；其次，增加建设用地，从而促进经济的平稳较快发展，推进中国的城市化和工业化；再次，深化土地市场改革，完善国有土地有偿出让制度，增加国有土地的收益，防止各地恶性竞争和地方官员腐败；最后，它还必须保护其他土地权利人（比如农民和城市居民）的利益，防止地方政府过分剥夺公民的土地权利。

然而，当国际金融危机到来时，它要求地方要保障建设项目的用地需求，以防止经济增长速度下滑；而当谈到中国的社会发展时，它总是喜欢将不断提高的城市化率作为重要的指标之一。另外，这些目标之间又常常相互冲突，比如耕地保护、公民权利保护与城市化，招商引资之间往往也很难协调。

2. 土地保护指标对地方政府约束有限

对于省级以下的地方政府来说，实现耕地总量动态平衡的责任在省级人民政府，它们没有必要为此过分担心。本辖区保有更多的耕地只会让别的城市拥有更多的建设用地指标，而这也就意味着将自己的发展机会（比如招商引资、发展第二、三产业）拱手让与竞争对手。所以，省级以下的地方政府通常在指标分配的时候就千方百计减少本区域的耕地保护指标，在指标分配结束后，又千方百计从别的地方购买建设用地指标。

而对于省级政府来说，虽然中央将其行政首长设为耕地保护第一责任人，并将耕地保护责任目标考核结果列为省级人民政府第一责任人工作业绩考核的重要内容，但是这一项指标仅仅是他们被考核的众多指标之一。霍姆斯特姆和米尔格罗姆在他们那篇著名的关于"多任务下的委托—代理"理论的研究中曾经指出，如果委托人的激励设计只是基于一些可测度的指标，那很容易导致代理人将精力完全集中在可测度的任务，而忽略那些不可测度但同样重要的任务。其实，问题并不止于此，如果一个激励指标是约束性或者说是惩罚性的而非奖励性的，那么代理人也完全会敷衍了事，而不是认真对待。

在以GDP为主要考核标准（即便已经不是唯一考核标准）的政治竞标赛中，耕地保护就是这样一个约束性的指标，由于没有人会因为出色或者超量完成了耕地保护指标而得到实质性的奖励，所以只要辖区内的市县政府能够完成耕地保护任务，省级官员是没有太多的动力去追究下级政府是否将"基本农田上山下水"的；而省级以下各级政府扩大城市规模或者建设新城，吸引更多的工商业企业落户，加快工商业的发展和经济增长，不但可以增加税收和国有土地的收益，提高本地区的财政支配能力，而且可以让官员在激烈的政治竞争中脱颖而出，所以对市县政府籍由土地整理而进行的大拆大建，省级官员可能也会睁一只眼，闭一只眼，甚至姑息纵容，除非这种行为对本省的社会稳定会造成巨大的影响。

（四）西部地区国土优惠政策

2001年国土资源部提出关于实施西部大开发土地和矿产资源若干政策措施细则：根据国务院支持西部大开发的政策措施和西部大开发的工作重点，结合国土资源部的职能和工作实际，采取了一系列的鼓励措施，并制定了实施西部大开发土地和矿产资源若干政策措施及其实施细则，提出了适合于西部地区的特殊优惠政策：

1. 实行土地使用优惠政策

（1）提高建设用地审批效率，减少审批环节，及时提供并保障经济建设用地

需报国务院批准的建设用地，在用地报批阶段，政府主管部门主要审查是否符合土地利用规划与计划、耕地占补平衡和征地补偿安置能否落实。报批资料可以根据审查的内容相应简化。征地补偿安置要符合《土地管理法》等法律规定，防止各种搭车收费，同时切实保护农民利益。使用国有未利用地，可以免缴土地补偿费。建设项目用地除法律另有规外，应依法有偿使用国有土地，鼓励以招标、拍卖等方式供地。外商投资项目用地，确属必需的，经批准，可以用国有土地使用权作价入

股、作价出资的方式提供国有土地使用权。

(2) 有计划、有步骤地对坡耕地退耕还林还草

鼓励利用宜林宜草荒山、荒地造林种草，改善生态环境，实行谁退耕、谁造林、谁种谁经营、谁拥有土地使用权和林草所有权。国有荒山、荒地等未利用地依法出让给单位和个人进行造林、种草等生态建设的，可以减免出让金，实行土地使用权50年不变；达到合同约定的投资金额并符合生态建设条件的，土地使用权可依法转让、出租、抵押；使用权期限届满后，可以申请续期。利用农村集体所有的荒山、荒地等未利用地进行造林、种草等生态建设的，可以通过承包、租赁、拍卖等方式取得土地使用权，实行土地50年不变；土地使用权可以继承、转让（租）、抵押。

(3) 对基本农田实行产格保护，实现耕地占补平衡

坡耕地较多的地区，为保护当地粮食生产能力，在不影响生态建设的前提下，依据土地总体规划，可以将部分已经过多年整治、有良好的水利与水土保持设施的坡度为15度至25度之间的耕地划定为基本农田，也可以将部分配套设施较好的新开发整理的耕地划为农田。可以按照有关规定，调整基本农田种植业生产格局，发展经济作物，但不得破坏耕作条件。土地整理项目应优先安排在基本农田保护区内，使保护区内有效耕地面积不断增加，质量不断提高。增加国家对西部地区土地整理复垦开发资金的投入。西部地区各省（区、市）上缴中央的新增建设用地土地有偿使用费，原则上通过安排土地开发整理额下拨。把未利用土地开发成草地、园地，经政府有关主管部门认定能调整为耕地的，可折抵补充耕地指标，按耕地加以保护和管理。基础设施建设占用耕地的，在保证耕地占补平衡的前提下，其耕地开垦费可按各省（区、市）所定的标准下限收取。

2. 实行矿产资源优惠政策

(1) 在国土资源调查计划中，优先安排西部地区的调查评价项目，工作经费向西部地区倾斜。重点安排西部地区重要矿产资源集中区、国家紧缺矿产和地下水资源的调查评价工作，以及地质工作程度较低地区、地质灾害严重地区的基础地质工作。

(2) 在西部地区由国家出资勘查形成的探矿权、采矿权价款。按

有关规定，符合下列条件之一的，经批准，可以部分或者全部转为国有矿山企业或地勘单位的国家资本。

A. 勘查或开采石油、天然气、煤层气、富铁矿、优质锰矿、铬铁矿、铜、镍、金、银、钾盐、铂族金属、地下水等矿产资源的；

B. 在国家确定的扶贫开发重点地区和重点开发地区勘查、开采矿产资源的；

C. 大中型矿山企业因资源枯竭，勘查接替资源的；

D. 国有矿山企业经批准进行股份制改造或对外合营时，国有资本持有单位以探矿权、采矿权价款入股的；

E. 国有矿山企业因自然灾害等不可抗拒的原因，缴纳探矿权、采矿权价款确有困难的。

（3）在西部地区勘查、开采矿产资源，符合下列条件的，可以申请减缴或免缴探矿权使用费、采矿权使用费。

A. 石油、天然气、煤层气、铀、富铁矿、优质锰矿、铬铁矿、铜、钾盐、铂族金属、地下水等矿产资源的勘查、开发；

B. 大中型矿山企业为寻找接替资源申请的勘查、开发；

C. 运用新技术、新办法提高综合利用水平的（包括低品位、难选冶的矿产资源开发及老矿区尾矿利用）矿产资源开发；

D. 政府主管部门认定的其他情形。

探矿权使用费，第一个勘查年度可以免缴，第二至第三个勘查年度可以减缴50%，第四至第七个勘查年度可以减缴25%。

采矿权使用费，矿山基建期和矿山投产第一年可以免缴，矿山投产第二至第三年可以减缴50%；第四至第七年可以减缴25%，矿山闭坑当年可以免缴。

（4）探矿权人投资勘查获得具有开采价值的矿产地后，可依法获得采矿权允许将勘查费用计入递延资产，在开采阶段分期摊销。

（5）积极培育矿业权市场，促进探矿权、采矿权依法出让和转让出让矿业权的范围。国家出资勘查并已经探明的矿产地、依法收归国有的矿产地和其他矿业权空白地。除采取依法申请批准方式外，可以采取招标、拍卖等其他方式出让矿业权。探矿权人、采矿权人可以采取出售、作价出资、合作勘查或开采、上市等方式依法转让探矿权、采矿权，也可以按有关规定出租、抵押探矿权、采矿权。

（6）鼓励外商投资勘查开采非油气矿产资源。对于外商从事非油气矿产资源勘查开采的，除享受国家已实行的有关优惠政策外，还可享受免缴探矿权、采矿权使用费1年，减半缴纳探矿权、采矿权使用费2年的政策。对于外商从事《外商投资产业指导目录》中鼓励类非油气矿产资源开采的，享受免缴矿产资源补偿费5年的政策。在中外合营方式中，中方以探矿权、采矿权入股的，其探矿权、采矿权应按规定依法评估确认，合理作价，由中方提供相关的地质成果资料

2010年，国土资源部印发的《关于贯彻落实〈中共中央国务院关于深入实施西部大开发战略的若干意见〉的意见》，出台了26条支持政策，为新一轮西部大开发保驾护航。

（五）赣南等原中央苏区土地优惠政策

1. 国家土地政策优惠

2013年6月国土资源部出台了支持赣南等原中央苏区振兴发展的相关政策，明确将在土地、矿产和地质灾害防治等方面予以支持，鼓励使用未利用土地，加大稀土、钨和萤石矿等矿种的调查评价投入。

（1）在土地政策方面

一是通过土地利用总体规划评估调整、土地利用年度计划倾斜安排、鼓励使用未利用土地、支持产业园区设立升级与建设用地、开展用地管地方式改革试点等政策措施，大幅提升赣南原中央苏区建设发展的能力；二是通过中央分成新增建设用地土地有偿使用费、相关项目倾斜安排等，加大对农村土地整治、基本农田建设保护等方面的投入力度等，支持当地保护耕地资源，提高耕地质量，改善农村生产生活条件和生态环境。

（2）在矿产政策方面

通过五项政策措施，支持当地把资源优势转化为经济优势，保持优势矿种的良好勘查开发秩序：一是加大稀土、钨、萤石矿等矿种的调查评价投入，倾斜安排调查评价项目；二是国家新增稀土、钨矿开采总量控制指标给予倾斜，重点支持综合回收利用；三是加快优势矿种综合利用示范基地建设，加大专项资金支持力度，支持开展国家级绿色矿山试点、和谐矿区建设试点，提升资源节约和综合利用水平；四是执行西部

地区矿产资源勘查开发优惠政策，支持调整矿产资源补偿费、矿业权使用费和价款分成比例，将大部分留给当地，重点向资源产地倾斜；五是探索建立稀土矿产地储备区资源监管和激励机制、枯竭矿山资源接续动态平衡新机制，建设稀土矿区监管体系、推广"一张图"管矿项目等。此外，针对赣南等原中央苏区的地质灾害防治、矿山地质环境恢复治理和地质公园建设等，国土资源部也将给予资金和项目支持。

2. 江西省支持政策及措施

（1）江西省支持政策

为贯彻落实《国务院关于支持赣南等原中央苏区振兴发展的若干意见》（以下简称《若干意见》），省国土资源厅结合国土资源工作实际，印发了《关于印发贯彻落实赣发〔2012〕8号文件责任分工的通知》，将文件中明确牵头的5项任务和配合的13项任务逐项分解，落实责任。为破解用地难题，省国土资源厅打好"组合拳"：落实国家倾斜政策单列的指标；用好省下达的新增建设用地指标；支持列为省重大项目使用省预留指标；盘活存量用地，提高供地率和土地利用率；用好城乡建设用地增减挂试点、低丘缓坡土地利用试点、废弃矿山复垦试点3个试点政策；坚持依法依规和节约集约用地，用好国家有关奖励政策。

（2）江西省主要措施

江西省根据《若干意见》和《国土资源部支持赣州（原中央苏区）经济社会发展若干措施》的理解提出了三项主要措施：

一是在安排土地利用年度计划、城乡建设用地增减挂钩周转指标等方面，加大对赣南等原中央苏区的倾斜。

二是支持赣州开展低丘缓坡荒滩等未利用地开发利用试点和工矿废弃地复垦利用试点，相关指标单列管理。

三是支持开展农村土地综合整治工作，研究探索对损毁的建设用地和未利用地开发整理成园地的，经认定可视同补充耕地，验收后用于占补平衡。

以上三项主要措施的基础上进行延伸和细化，形成了七项举措：

A. 赣州市开展低丘缓坡荒滩等未利用地开发利用的试点。

B. 根据土地利用计划管理的规定，对赣州市符合调结构、转方式、保民生的重大项目,在符合用地标准的前提下,经江西省国土资源厅审核后给予用地保障。

C. 赣州市开展土地利用总体规划定期评估与适时修改试点前期准备工作。

D. 赣州市继续开展城乡建设用地增减挂钩试点。

E. 赣州市开展废弃稀土工矿用地复垦和调整利用试点。

F. 持赣州市实施土地整治项目建设。

G. 赣州市按照发挥区域性比较优势的要求,将闲置的建设用地、未利用地或被破坏的耕地开发整理成园地,并经土地和农业行政主管部门共同认定能调整成耕地的,可以视同补充耕地。

第二节 国土政策实施现状

一 国土优惠政策落实进展

第一,赣州首次实现了实验国家项目用地机制,发布国家贫困县保民生项目使用地。

该项工作作为调结构、转方式、保民生重大项目用地保障工作。2012年,定南县申报的鹅公片区土地整治项目已经纳入省国土资源厅项目库,项目规模3523亩,预计投资约700万元,目前,已完成项目区测量工作,进入了规划设计阶段。2013年定南县继续申报规模达2万亩以上的土地整治重大项目,现正收集申报前的资料。[①]

第二,实现农村土坯房危房改造,计划用国家专项5000亩用地进行改造。

定南县3个调结构、转方式、保民生重大建设项目(即土坯房改造、深山移民搬迁、灾后重建等)有了用地计划保障,争取用地指标共468亩。

第三,工地试点和工矿废弃地复垦利用试点为赣州市增加了2万亩用地指标。

该试点作为改善矿区生态环境、拓展用地空间的有力抓手,目前,

---

① 定南县2012年政府工作报告。

许多项目区已完成复垦设计,正在抓紧招投标、资金筹措等土地复垦前期工作。2012年赣州市工矿废弃地复垦利用试点规模为1万亩,其中定南县试点规模1600亩。

二 国土优惠政策落实中存在的问题

(一)规划用地不能满足经济社会发展要求

赣州土地利用整体规划2006—2010年整个有30万亩,现在已经用了22万亩,意见出台后,使用量越来越大,每年五万亩。建设用地不足,到2020年还有7年,现在只有8万亩,到2020年还要35万亩。即使批了用地,如果不跟上规划,在土地利用这方面不给予倾斜,规划用地不能满足经济社会发展要求。以定南县为例,省市下达定南县2006—2020年规划新增建设用地规模6700亩,到目前定南县已报批使用新增用地规模6364亩,只剩余可用新增建设用地规模约336亩,新增建设用地预留规模可用部分极少。

(二)城乡建设用地增减挂钩和占补平衡存在困境

国土资源部在城乡建设用地增减挂钩周转指标给予了赣南重点倾斜。定南县2009—2012年共下达挂钩周转指标4.2万亩,其中2012年下达1.13万亩,占全省指标的三分之一,定南县取得拆旧复垦规模1022.6亩,挂钩农转指标958.3亩。耕地后备资源异常紧缺的情况下,紧紧围绕支持措施,大力推进"占补平衡"工作,2012年新增用于占补平衡耕地面积3345.75万亩,超额完成市下达我县补充耕地1500亩目标任务。①

国土部门实施的荒滩地复垦,其目的是用于耕地占补平衡,但赣州大部分是丘陵地貌,耕地后备严重不足,现在按照国家要求占用耕地要补,现在能开发耕地的基本上都已经开发了,如果占用不补则批不了地。

(三)部门规划之间存在矛盾

现在各地各部门进行规划时不和土地整体规划相衔接,项目也不符合规划,则批不了地,用不了地。所以各地土地规划要和土地整体规划

---

① 2012年定南县政府工作报告。

相衔接。如为承接沿海地区产业转移,赣州"三南"(全南、龙南、定南)加工贸易重点承接用地规划用地80%以上不符合现行县土地利用总体规划。

(四)工矿废弃地试点项目时间过长

工矿废弃地试点项目从实施到验收的时间较长,导致挂钩建新区用地指标难于使用。

第三节 国土政策实施路径设计

一 对赣南原中央苏区城乡一体化进行重新规划

要发展赣南原中央苏区经济要按照实施城乡规划一体化规划的部署要求进行一系列配套规划的编制工作,加快赣南原中央苏区城乡一体化发展,加强与道路交通、产业布局等衔接和协调。首先是赣州市域规划,扩展赣州市区面积,将赣县调整为赣州赣县区。其次着力对瑞金、宁都、兴国、于都等县市进行规划,将中心镇纳入县城。再次统筹乡村规划,建设一批生态小镇,为农民城镇打下基础。为城乡土地增减挂钩提供平台。

二 低效果园改造成精品果园,纳入耕地占补平衡范畴

赣州脐橙种植面积大,现在大部分脐橙存在低效产出,建议增加投入对低效果园进行改造,然后再验收作为耕地,这样比较好解决占补平衡问题。也能把低效果园改造成精品果园。

三 将未利用"抛荒"农田纳入耕地占补平衡范畴

赣南山地农田,面积小,交通条件差,多为冷僵田,产量低,种植效益低。许多农田处于抛荒状态。如果实施土地整治项目建设实施农村土地整治和高标准基本农田建设,将进一步改善当地的农村生产条件,促进农业规模化产业化经营。建议将未利用"抛荒"农田纳入占补平衡耕地范畴。

四 制定支持开展低丘缓坡用地占补平衡激励措施

2012年,国土资源部启动低丘缓坡荒滩等未利用地开发利用试点,江西省列为全国11个试点省份之一。目前,我省拟定了《江西省低丘缓坡荒滩等未利用地开发利用试点工作方案》,组织编制了《江西省低丘缓坡荒滩等未利用地开发利用试点规划(2011—2020)》。赣南多为丘陵地带,应加快农村集体土地"三权"发证,制定支持低丘缓坡用地农业开发利用激励政策,鼓励民间投资低丘缓坡农业生产用地整理。

五 鼓励农业人口向乡镇集中,支持复垦宅基地行为

严格执行"一户一宅"、"拆旧建新"的规定,在退出原宅基地的前提下,鼓励农业人口向乡镇集中,对需跨村进镇规划区和中心村规划点居住的农民,鼓励其住进多层农民公寓。多层农民公寓用地可采取征收和划拨方式提供国有土地。支持农民复垦宅基地行为,自愿将复垦指标交由县市本级回购,按照市场价格回购用地指标。自愿交县市本级回购的,在签订合同的基础上,可提前支付50%的回购资金。

六 贯彻《地质灾害防治条例》,扎实开展地质灾害工程治理和避灾移民搬迁工作

在批准有关土地总体规划和土地预审、征地环节,严把关口,把地质灾害危险性评估作为前置条件。同时,扎实开展地质灾害工程治理和避灾移民搬迁工作。赣南等原中央苏区目前已安排了28个地质灾害治理工程和4万多人的避灾移民搬迁项目,先后投入治理和搬迁资金2.13亿元,占全省地质灾害防治资金总量的近五分之一。根据"谁开采、谁治理,谁破坏、谁恢复"的原则,建立了矿山土地复垦和矿山地质环境恢复治理方案制度,将方案编制作为采矿权审批前置条件,将履行方案规定的治理任务作为矿山闭坑验收条件。

七 支持工矿废弃地试点项目实施期挂钩新区建设用地

工矿废弃地是指对历史遗留的具备复垦条件且找不到复垦义务人的废弃工矿建设用地进行复垦,并与相关建设用地专项挂钩调整使用。该

试点按照因地制宜原则，宜耕则耕、宜林则林、宜景则景。赣州市已被国土资源部批准为全国工矿废弃地复垦利用试点。根据规划，到2015年，赣州市重点土地复垦区总面积约为6万亩，2012年开始实施。由于工矿废弃地试点项目从实施到验收的时间较长，导致挂钩建新区用地指标难于使用，建议项目从实施期就开始与新区建设用地增减挂钩，可在实施期增减挂钩50%，验收期增减挂钩50%。

第九章

原中央苏区振兴生态补偿政策研究

第一节 生态补偿政策梳理

一 生态补偿政策背景分析

(一) 历史背景

纵观整个人类历史,人与自然的关系是随着人类生产力的发展而改变的,人类历史大体经历了采猎文明、农业文明、工业文明和生态文明四个阶段。

采猎文明阶段,在这一阶段由于生产力水平低下,人类的生活来源主要以动物和植物为主,人类生活完全依靠自然,人类活动对自然的破坏不是很大,自然可以实现自我修复。在农业文明阶段,人类开始开发利用自然资源,生产力水平逐渐提高,耕作和灌溉技术的发展使得食物供给大幅增加,人口开始迅速增长对耕地需求随之增加,在开发耕地的时候对生态环境造成了破坏,使得生态系统开始变得脆弱,自然灾害时有发生,宿命论和有神论主宰者人们的思想,人们开始有了保护自然的思想。在工业文明阶段,生产力的突飞猛进提高了人类改造自然的能力,人们的思想逐渐由之前对自然的敬畏和依赖转变成要征服自然、改造自然的阶段。但是,由于人类没有正确地认识人与自然的关系,过分夸大人对自然的改造能力,导致了一系列生态环境问题的出现。在生态文明阶段,环境与发展的关系得到了国际社会普遍关注,人类逐渐意识到人类应该遵循自然规律做事,试图实现人与自然的和谐发展。

(二) 现实背景

全球由于环境破坏所带来的大规模的环境事件已经数不胜数。环境与社会发展之间相互失调直接导致了环境问题的发生。在全国经济快速发展的同时，全球气候变暖、酸雨、臭氧层的耗损与破坏、生物多样性的减少、大气污染、水污染、海洋污染、土地荒漠化这些名词已不再陌生。

长期以来，我国一直存在着资源无价、原料低价、产品高价的扭曲价格体系，原料生产与加工企业凭借着对环境资源的无偿或低价占有而获取了超额利润，而环境资源却没有得到补偿，从而造成了严重的环境污染和生态破坏。

赣南等原中央苏区是中央革命根据地的主体和新中国的摇篮，在中国革命历史上占据着极其重要的地位。同时，原中央苏区地处赣、闽、粤三省交界处，以丘陵山地为主，生态环境基底良好，森林覆盖率较高，是我国南方地区重要的生态屏障。伴随着经济的快速增长，由于人类不当行为导致水土流失的加剧，森林面积的不断减小以及赣江、抚河部分河段出现了污染等情况，使原中央苏区的环境压力不断增加，区域经济发展与环境保护的矛盾逐步加深。因此，在原中央苏区实施有效的环境保护手段势在必行。特别是在构建"美丽中国"的今天，生态补偿政策的研究与实践显得更为重要。

（三）理论背景

20世纪50年代以来，鉴于在资源开发利用中存在着大量的生态环境问题，许多国家和地区采用了不同的经济手段试图解决资源耗竭和生态破坏问题，其中包括征收消费税、支付信用基金、征收生态税（费）、征收收入税等。有些是单纯的生态税，有些是在其他税收中加入了生态税成分。这些税（费）从某种程度体现了使用经济手段调整人们行为规范的税收机制和谁破坏谁补偿的原则。这些成功的实践为生态补偿费的征收提供了理论依据。

生态补偿是指通过对损害（或保护）资源环境的行为进行收费（或补偿），提高该行为的成本（或收益），从而激励损害（或保护）行为的主体减少（或增加）因其行为带来的外部不经济性（或外部经济性），达到保护资源的目的。但是关于生态补偿的三个基本问题却从未得到根本的解决：谁补偿谁，即补偿支付者和接受者的问题；补偿多少，即补偿程度的问题；以及如何补偿，即补偿渠道的问题。

二 生态补偿的概念及政策内涵

E. F. Cook（1979年）提出自然资源价值，指出自然资源的开发是有限的、不可逆的，对自然资源的使用必须以一定的经济代价作为补偿，这是国际社会第一次提出用补偿的思想解决自然资源价值问题。而生态补偿最初源于自然生态补偿，指自然生态系统对干扰的敏感性和恢复能力，后来逐渐演变成促进生态环境保护的经济手段和机制。由于生态补偿其本身的复杂性，国内外对生态补偿的定义有很多。一般可以表述为生态补偿是从保护环境、恢复生态、维持生态系统对社会经济系统的支持能力出发，通过一定的经济手段，将自然生态系统与社会经济系统有机联系起来，来解决生态与自然环境在开发利用建设以及保护过程中产生的外部性问题而建立起来的一种管理制度。生态补偿政策可以将环境效益与经济效益有机的统一起来，让生态保护的受益者支付相应的费用，生态环境的投资者获得合理回报，生态环境的投资者支付相应的费用。

三 生态补偿相关政策

（一）《中华人民共和国宪法》第九条规定："…国家保障自然资源的合理利用，保护珍贵的动物和植物。禁止任何组织或者个人用任何手段侵占或破坏自然资源。"第二十六条规定："国家保护和改善生活环境和生态环境，防治污染和其他公害……"

（二）《中华人民共和国环境保护法》第十条规定："……国家采取有利于环境保护的经济、技术政策和措施，使环境保护工作同经济建设和社会发展相协调。"第十九条规定："开发利用自然资源，必须采取措施保护生态环境。"因此，征收生态补偿费作为一项有利于生态环境保护的环境经济政策和制度，是符合法律原则的。

（三）《中华人民共和国海洋环境保护法》第十一条规定："直接向海洋排放污染物的单位和个人，必须按照国家规定缴纳排污费"。农田方面：为了保护农田生态系统的可持续发展，目前农田生态补偿政策已在国内外许多区域广为实施。

（四）1981年，国务院出台了《关于保护森林发展林业若干问题的决定》，对施行进30年的育林资金制度进行了调整。

（五）1994年3月，国务院第16次常务会议通过的《中国21世纪议程》是我国受损生态系统恢复与重建的开端。

（六）针对矿产开发造成大量土地荒废和矿产资源浪费、生态环境恶化，部分地区发生大范围的地面塌陷等地质灾害，严重影响到人类赖以生存的自然环境。1994年我国开征了矿产资源补偿费，国家和一些地方政府也将补偿费用于治理和恢复矿产资源开发过程中造成的生态环境破坏，但在政策设计上还没有考虑矿产资源开发的生态补偿问题。

（七）1996年《国务院关于环境保护若干问题的决定》中已提出要建立并完善有偿使用自然资源和恢复生态资源的经济补偿机制，随后又相继颁布了一系列政策文件中均相继提出积极推进煤矿生态环境恢复保证金制度等生态环境恢复补偿机制的建立。

（八）1997年实施的《中华人民共和国矿产资源法实施细则》对矿山开发中的水土保持、土地复垦和环境保护做出了具体规定，要求不能履行水土保持、土地复垦和环境保护责任的采矿人，应向有关部门交纳履行上述责任所需的费用，即矿山开发的押金制度。

（九）自1998年起，中央政府不断加大对长江、黄河源头地区的财政援助，增强其财政保障能力，通过一般性转移支付和专项性转移支付，将生态建设与农村基础设施建设、产业开发结合起来，实施退耕还林、还草政策，水资源的生态环境得到明显改善。

（十）我国政府于2001年启动了全球碳汇项目。2003年年底，成立了国家林业局碳汇管理办公室，国内开始推行碳汇项目的试点和研究。2009年11月，中国林业产权交易所正式挂牌成立，主要从事林业碳汇交易中有关林地产权的交易活动，协助国家碳贸易实施。

（十一）2005年，我国发展与改革委员会发布了《清洁发展机制项目运行管理办法》（2011年8月进行了修订）。2006年12月，国家林业局碳汇管理办公室制定了《关于开展清洁发展机制下造林再造林碳汇项目的指导意见》，随后国家林业局碳汇管理办公室又发布了《国家林业局关于开展林业碳汇工作若干指导意见的通知》。

（十二）2006年5月17日颁布《国务院关于完善大中型水库移民后期扶持政策的意见》，这是新中国成立以来第一次以国务院的名义颁布的水库移民后期扶持政策。但是目前国家补偿政策均为移民安置补偿，并没有涉及移民生态补偿。

（十三）2007年，国务院就提出"准备金制度"的构想，发布了《关于促进资源型城市可持续发展的若干意见》。《若干意见》中指出对资源已经枯竭或者濒临枯竭的城市，国家给予必要的资金和政策支持，帮助解决历史遗留问题，补偿社会保障、生态、人居环境和基础设施建设方面的欠账。建立资源开发补偿机制、建立衰退产业援助机制以及完善资源型产品价格形成机制。

（十四）《中央财政森林生态补偿基金管理办法》（财农〔2009〕381号）以及中国的森林补偿的立法和实践来看，生态补偿基金是按照公益林的面积进行发放的，即国有的国家级公益林平均补助标准为每年每亩5元，其中管护补助支出4.75元，公共管护支出0.25元；集体和个人所有的国家级公益林补偿标准为每年每亩10元，其中管护补助支出9.75元，公共管护支出0.25元。显然，这一补偿标准是偏低的，据有关专家测算每亩生态公益林每年的补偿额至少应为25元。

（十五）2012年1月14日，发改委发布《关于开展碳排放权交易试点工作的通知》，确定北京市、天津市、上海市、重庆市、湖北省、广东省及深圳市七省市将率先开展碳排放权交易试点工作，以逐步建立国内碳排放权交易市场，以较低成本实现2020年中国控制温室气体排放行动目标。

（十六）2012年出台的《2012年中央对地方国家重点生态功能区转移支付办法》中指出国家重点生态功能区转移支付应补助额。

（十七）2012年《国务院关于支持赣南等原中央苏区振兴发展的若干意见》（国发〔2012〕21号）正式出台，《若干意见》中明确提出要以重要生态功能区和重点生态工程为抓手，将赣南等原中央苏区建成国家南方生态安全屏障。江西省委省政府在实施意见中则提出要抓好东江源、赣江源、抚河源国家生态补偿试点工作，落实国家生态补偿资金，启动一批生态示范工程建设。研究扩大赣江源、抚河源保护区面积，加大财政奖补力度。

（十八）环保部在落实《若干意见》中指出，支持将东江源、赣江源、抚河源、闽江源纳入国家生态补偿试点，改善流域源头生态环境质量。推动研究建立东江源等流域生态补偿机制，指导和支持赣南等原中央苏区建立境内河流生态补偿机制。支持提高赣南等原中央苏区国家重点生态功能区转移支付系数，加大中央财政转移支付力度（环发〔2012〕141号）。

（十九）2013年《国务院关于生态补偿机制建设工作情况的报告》中指出，我国生态补偿机制建设下一步的工作重点之一是切实加大生态补偿投入力度。中央财政将在均衡性转移支付中，考虑不同区域生态功能因素和支出成本差异，通过提高转移支付系数等方式，加大对重点生态功能区特别是中西部重点生态功能区的转移支付力度。

第二节 生态补偿政策实施现状

一 中央层面生态补偿政策实践

20世纪80年代中后期以来，我国对生态补偿政策进行了持续的探索和推广，并取得了一定的成效。从实施主体来看，我国的生态补偿主要从中央与地方两个层面来推进。从生态补偿政策的实施对象来看，主要在矿区、水源区、库区、海洋、森林和农田等不同领域开展。

从中央层面来看，1983年12月31日，国务院召开第二次全国环境保护会议，正式将环境保护确立为我国的基本国策。生态补偿机制作为一种新的政府实施生态环境管理的政策手段，在我国最先应用在森林生态环境管理领域。同年，针对采矿业对生态环境造成严重影响和破坏，云南省以昆阳磷矿为试点，每吨矿石征收0.3元，用于采矿区植被恢复及其他生态破坏的恢复治理，这可视为我国施行生态补偿政策的开始。1998年以来国家先后实施了天然林保护工程、退耕还林还草项目和森林生态效益补偿项目等大型环境补偿项目，对生态环境服务进行国家补偿。此外，中央政府先后在西北荒漠化地区、青藏三江源地区、三峡库区、丹江口库区等区域实施了一系列大规模的生态补偿政策。例如：自2000年以来，在国家的大力支持下，三江源地区组织实施了天然林保护、退耕还林、封山育林、退牧还草、生态移民等工程。通过这些举措，使源区不断改善了生态环境，恢复了绿色植被，缓解了土地沙化，减少了水土的流失，产生了积极的生态效益和经济效益。

二 地方层面生态补偿政策实践

从地方层面来看,福建是最早提出要建立水源地生态补偿机制并将其付诸实践的省份。2003 年,福建省出台《水库库区重要水源地水土保持生态建设实施纲要》,选择莆田东圳水库等 10 个水库为试点,以提取生态补偿费的形式,在全国首创水源地生态补偿机制。具体做法是按照"谁受益、谁出钱"的原则,各水库从水费收入中提取一定比例的资金,作为水源地生态建设经费。在探索建立水源地生态补偿机制方面,浙江省也和福建省一样,始终走在全国前列。从全国范围看,浙江是第一个在省域范围内,由政府提出完善生态补偿机制意见的省份,也是第一个实施省内全流域生态补偿的省份。自 2004 年起台州、绍兴、金华、德清、江山等市县先后对水源地区和库区乡镇以生态补偿的名义进行了财政补贴。此外,各地区还积极探索了上下游自愿协议补偿、异地开发、水权交易等多种生态补偿方式。例如,2004 年 9 月,处于金华江下游的傅村镇与上游源东乡签订生态补偿协议,由傅村镇每年向源东乡提供 5 万元,作为对源东乡保护和治理生态环境以及因此而造成的财政收入减少的补偿。这些生态补偿政策都取得了一定的成效。截至 2007 年,辽宁省政府已出台东部地区生态补助政策包括:天然林禁伐重点县财政补助政策、重点公益林保护补助等,但从辽宁实际情况来看就公益林保护这一补偿标准只能维持公益林的保护和管理需要,根本无法保障营造和抚育。海南省昌江县王下乡一直以来乱垦滥伐现象严重。为此,海南省政府采取了一定的措施,包括登门入户调查、制定出实施细则、按标准给予森林生态补偿资金补助,成为全省首个实施生态补偿制度的市县。北京市实施农田生态补偿的补贴范围主要是小麦与牧草,通过两年生态补贴政策的实施,对北京市农业生产发展和改善城市居住环境产生了积极的影响,陕西、云南两省属于水土流失最为严重的省份,经过不断的探索发现强化对相关企业征收水土流失补偿费是一种相对可行的方案。山西省在探矿权采矿权使用费和价款的使用上也不同于其他各省,主要用于环境治理,而其他省份是部分用于矿山环境的治理,并取得一定成效。

第三节 生态补偿政策需求分析

一 原中央苏区环境保护需要生态补偿

原中央苏区所在区域均属山区，自然资源丰富，生态基底良好。不仅是我国重要的生态涵养区，也是我国稀土、钨矿、铜等矿产资源的重点储藏区。同时，赣南等原中央苏区是赣江、抚河和广东省珠江（东江）、抚河的源头地区，是我国东南地区重要的生态屏障，生态功能重要。其中赣南是全国18个重点林区之一，森林覆盖率达68.2%，活立木蓄积量1亿m^3；整个生态格局主要以东北—西南走向的武夷山山脉和赣湘边界的罗霄山脉为主体，呈现东部、西部以及南部高而中部和北部低的地势格局。区域内拥有宁都翠微峰、安远三百山、崇义阳岭、上犹五指峰、上犹陡水湖、安远三百山等国家级森林公园和自然保护区。

随着经济不断的快速提升，随之而来的是环境问题的日益严重，以及环境压力的不断增加。赣南等原中央苏区森林资源丰富新中国成立初期被列为全国调运木材的重点区域并修建了森林铁路专门外调木材。仅赣南原中央苏区就累计为国家提供统配木材2450万立方米、毛竹8718万根。但是，长期和大量的输送为赣南原中央苏区带来的生态问题也是无法忽视的。其中起主导作用的当属人为因素。首先，由于赣南地区矿产资源非常丰富，是我国重要的钨、稀土等矿产源基地，特别是重稀土的储量居全国第一位。20世纪80年代以来，赣州出现了大量无序开发稀土的现象，大小矿点遍布赣南山区，对自然植被造成十分严重的破坏，水土流失严重。其次，由于长期过度砍伐导致森林面积锐减，水土流失严重，其中1975—1982年，赣南林地面积减少257万亩，荒山面积增加183万亩，水土流失面积1678万亩，占林业用地面积的37.8%。[①] 赣江、抚河、东江源头地区阔叶林面积连续10年减少，涵养水源的能力呈下降趋势；赣江、抚河部分河段出现了较为严重的污染。

---

① 参见彭勇平，黄正坤，郭利平：《赣南等原中央苏区经济社会发展状况调研报告》，http://govinfo.nlc.gov.cn/search/htm/。

二 原中央苏区矿产资源开发需要生态补偿

从整体来看，赣南等原中央苏区的地貌以丘陵、岗地为主，兼有平原、山地。整体地势四周高中间低，南高于北。四周高山环绕，中部丘陵起伏，小盆地散布，河流汇聚。区域内植被茂密，植物种类繁多，森林资源十分丰富，是重要的林业基地。但因长期过度砍伐，森里面积锐减，造成水土流失等严重的自然灾害。赣南等原中央苏区具有独特的地质结构和有利的成矿条件，孕育了丰富的矿产资源，特别是钨、稀土、锡、萤石等矿产资源得天独厚，极其丰富，其赋存状态好，品质高，享有"世界钨都"、"稀土王国"的声誉。赣南矿产开发历史悠久，在国民经济占有重要地位。但是，丰富的矿产资源带来的是大小矿点的增加以及植被的破坏。除此之外，赣南地区还拥有赣江（章水）生态功能保护区、赣江源（贡水）生态功能保护区以及东江源生态功能保护区。但是，近几年这些源头地区由于林地面积的连续减少，涵养水源的能力下滑，部分河段还出现了污染的现象。

赣南等原中央苏区主要的特点是森林资源丰富、矿产资源富足以及具有涵养水源的能力，但是由于人为的主导因素，使得区域内的优势资源和能力转变成为负担，大量长期无序的开采和使用，使得赣南等原中央苏区承受了森林锐减、植被破坏之后所引起的水土流失、水质下降等一系列不良后果。矿产资源开发以后的生态环境治理需要生态补偿支付。

三 原中央苏区建设小康社会需要生态补偿

赣南原中央苏区虽然拥有良好的生态基底，但是生态环境问题的日益突出也无法令人忽视。山区县市的生态环境是在产业高速发展下的尤为重要又很难得的一片资源。因此，赣南原中央苏区起到生态屏障作用。加上赣南原中央苏区经济基础薄弱，产业结构层次低，贫困面积较大，部分地区为国家扶贫开发重点县。总体来说，原中央苏区的社会经济发展水平不高。赣南原中央苏区人民在贫困的生活条件下肩负起南方重要生态屏障的责任，这无疑是对这一区域的挑战。但是，同样因为本区域拥有周围无法比拟的生态条件，也为这一区域带来了潜在的价值，即生态价值转化为经济价值的潜力。

党的十八大提出，2020年中国全面建成小康社会。没有赣南等原中央苏区的小康，就没有全国的全面小康。赣南等原中央苏区是土地革命战争时期中国共产党创建的最大最重要的革命根据地，是中华苏维埃共和国临时中央政府所在地和人民共和国的摇篮，是苏区精神的主要发源地，为中国革命做出了重大贡献和巨大牺牲。振兴发展赣南等原中央苏区，使其与全国一道全面建设小康社会，既是一项重大的经济任务，更是一项重大的政治任务。因此，对赣南原中央苏区近期的生态补偿标准应该以达到小康目标为目标，通过生态补偿，在加强生态环境的保护和建设的同时，进一步推动赣南等原中央苏区社会经济发展。

第四节 生态补偿政策实施路径设计

一 原中央苏区生态补偿受偿对象

根据我国对生态补偿的实践来看，生态补偿对象的选择是建立生态补偿机制中必要的一个环节，也是建立和完善生态补偿机制的关键问题之一，它对提高生态补偿的针对性和规范性具有非常重要的意义。

由于生态系统自身复杂性存在，使得生态补偿所面向的对象的类型也是多样的。但是，在2012年发布的《国务院关于支持赣南等原中央苏区振兴发展的若干意见》（国发〔2012〕21号）中，仅仅将东江源、赣江源、闽江源列为国家生态补偿试点，这只是补偿对象的一种类型，赣南等原中央苏区的生态系统是多样的，因此还需要统筹考虑本区域内的生态补偿对象。

具体来讲，江河源头地区生态系统具有涵养水源、保持水土、减轻洪涝与干旱灾害、产生和维持生物多样性、防风固沙、环境净化等功能。江河源头地区的水源涵养、水土保持、洪水的控制等生态功能方面的发挥，于区域外来说对中下游地区具有广泛和深远的影响，于区域内来说对社会经济发展和和生态建设具有重要影响。森林是主要的陆地生态系统之一，不仅能提供林产品，而且为人类提供重要的服务功能。因此，在研究和制定赣南等原中央苏区生态补偿政策之中，应将补偿对象包括林业生态补偿、矿区生态补偿以及江河源区生态补偿等等。

二 原中央苏区生态补偿目标

根据目前赣南原中央苏区状况来看,可以将赣南原中央苏区的生态补偿标准设置为近期目标和远期目标,即近期目标是能够解决赣南原中央苏区亟待解决的生态问题,以达到人们能够生活在优良生态环境的小康目标;远期目标是建立生态补偿制度,以逐渐完善生态补偿机制。因此,对赣南原中央苏区近期的生态补偿标准应该以达到小康为目标。总体来说,即是加强生态环境的保护和建设。

首先,由于长期以来,在矿产开发以及利用中忽视环境的保护,导致大量植被遭到破坏和土壤污染,因采矿诱发的地质灾害时有发生,矿区的环境污染也越来越严重。虽然现阶段在矿区生态补偿方面已经有了较多的探索,但是历史遗留下来的无法确定补偿主体的矿区仍然大量存在。在治理这些无法确定补偿主体的矿区,政府应承担补偿主体的责任,即对这些矿区进行土地复垦、矿山环境治理以及生态恢复示范工程。政府在对历史遗留的矿区进行治理的时候,应执行的最低标准应该是成本恢复标准。即补偿的标准至少应该可以保证能够修复受破坏的土地以及生态环境,对于一些污染和破坏治理的资金应该能够满足治理的需要。

其次,虽然赣南原中央苏区由于具有丰富的森林资源,成为国家重点林区之一,但是也存在严重的水土流失情况。因此,需要政府加大水土流失的治理力度,同时加大长防林、珠防林的工程建设。在此基础上,逐渐加大对碳汇交易和生态补偿的制度建设,构建碳汇交易市场。

最后,由于赣南原中央苏区拥有较好的生态环境基底以及国家级生态功能区,对于水源的涵养十分重要。但是,又由于赣南原中央苏区社会经济的落后,使得当地居民在保护生态环境的积极性无法提高,所以在对江河源区生态补偿方面政府应该给予倾斜政策,使赣南原中央苏区的经济有所提高后,再实施与其他地区同等的补偿标准。

三 原中央苏区生态补偿标准

(一)生态补偿标准测算依据

生态补偿标准是指补偿时参照的条件,主要从所涉客体的经济价值和生态价值综合考虑。补偿一般是经济性的，常常以货币价值方式进行衡量，根据不同的分类法，可以有不同的标准。

在生态补偿机制与政策研究中，补偿标准的确定一直是众多学者关注的热点与焦点问题，同时也是生态补偿的核心问题。因为生态补偿标准的确定会直接影响到补偿的大小、补偿的可行性以及补偿的效果，所以如何科学合理的确定补偿标准是非常关键的问题。目前在我国，如何确定补偿标准还存在着许多不同的观点，但是我国学者确定补偿标准的理论依据主要有价值理论、市场理论和半市场理论，价值理论说明了生态服务具有价值，是实施补偿的基础；生态服务虽然是公共物品，市场机制无法进行有效配置，但是生态补偿涉及补偿者、受偿者和生态服务之间的关系与市场要素类似，并且补偿标准和商品价格的确定都是为了寻找均衡，因此可以用市场及其相关理论来模拟确定生态补偿标准。

生态补偿标准的确定一般参照以下四个方面的价值进行初步核算：提供生态服务的成本（生态保护者的投入和机会成本的损失）、生态受益者的获利、生态破坏的恢复成本、生态系统服务的价值。

1. 提供生态服务的成本

提供生态服务的成本包括生态保护者的直接投入（建设成本）和机会成本。建设成本即生态保护者为了保护生态环境所投入的人力、物力以及财力。机会成本即由于生态环境保护者需要保护生态环境所放弃的发展机会。在计算生态补偿标准时，应当将两部分均列入计算之中。并且，从理论上讲，上述两部分补偿之和应当作为生态补偿的最低标准。

2. 生态受益者的获利

生态受益者没有为自身所享有的产品和服务付费，使得生态保护者的保护行为没有得到应有的回报，产生了正外部性。为使生态保护的这部分正外部性内部化，需要生态受益者向生态保护者支付这部分费用。因此，可通过产品或服务的市场交易价格和交易量来计算补偿的标准。通过市场交易来确定补偿标准简单易行，同时有利于激励生态保护者采用新的技术来降低生态保护的成本，促使生态保护的不断发展。

3. 生态破坏的恢复成本

在开发利用自然资源时，会造成区域一定范围内的生态环境遭到破坏，例如：植被破坏、水土流失以及水源涵养能力下降等。在恢复破坏的生态环境时，需要大量的人力、物力、财力的投入。按照生态补偿"谁破坏谁补偿"基本原则，在进行生态补偿标准计算时，应当加入环境治理以及生态恢复的成本计算。

4. 生态系统服务的价值

生态服务功能价值评估主要是针对生态保护或者环境友好型的生产经营方式所产生的水土保持、水源涵养、气候调节、生物多样性保护、景观美化等生态服务功能价值进行综合评估与核算。国内外已经对相关的评估方法进行了大量的研究。就目前的实际情况，由于在采用的指标、价值的估算等方面尚缺乏统一的标准，且在生态系统服务功能与现实的补偿能力方面有较大的差距，因此，一般按照生态服务功能计算出的补偿标准只能作为补偿的参考和理论限值。

(二) 赣南等原中央苏区生态补偿标准测算方法

赣南等原中央苏区的补偿对象包括：江河源区生态补偿、林业生态补偿以及矿区生态补偿。在综合生态标准价值核算的基础上，确定如下研究路线：

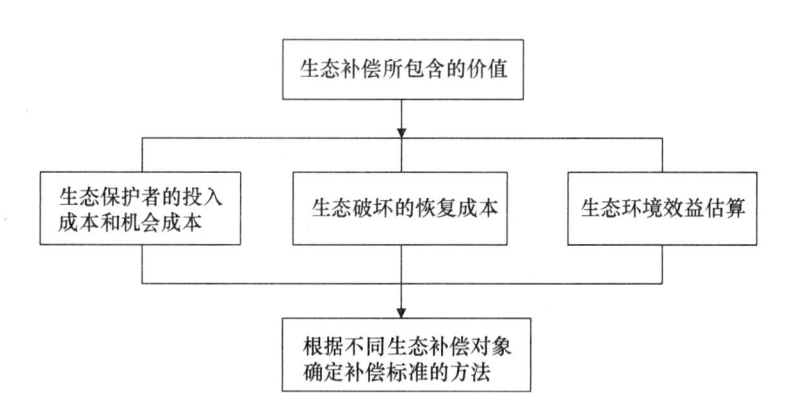

图 9.1 赣南等原中央苏区生态补偿成本核算

1. 江河源区生态补偿

江河源区是指一条或多条江或河的源头地区。江河源区生态系统是指由江河源区自然生系统和江河源区社会经济系统相互作用、相互渗透、相互交织耦合在特定的江河源头区域，具有一定结构和功能的复合系统。具体来说，江河源区生态系统由江河源区自然生态系统和江河源区社会经济系统两大子系统所组成，两个子系统尽管在认识上可以抽象地加以分开，但实际上是不可分割的有机统一体。江河源区所提供的生态服务功能主要有：水源涵养功能、土壤保持功能、环境净化功能、维持生物多样性功能、水供应服务功能、均化洪水服务功能。

一般情况下，我国大江大河源头多数位于中西部山区，经济相对比较落后，当地居民生活水平比较低下，往往成为贫困县和贫困人口密集地区，但是由于江河源头地区属于国家限制或禁止开发区，限制了区域资源开发和经济发展，流域上游和下游的经济发展水平差距不断扩大，极大地影响了源头地区居民保护生态环境的积极性。因此，在江河源头地区建立生态补偿机制是当前的迫切需求。在赣南等原中央苏区，包含三个生态功能保护区分别是：赣江（贡水）源生态功能保护区、赣江（章水）源生态功能保护区以及东江源国家级生态功能保护区。

东江源区是国家划定的国家级生态功能保护区，属于重要生态功能保护区。在赣南等原中央苏区中主要是指寻乌、安远、定南三县。这三县都处于江西赣州市南部，江西省内流域土地总面积3502平方公里。东江流经广东省龙川、河源、紫金、惠阳、惠州、博罗等县市。东江源区是东莞、惠州、深圳和香港的主要水源地，提供了上述地区70%的淡水需求。东江源头的水质直接决定广东、香港等下游地区的用水安全。但是，东江源区经济发展相较于下游广东省相邻地区之间的经济发展差异是巨大的，三县贫困人口占总人口的比例达42%，安远县和寻乌县仍然是国家级重点扶贫县，定南县是省级重点扶贫县。东江源区所在三县2004年人均国内生产总值仅相当于全国平均水平的36.7%，是广东省的20%；即使与江西全省和东江中游地区的广东河源（GDP总量是广东省倒数第一）相比，也分别只占47%和74%。2003年三个县农民人均年纯收入仅为江西省和赣州市的70%和广东省的40%，是珠江三角洲地区的6%左右。

运用市场理论方法来分析东江源生态补偿标准，可以看出：市场法的原理就是将生态系统的服务功能看作是一种可以交易的商品，围绕着买卖双方就是补偿者和受偿者。水资源本身具有较强的市场属性，因为市场上对水资源的生活用水价格以及工业用水价格都是十分明确的。基于市场法确定的生态补偿标准的案例有很多,例如:20世纪90年代,纽约增加了9%的水费用于上游地区水资源的保护,其具体做法是将水源地保护区的面积扩大,通过给农民补助的方式减少他们在环境敏感区域的种植。巴西的米纳斯古拉斯利用5%的消费税来资助上游水源保护区以获得良好的生活用水;圣保罗市的水资源使用者也同意将1%的收益用来进行生态保护的补偿。

东江源国家生态功能保护区主要有两个方面的功能:一方面是区域内水源涵养功能;另一方面是跨区域供水的功能。

首先针对区域内水源涵养功能来讲,对于东江源生态功能价值的测算应包含以下几点方面:(1)环境保护的直接投入:主要包括东江源区安远、寻乌、定南3县在水质监测、环境清洁与流域保护、水土流失等方面的经济投资,直接经济投资达23900万元。"十一五"规划是2003—2015年完成。这样在计划年限内平均每年用于环境保护的直接投入为1992万元。(2)林业生态补偿保护投入及退耕损失:主要是指植树造林和封山育林的补偿以及退耕耕地损失。根据"十一五"规划,这项指标需要投资18300万元,在计划年限内平均每年林业生态补偿保护投入及退耕损失为1525万元。(3)发展权限制的损失。利用相邻县市居民的人均可支配收入和上游地区的人均可支配收入对比,给出相对其他条件相近的县市居民收入水平的差异,从而反映发展权的限制可能造成的经济损失,作为补偿的参考依据。补偿测算公式如下:

年补偿额度 = (参照县市的城镇居民人均可支配收入 – 上游地区县市城镇居民人均可支配收入) × 上游地区城镇居民人口 + (参照县市的农民人均收入 – 上游地区县市农民人均纯收入) × 上游地区农业人口。

其次,针对跨区域供水的功能来讲,流域上下游的水权交易有以下几种情形:(1)基于流域水量分配,上游地区将节余的水资源有偿提供给下游地区,主要意义在于资源优化配置;(2)下游地区通过管道等从上游地区引用优质水,下游地区给上游地区一定的补偿,实现保护优质水资源的价值;(3)上游地区通过努力保护水质,给下游地区提供了优质水资源,下游避免了使用劣质水资源的损失,这部分受益可以以某种方式补偿给上游地区,实现流域上下游双赢。跨区域供水的生态补偿可以通过水量的分配和用水效益分配系数来进行测算。

2. 林业生态补偿

森林是主要的陆地生态系统之一，不仅能提供林产品，而且为人类提供重要的服务功能。长期以来，人们主要注重森林的林产品价值，而森林同时具有公共物品特性，其价值很大一部分都未能进入市场而得到实现。这就需要通过生态补偿的机制将森林生态效益的外部性内部化，部分或全部地实现森林生态效益的价值，才能体现出利益相关者之间的平等性，动员全社会参与森林生态系统的保育，更好地加强森林可持续经营能力。

森林生态补偿是以保护环境、促进人与自然和谐发展为目的，根据生态系统的服务价值、保护成本及发展机会成本，综合运用政府和市场手段，调节生态环境相关者之间利益关系的制度安排。森林生态补偿是我国进行生态补偿最早的领域，20世纪80年代以来，我国先后实施了天然林保护工程、退耕还林还草工程等六大林业重点工程。

在考虑森林生态效益分类补偿的基础上，要科学地确定生态效益补偿的标准。按照新造林及现有林两类，考虑以下几个方面的因素：（1）营造林的直接投入。测算用于森林的直接经济投入，新造林的造林成本，现有林的管护成本。（2）为了保护森林生态功能而放弃经济发展的机会成本。由于生态效益保护的要求，当地必须放弃一些林业产业发展机会，从而影响当地经济社会发展水平。（3）森林生态系统服务功能的效益。在确定生态效益补偿标准时，应考虑生态系统服务功能的效益。

此外，森林生态效益补偿标准还应考虑以下几点：（1）地域因素：不同的地域生态系统具有不同生态系统服务功能；（2）林种、树种：不同的林种、树种具有不同的造林成本，其发挥的生态效益也不同，同一树种，不同的林龄、林分质量所发挥的生态效益也不同；（3）造林方式：封山育林、飞播造林、人工造林等的造林成本均不一样；（4）地方经济发展水平：制定森林生态效益补偿标准应结合地区经济发展水平，因地制宜，给出合理的补偿标准。

赣南等原中央苏区的生态环境较为优越，生态基底良好，其中赣南是全国18个重点林区之一，森林覆盖率达68.2%，活立木蓄积量1亿立方米；闽西资源丰富，是全国南方集体林区综合改革试验区，享有福建"绿色宝库"、"南方林海"之美誉；粤北原中央苏区也是国家重要的森林和自然保护区，在生态环境日益恶化的今天，拥有这样的生态环境无疑是一种宝贵的资源，也正是因为如此，国家将赣南等原中央苏区的发展定位为我国南方重要的生态屏障。故对于赣南等原中央苏区乃至全国来说，森林资源的保护和发展是十分重要的，它是构建南方生态屏障的基础。

赣南等原中央苏区的森林生态补偿标准可以通过两个方面来建立。一是政府手段；二是市场补偿方式。

从政策上，以《中央财政森林生态补偿基金管理办法》（财农〔2009〕381号）以及中国的森林补偿的立法和实践来看，生态补偿基金是按照公益林的面积进行发放的，即国有的国家级公益林平均补助标准为每年每亩5元，其中管护补助支出4.75元，公共管护支出0.25元；集体和个人所有的国家级公益林补偿标准为每年每亩10元，其中管护补助支出9.75元，公共管护支出0.25元。显然，这一补偿标准是偏低的，据有关专家测算每亩生态公益林每年的补偿额至少应为25元。在《国务院关于支持赣南等原中央苏区振兴发展的若干意见》（国发〔2012〕21号）文件中指出，要加大对国家公益林生态补偿投入力度，那么根据赣南等原中央苏区的生态概况和经济状况来看，建议提高每亩生态公益林每年的补偿额。

在这里主要阐述市场补偿方式。在市场补偿方式中，我们可以借鉴国外的一些经验来制定标准，例如：哥斯达黎加的森林保护资金主要来源于经过认证的贸易补偿可确认的贸易补偿（以下简称为CTOs）。CTOs是通过固定CO_2或阻止CO_2的排放等项目活动，在国际市场上转让或销售温室气体补偿权的财政手段。计划通过保护区项目、私有森林项目和发起与能源相关的活动建立CTOs市场，然后卖出CTOs获得资金，并列入特定基金，再通过财政转移到国家森林基金，用于今后的生态补偿。美国、巴西等国家成功地实施了碳排放交易，这种交易机制可以减轻政府的财政压力，在生态补偿中发挥重要作用。关于碳排放的市场交易行为往往出现在国际尺度上，墨西哥的恰帕斯州（Chaipcs）建立了一种土地—森林补偿项目，种植咖啡的农民得到生态补偿并且愿意在他们的土地上种植树木以吸收碳。阿根廷的德国技术合作公司（GTZ）同意投资一个碳折扣项目以保护120000公顷的森林植被来抵消1260万吨的碳。

根据《联合国气候变化框架公约》(UNFCCC)，碳循环过程中凡能从大气圈中清除二氧化碳的过程、活动或机制称为碳汇，反之，向大气中释放二氧化碳的过程、活动、机制称之为碳源。具体来讲，建立森林生态系统的生态补偿标准就是在碳汇测算基础上，通过建立碳排放交易机制，具体测算森林面积所能固定的碳源以计算森林的生态价值，作为市场补偿机制下的森林补偿标准。

通过利用"碳汇效率"来估算，把某一类型的植被每单位NPP（植被生产力）所产生的碳汇量定义为该植被的碳汇效率（carbonsinkefficiency，CSE），记为：CSE=碳汇量/NPP

3. 矿区生态补偿

我国是矿产资源生产大国，但由于技术落后、管理粗放和长时间、高强度的掠夺式开发，造成大量土地荒废和矿产资源浪费、生态环境恶化，部分地区发生大范围的地面塌陷等地质灾害，严重影响到人类赖以生存的自然环境。为此，1994年我国开征了矿产资源补偿费，国家和一些地方政府也将补偿费用于治理和恢复矿产资源开发过程中造成的生态环境破坏，但在政策设计上却没有考虑矿产资源开发的生态补偿问题；1997年实施的《中华人民共和国矿产资源法实施细则》对矿山开发中的水土保持、土地复垦和环境保护作出了具体规定，要求不能履行水土保持、土地复垦和环境保护责任的采矿人，应向有关部门交纳履行上述责任所需的费用，即矿山开发的押金制度。

矿产资源开发生态补偿机制是指因矿山企业开发利用矿产资源的行为，对矿区周围自然资源造成破坏，对生态环境造成污染，使矿业城市丧失可持续发展机会，而进行的治理、恢复、校正所给予资金扶持、财政补贴、税收减免、政策优惠等一系列活动的总称。

在市场经济条件下，合理的矿区生态补偿标准，对维护矿区的利益，理顺经营者与受益者合理的利益分配关系，确保矿区可持续发展，具有重要的意义。矿区生态补偿标准，不仅受到社会经济发展水平的制约，同时也受到社会经济发展对于矿区环境的需求程度，以及矿山企业对于补偿标准的承受能力限制。只有所确定的补偿标准，充分考虑到相关利益团体经济承受能力、公共意识、矿区可持续经营成本及其缺口，即以生态上合理、经济上可行和社会可接受作为判定补偿标准的准则，才会使得所确定的补偿标准具有可操作性。矿区生态补偿标准的合理确定，是实施矿区生态效益补偿的基础，是矿区生态补偿的核心问题，关系到补偿的效果以及补偿者的承受能力，也是实施矿区生态补偿的难点，合理确定森林生态补偿标准有着很重要的意义。

赣南等原中央苏区的矿产资源十分丰富，其中黑钨精矿、稀土矿储藏量尤为突出。正是因为区域的矿产资源富足，导致矿产资源的开发活动较为频繁，加上历史原因，采矿活动一定程度上对生态环境造成了破坏，导致植被破坏、水生态破坏、土地污染、水土流失以及它们带来的间接生态环境问题。为了维持生态平衡与矿业的均衡发展，在采矿与生态环境的恢复之间，应建立完善生态补偿机制以保障生态环境。

首先，在治理问题之前应该注意历史遗留的问题，即没有明确补偿主体的早期开采的矿山，政府应该肩负起补偿主体的责任，配合国家政府的支持实施矿区土地复垦、矿山环境治理。针对赣南原中央苏区，由于历史问题遗留比较严重，而且地区经济基底薄弱，国家应加大资金倾斜力度。

其次，在对矿区生态补偿标准的确定上主要依据三个方面来进行：（1）成本恢复标准。即补偿的标准至少应该可以保证能够修复受破坏的土地以及生态环境，对于一些污染和破坏治理的资金应该能够满足治理的需要。（2）补偿上限：补偿上限是通过计算生态环境破坏造成的环境服务价值损失，这种补偿额度类似于重置成本。（3）碳交易补偿理论价值：碳交易补偿价值的核算方法，是基于生态足迹理论的碳平衡。根据生态足迹的定义，任何已知人口（个人、一个城市或一个国家）的生态足迹，是生产这些人口所消费的所有资源和吸纳这些人口所产生的所有废弃物所需要的生物生产性土地面积。由此可见，生态足迹可以分为资源生态足迹和能源生态足迹两部分，前者指生产资源所需要的土地面积，后者指吸纳废弃物所需要的土地面积。生态足迹中这两部分（资源消费和废弃物排放），不仅在经济中具有不可替代的地位，而且对应着资源供给和环境净化两种不同属性的生态系统服务。其中生态足迹的帐户模型框架是瓦克纳格尔（Wackernagel）于1996年建立的，主要用来计算在一定的人口和经济规模条件下，维持资源消费和废弃物吸收所必需的生物生产土地面积。生态足迹测量了人类的生存所必需的真实土地面积。同许多类似的资源流量平衡一样，生态足迹仅考虑了资源利用过程中经济决策对环境的影响。生态足迹的计算是基于以下两个基本事实：一是人类可以确定自身消费的绝大多数资源及其所产生废弃物的数量；二是这些资源和废弃物流能转换成相应的生物生产土地面积，它假设所有类型的物质消费、能源消费和废水处理需要一定数量的土地面积和水域面积。

生态足迹的计算公式如下：

$$EF = N\left[ef = \sum (aai) = \sum (C_i/p^i)\right]$$

其中，i 为交换商品和投入的类型；P_i 为 i 种交易商品的平均生产能力；C_i 为 i 种商品的人均消费量；aai 为人均 i 种交易商品折算的生产土地面积；N 为人口数；ef 为人均生态足迹；EF 为总的生态足迹。

四 原中央苏区生态补偿的投入机制

（一）生态补偿主体确定

生态补偿机制，是调动生态保护和建设的积极性，促进经济发展和环境保护的利益驱动机制、激励机制和协调机制。它就是要在区域之间、流域之间、产业之间、城乡之间以及国家之间进行经济利益和环境利益的重新配置，促进利益主体之间的真诚合作和利益共享、成本共担。由于涉及不同主体之间利益和财富再分配问题，在生态补偿机制建立之中，需要明确的问题是"谁补偿谁"，即确定生态补偿主体的问题。生态补偿确定主体的问题是生态补偿机制建立过程中的关键环节，在确定生态补偿主体的基础上，才能充分发挥生态补偿在生态环境与经济发展之间的桥梁作用。

国内外对生态补偿主体的研究都比较丰富，在国外对补偿主体的研究中，主要集中在与生态环境密切的相关法律或涉及生态补偿的合同中（见表9.1）。

表 9.1　　各国生态补偿法律和政策有关主体的规定①

国别、法律	主体	行为
美国《农业法》以及一系列计划	1. 中央政府 2. 地方政府 3. 农场主	1. 中央政府和地方政府按比例提供资金；2. 农场主根据与政府签订的合同退耕还林、还草、休耕（有比例规定）；3. 政府按土地支付租金和支付转换生产方式的一半成本。
德国《联邦矿山法》	1. 联邦政府；2. 州政府；3. 矿区业主	1. 老矿区，由联邦政府成立复垦公司，资金由联邦政府、州政府按比例分担；2. 新矿区，矿区业主提出补偿和复垦具体措施；预留生态补偿和复垦专项资金（3%利润）；对占用森林和草地异地恢复。
澳大利亚《灌溉者支付流域上游造林协议》	1. 马奎瑞河下游600个农场主组成的食品与纤维协会；2. 新南州林务局；3. 上游土地所有者	1. 协会向新南州林务局提供蒸腾服务费；2. 新南州林务局种植植物；3. 上游土地所有者从林务局获得年金；4. 种植植物所有权归林务局。
中国《森林法》及实施条例	1. 国家；2. 防护林和特种用途林的经营者	1. 国家设立生态效益补偿基金；2. 经营者获得森林生态效益补偿的权利。
哥斯达黎加《森林法》	1. 森林生态服务提供方（国私有林地的所有者）；2. 生态服务支付方（电力公司、饮料生产企业等）；3. 国家森林基金（燃料税和捐赠）	1. 国家森林基金负责与生态服务的支付方进行谈判，筹集资金，并与生态服务提供方签订生态补偿合同；2. 生态服务提供方应当履行合同中约定的造林、森林保护、森林管理等义务，并有权请求国家森林基金按照合同约定的支付方式履行支付

在对生态补偿主体的界定中，国内学者有不同的观点。一种观点是，在分析了生态补偿机制中的政府干预的基础上，认为在现阶段市场

---

① 王清军：《生态补偿主体的法律建构》，《中国人口·资源与环境》2009年第19期。

机制发育不成熟的情况下，给付主体和接受主体往往不易界定，故提出生态补偿的主体主要有国家、社会和地区，认为我国现行的生态补偿机制是以国家和社会补偿为主，地区补偿为辅。另一种观点是，依据相关的环境政策法律确立的谁开发、谁保护，谁污染、谁治理，谁破坏、谁恢复的法律原则，提出生态补偿主体应根据利益相关者在特定生态保护中的责任和地位加以确定，并明确提出生态补偿主体的确定原则是破坏者付费原则、使用者付费原则、受益者付费原则、保护者得到补偿原则。还有一种观点是，将生态补偿主体纳入法律关系主体要素进行研究，提出了生态补偿的法律关系的主体是指有民事责任能力的自然人和法人，并将其分为生态补偿的实施主体、生态补偿的受益主体，其中国家在生态补偿中特殊地位，同时扮演了双重角色。万军将我国生态补偿手段划分为政府手段和市场手段两大类，政府手段包括财政转移支付、专项基金、重大生态建设工程；市场手段包括生态补偿费、排污费、资源费、环境税、排污权交易、水权交易。

赣南等原中央苏区在构建生态补偿机制中的补偿主体时，可以借鉴国内外有关生态补偿主体的理论及经验，从而构建出一个完善的生态补偿政策。在补偿主体上，从政府、市场、社会等层面构建补偿机制。建立以政府为主导其他补偿手段为辅的补偿机制。

（二）生态补偿政府层面手段选择

在以政府为主导的生态补偿手段中，主要包括两个方面：一方面是政府的支付转移系数；另一方面是政府对建立资源型企业可持续发展准备金制度。

第一，在以政府作为生态补偿的投入主体，政府的财政补贴制度中，政府财政预算外资金来源主要包括排污费、资源使用费等。对于保护生态环境的行动进行补偿时，补贴的资金最好是尽可能地来自对进行非可持续性活动的税收。根据国际的经验，这种形式的补贴经常应用在能源部门。其做法是对使用矿物燃料的企业征收较高税收，用这部分收入来补贴不使用矿物燃料的企业。对于有利于资源保护的经济行为减免税费。如对农民减免农税、特产税、教育附加费等等。同样可以起到鼓励正确的行为方式的作用。以政府作为生态补偿的投入主体的形式，主要有以下优点：

1. 政府具有强大的资金实力。生态补偿所需要的资金量大，单凭个人或者企业难以承担巨额的支出，但是政府具有这方面的优势，政府可以集中资金投入到生态补偿上来。

2. 政府具有宣传、组织、协调等优势。生态补偿涉及不同的补偿对象，主要包括生态建设地区的农牧民、地方政府、相关企业等，这些不同的补偿对象所追求的目标是不同的，因此他们对生态补偿的要求也不同，但是政府可以发挥自身的优势，将补偿政策向补偿对象进行广泛宣传，协调不同的补偿对象，促进生态补偿的顺利开展。

3. 政府具有宏观组织管理优势。生态补偿的根本目的就是促进生态环境的改善，生态环境改善是一个复杂的系统工程，各个地区之间的生态建设必须协调，这样可以实现更大区域内生态环境的协同发展。因此，政府应该成为生态补偿的主体。但是，纵观我国生态补偿的实践，以政府的财政转移支付是当前我国主要的生态补偿途径，而对于我国现状而言，补偿标准过低并且财政支付能力有限，要充分建立好生态补偿机制，需要以其他辅助的方式来补充生态补偿的资金。

针对赣南等原中央苏区，《国务院关于支持赣南等原中央苏区振兴发展的若干意见》（国发〔2012〕21号）中指出：提高国家重点生态功能区转移支付系数，中央财政加大转移支付力度。因此，区域内对于东江源、赣江源来说，应充分发挥其生态功能区的主导作用，将资金落到实处，保障水源区的生态功能，维持下游人民的用水安全和健康。

在2013年《国务院关于生态补偿机制建设工作情况的报告》中指出，我国生态补偿机制建设下一步的工作重点之一是切实加大生态补偿投入力度。中央财政将在均衡性转移支付中，考虑不同区域生态功能因素和支出成本差异，通过提高转移支付系数等方式，加大对重点生态功能区特别是中西部重点生态功能区的转移支付力度。并且指出在加大生态补偿资金投入力度的工作中，据统计，中央财政安排的生态补偿资金总额从2001年的23亿元增加到2012年的780亿元，累计约2500亿元。其中，中央森林生态效益补偿资金从2001年的10亿元增加到2012年的133亿元，累计安排549亿元；草原生态奖励补助资金从2011年的136亿元增加到2012年的150亿元，累计安排286亿元；矿山地质环境专项资金从2003年的1.7亿元增加到2012年的47亿元，累计安排237亿元；水土保持补助资金从2001年的13亿元增加到2012年的54亿元，累计安排269亿元；国家重点生态功能区转移支付从2008年的61亿元增加到2012年的371亿元，累计安排1101亿元。财政部会同海洋局从2010年开始，利用中央分成海域使用金38.8亿元，开展海洋保护区和生态脆弱区的整治修复。近年来，中央财政还对湿地保护和流域水环境保护给予了适当补助。

在2012年出台的《2012年中央对地方国家重点生态功能区转移支付办法》中指出国家重点生态功能区转移支付应补助额，公式如下：

某省国家重点生态功能区转移支付应补助额 = $\sum$ 该省限制开发等国家重点生态功能区所属县标准财政收支缺口 × 补助系数 + 禁止开发区域补助 + 引导性补助 + 生态文明示范工程试点工作经费补助。

限制开发等国家重点生态功能区所属县标准财政收支缺口参照均衡性转移支付测算办法并考虑中央出台的重大环境保护和生态建设工程规划地方需配套安排的支出、南水北调中线水源地污水和垃圾处理运行费用等因素测算确定；补助系数根据中央财政财力状况、限制开发等国家重点生态功能区所属县标准财政收支缺口和财政困难程度等因素测算确定。禁止开发区域补助根据《全国主体功能区规划》确定的各省禁止开发区域的面积和个数等因素测算确定。引导性补助参照环境保护部制定的《全国生态功能区划》，对生态功能较为重要的县按照其标准收支缺口给予适当补助。

生态文明示范工程试点工作经费补助按照市级300万元/个、县级200万元/个的标准计算确定。其中，已享受限制开发等国家重点生态功能区转移支付的试点县，不再给予此项补助。

从以上可以看出，国家财政安排的生态补偿资金总体的趋势是上升的，但是因为赣南原中央苏区是革命老区，本区域在为中国革命奉献了大量的人力、物力、财力，经济社会各方面透支较多，经济基础薄弱。即使在新中国成立后，由于计划经济体制的实施，很多资源丰富的原中央苏区县，也是按照不等价交换原则为国家提供了大量资源，导致当前出现资源枯竭的现状；另外，所在区域均属山区，战争年代是闹革命的好地方，和平时期限却成了制约发展的重要因素。境内基本无港口，铁路、高速公路、国道密度相对发达地区而言很低，区位劣势与交通不发达造成原中央苏区与外界交流不顺畅，要素难以流动，阻碍了发达地区的经济辐射，经济发展处于被动局面。在国家划定的国家级贫困县名单中，赣南原中央苏区是全省占有最多贫困县的区域。

基于上述，从国家重点生态功能区转移支付应补助额相关要素中，根据补助系数以及引导性补助的相关标准，鉴于赣南原中央苏区实际情况，建议在原有的标准上针对贫困地区的困难程度、财政困难程度以及考虑赣南原中央苏区重要的生态功能因素和支出成本差异，提高补偿要素的标准，以确保赣南原中央苏区生态保护能够有力地全面开展。

第二，早在2007年，国务院就提出"准备金制度"的构想，发布了《关于促进资源型城市可持续发展的若干意见》。《若干意见》中指出对资源已经枯竭或者濒临枯竭的城市，国家给予必要的资金和政策支持，帮助解决历史遗留问题，补偿社会保障、生态、人居环境和基础设施建设方面的欠账。建立资源开发补偿机制、建立衰退产业援助机制以及完善资源型产品价格形成机制。2008年9月，财政部企业司在关于资源型企业可持续发展准备金制度调查的基础上，提出了通过出台准备金制度来解决资源型企业可持续发展问题的思路。

赣南等原中央苏区中大部分的区域属于资源型地区，资源型城市（包括资源型地区）是以本地区矿产、森林等自然资源开采、加工为主导产业的城市类型。根据上述划分的赣南原中央苏区的生态补偿对象来看主要分为水源区生态补偿、森林生态补偿和矿区生态补偿。森林和矿区都属于自然资源区域，因此需要在森林和矿区两个方面设置建立资源型企业可持续发展准备金制度。在森林方面，国家出台了有关国家公益林生态补偿政策；在矿区方面，赣南等原中央苏区的矿产资源闻名全国，尤其是以稀土和钨矿为主。在建立可持续发展准备金制度中，可以与矿业资源税费相结合。可持续发展准备金类似于加拿大的复垦基金和美国的废弃矿山土地费，从矿业企业经营生命周期、矿业资源不可替代性角度入手一开始就应从销售收入（利润）中提取一定比例（或者按定额征收）的风险准备金，作为所得税中的扣除项目，敦促矿业企业履行社会责任，专门用于环境恢复与生态补偿、发展接续替代产业、解决企业历史遗留问题和企业关闭后的善后工作等，实现资源企业可持续发展。

(三) 生态补偿市场层面手段选择

以市场为补偿手段的补偿方式，主要以交易为手段，交易对象可以是生态环境要素的权属，也可以是生态环境的服务功能，或者是环境污染治理的绩效或者配额。通过市场交易或者支付，兑现生态环境服务功能的价值。通过对具有实际市场的生态系统产品和服务，以其市场价格来评估其经济价值。

根据生态效益划分，市场价值法可分为两类：

1. 正服务评价法

它可分为3个步骤：先计算某种生态系统服务功能的定量值，如水源涵养量、CO_2固定量、农作物增产量；再研究生态服务功能的"影子价格"，如涵养水源的定价可参照水库工程的蓄水成本；最后计算其总经济价值。

2. 负服务评价法

市场价值法是一种合理的方法，也是目前应用最广泛的生态系统服务功能价值的评价方法。但我们应该注意的是，当市场不完全或政策失灵时，市场价格可能会发生扭曲，因此并不一定能够准确地反映生态服务的经济价值；同时诸如季节变化等因素对价格所造成的波动也应该在价值确定中予以考虑。

赣南原中央苏区位于山区之中，对于南方重要的生态屏障的定位来说，其生态环境的优越性不言而喻，并且蕴含着丰富的自然资源。在这样一个蕴含着丰富资源但是即将面临严重的生态环境破坏的区域来说，以市场机制来构建生态补偿主体的方式将会为赣南等原中央苏区带来生态环境极大改善的契机，也是改善当地居民贫困生活的有效方式。

比如在自然资源开发产生的土地复垦和植被修复的生态补偿方面，其受益者、开发者和破坏者是明确且具体的，生态补偿的主体容易确定；对同一行政区域内的小流域的生态补偿，因其权属主体容易确定，故补偿主体也不难确定。在一些重要的生态系统（如湿地系统、森林系统）和重要生态功能区（水源涵养区、生物多样性保护区）及国家划定的禁止开发区域和限制开发区域的补偿中，由于其公益型强，作为抽象主体的国家无疑占据主导地位，当然也并不妨碍在这些生态补偿中出现具体的法人和自然人作为补偿主体，亦不排斥其他诸如第三部门的社会主体的参与，除了抽象的国家和社会之外，上游地区和下游地区之间、开发地区和保护地区、受益地区和受损地区的补偿关系，若能够充分划分其补偿主体，那么生态补偿的机制将是完整的。对于森林资源和林木营造来说，其补偿主体的由国家设立的生态效益补偿基金用于提供生态效益的防护林和特种用途林的森林资源和林木的营造、抚育、保护和管理。由市场以碳汇的方式进行碳汇的交易。

我国政府于 2001 年启动了全球碳汇项目。2003 年年底，成立了国家林业局碳汇管理办公室，国内开始推行碳汇项目的试点和研究。2009 年 11 月，中国林业产权交易所正式挂牌成立，主要从事林业碳汇交易中有关林地产权的交易活动，协助国家碳贸易实施。2010 年 8 月 31 日，我国第一家以应对气候变化、增加森林碳汇、帮助企业志愿减排为宗旨的全国性公募基金会——中国绿色碳汇基金会在北京成立。它是我国目前唯一的非京都规则下的碳汇项目平台，是推进以植树造林、固碳减排为目的的林业碳汇工程。2011 年 11 月 1 日，经国家林业局同意，由华东林业产权交易所与中国绿色碳汇基金会合作开展的全国林业碳汇交易试点在浙江义乌正式启动。试点启动仪式上，有 10 家企业签约认购了首批 14.8 万吨林业碳汇，每吨价格为 18 元。2012 年 1 月 14 日，国家发改委发布《关于开展碳排放权交易试点工作的通知》，确定北京市、天津市、上海市、重庆市、湖北省、广东省及深圳市七省市将率先开展碳排放权交易试点工作，以逐步建立国内碳排放权交易市场，以较低成本实现 2020 年中国控制温室气体排放行动目标。

我国根据参加的相关国际条约，在国际法框架下制定了一系列与林业碳汇交易相关的国内法规和政策。

2005 年，我国发展与改革委员会发布了《清洁发展机制项目运行管理办法》（2011 年 8 月进行了修订）。2006 年 12 月，国家林业局碳汇管理办公室制定了《关于开展清洁发展机制下造林再造林碳汇项目的指导意见》，随后国家林业局碳汇管理办公室又发布了《国家林业局关于开展林业碳汇工作若干指导意见的通知》。2007 年 6 月，国家发展与改革委员会会同有关部门共同制定的《中国应对气候变化国家方案》。在该方案中明确提出了我国到2010年应对气候变化的具体目标、基本原则、重点领域及其政策措施。2008年，国家林业局植树造林司发布了《关于加强林业应对气候变化及碳汇管理工作的通知》，通知中强调，林业部门应该进一步开展植树造林，加强森林可持续经营以及提高森林质量等活动来增加碳汇。

对碳汇交易这样一种新的交易模式，截至2014年为止还没有得到很好的宣传，许多概念还不为人们所熟知，这就产生了一种许多碳汇持有者对自己手中林业的价值并不知晓的情况，他们无法运用自己手上所掌握的财富来进行交易，对林业碳汇交易机制知之甚少了。这种情况长期下去，碳汇交易市场就得不到发展和推进。因此，需要政府的一定指引，才能使得市场主体能够看到他们自己的潜在生态效益，将手中的生态效益转化为经济效益。

（四）生态补偿社会层面手段选择

从社会层面来说，我们可以以生态补偿公益金的方式来实现。在我国实施生态补偿的政府手段主要以财政转移支付制度和专项基金制度。其中，财政转移支付制度是指财政转移支付指以各级政府之间所存在的财政能力差异为基础，以实现各地公共服务的均等化为主旨而实行的一种财政资金或财政平衡制度。专项基金是政府专项基金是政府各部门开展生态补偿的重要形式，国土、林业、水利、农业、环保等部门制定和实施了一系列计划，建立专项资金，对有利于生态保护和建设的行为进行资金补贴和技术扶助，例如：生态公益林补偿、水土保持补贴和农田保护等。在生态补偿公益金中，我国在森林生态效益补偿基金方面有了比较明确的规章制度。

我国在森林生态效益补偿基金方面开始探究的时间比较早。早在1953年，我国政府就开始施行育林资金制度，其补偿对象主要是用材林。1981年国务院出台了《关于保护森林发展林业若干问题的决定》，对施行进30年的育林资金制度进行了调整。提高了补偿标准，扩大了补偿范围，将防护林也纳入了补偿范围内。2001年，由中央财政直接拨付补助资金，在全国部分省区开展了森林生态效益补助资金试点。2004年，重点生态公益林补助政策扩大至全国范围，经国务院批准，由财政部正式建立中央森林生态效益补偿基金制度。表9.2总结了该制度实施以来中央每年投入的补偿资金及收补偿的森林面积。

表9.2　　　　中央每年度投入的补偿资金及受补偿的森林面积

年份	2001	2004	2005	2006	2007	2008	2009	2010	2011
金额（亿元）	10	20	20	30	33.4	34.4569	52.47	75.81	96.8
面积（亿亩）	2	4	4	6	6.68	6.89138	10.49	10.49	1259

王小龙：《森林生态效益补偿基金制度研究》，重庆大学硕士论文，2012年。

在矿区生态补偿中，1997年实施的《中华人民共和国矿产资源法实施细则》对矿山开发中的水土保持、土地复垦和环境保护做出了具体规定，要求不能履行水土保持、土地复垦和环境保护责任的采矿人，应向有关部门缴纳履行上述责任所需的费用，即矿山开发的押金制度。在山西省针对煤矿实施了《山西省矿山环境恢复治理保证金提取使用管理办法（试行）》，办法中明确指出，矿山环境恢复治理保证金的提取标准为每吨原煤产量10元，按月提取。原煤产量以征收煤炭可持续发展基金核定的产量为准。

由此可以看出，我国的生态公益基金的发展时间不长，但是发展速度较快。具体到赣南原中央苏区来说。赣南原中央苏区的森林资源以及矿产资源虽然丰富，但是也属于十分珍贵的财富，在赣南原中央苏区建立生态公益基金可从以下方面进行构建：

1. 生态补偿税费的征收

所有补偿对象都具有生态效益，生态效益是一种工艺效益，属于公共产品。可以通过政府行为，设立生态补偿税，用于补偿生态效益所耗费的成本，维持生态产品的再生产，以实现效益最大化。如果采取征收生态税的形式进行补偿，实施成本较小。通过借鉴国外的相关经验，凡是获益于生态环境从事生产经营活动的单位和个人，都应该缴纳生态效益税费。征收范围可以延伸至依托生态景观的景区的经营单位或个人、有经营收入的大中型水库、大中型水力发电厂（站）、大中城市自来水厂（公司）以及内河航运企业、淡水养殖、采集林区野生植物资源、林区附近的煤矿等单位和个人等都应按规定缴纳生态效益税。征税依据主要是受益范围和数量。由于目前很难衡量受益范围和数量，可采用不同补偿对象的生态效益的社会平均成本确定。

2. 生态旅游带来的经济收入

生态旅游既能够给依托生态景观的旅游场所带来经济收入，又不会对旅游景观的生态环境造成破坏。首先，制定合理的门票价格，使得旅游者的人数适宜，对环境破坏最小，又要使生态旅游的开发活动给景点及周边居民带来利益的最大化；其次，适当开发旅游景点能够加强旅游管理的效率从而给景区带来更多的经济效益；景区应该由专业的、掌握旅游信息资源的商业公司去管理，当地的管理者不适合管理旅游产业。通过开发生态旅游的方式，景区的商业化活动不仅不损害当地的生态环境，而且扩大了景区的可持续性的经济活动的规模和程度，给当地政府和居民带来切身利益。

3. 构建环境基金

全球有100多种环境基金，大致分为三种类型：捐款基金、偿债基金、周转性基金，为生态保护提供直接的资金来源，为生态保护相关的研究项目提供资助。这三种类型基金并不是互相独立的，任何一种类型基金都有可能包含在另外一种类型基金范围内，如捐款基金以信托基金的形式建立，其管理机构由基金管理委员会、当地政府指导委员、顾问委员会组成。委员会通过聘请资产开发专业人士对资源进行投资，为生态补偿对象提供资金。寻求基金资本化，拓宽融资渠道，为生态补偿提供更多的资金来源。为了使基金资本化，应了解基金投资运行情况；建立有效的基金制度，当地政府强有力的政策支持；注重商业化手段；利益相关者的参与；相关金融、银行、经济专家的技术支持。

4. 发放生态绿色彩票

可以效仿我国福利彩票的方式发放生态绿色彩票，借鉴福利彩票的设置机制及经费管理方法来丰富生态补偿投入机制的多样性，提高民众的参与性以达到宣传的效果。

第十章

原中央苏区振兴苏区人才政策研究[*]

第一节 原中央苏区人才队伍基本情况

截至2012年年底，赣州市人才总量59.84万人，占全市人力资源总量的11.4%。其中党政人才3.01万人，经营管理人才7.77万人，专业技术人才18.57万人，技能人才24.55万人，农村实用人才5.94万人；党政机关、国有企事业单位等体制内人才总量20.61万人。"十一五"期间赣州市人才总量年均增长7.9%，专业技术人才年均增长3.59%，与GDP 13.32%的年均增长率相差甚远。人才结构性矛盾突出，教育、卫生等非生产性领域的专业技术人才占总量的92%，经济领域专业技术人才仅占4.2%，与新经济相关的金融资本、城市规划、现代物流等专业人才更加稀缺。现有高端人才队伍总量不足并明显老化，研究生以上学历的仅占0.74%，61个国务院津贴专家仅7人在职在岗。

一 专业技术人才情况

截至2012年底，赣州市体制内拥有专业技术人才12.29万人。国有企业、事业单位中具有高级以上职称的10462人，占体制内专业技术人才总量的8.51%；中级职称4.85万人，占比39.4%；初级职称及未

---

* 本章数据均来源于赣州市提供的书面材料：《2013年7月24日赣州市人才工作情况汇报》。

聘任专业技术职务人员6.33万人,占比52.09%。赣州市国有企业、事业单位中,92%的专业技术人才集中在教育、卫生、会计等非生产性领域,4.2%分布在工业领域。特别是适应当前赣州市钨、稀土、脐橙等优势产业发展需求的专业技术人才和高技能人才非常紧缺。基层农业、林业、畜牧业、水利和城建、交通等方面的专业技术人才目前在岗的年龄偏大,出现人才断层。

二 技能人才情况

截至2012年年底,赣州市技能型人才24.55万人,其中高级工以上的高技能人才3.77万人,仅占人才总量的6.4%,分别比全国、全省平均水平低17.4和8.1个百分点。技能型人才中,学历为初中、高中的人员占据了技能人才的一半多,大部分技能型人才多为"自学成才",生产一线急需的现代化技术能手缺口较大。高技能人才年龄结构、行业分布不合理,特别是在技能型人才较为集中的有色冶炼、机械制造等行业出现"老化"断层现象,青黄不接,后继乏人。

三 稀土、钨、脐橙等主导产业人才情况

从稀土、钨行业来看,截至2012年年底,赣州市稀土产业规模以上工业企业65家,钨产业规模以上工业企业82家;共有专业技术人才2207人(其中稀土行业975人,钨行业1232人),高级经营管理人才735人(其中稀土行业325人,钨行业410人)。根据预测,到2015年,赣州市稀土、钨行业需新增专业技术人才4500人,需新增高级经营管理人才900人,才能满足产业发展的需求,需求压力较大。而且目前稀土、钨行业的专业技术人才中,绝大部分是初中级职务,高级职称的较少。以稀土产业龙头企业虔东稀土公司为例,公司拥有专业技术人才近200人,但高级职称的只有12人,基本上是本科及以下学历,没有一名具有博士学历,公司只有通过柔性引才的方式解决企业发展遇到的"高层次人才瓶颈"问题。同时,赣州市稀土、钨产业仍然处在产业链条的中低端,长期以来,国家没有安排重点实验室和科研机构,也没有投资大型企业集团,缺乏科研和生产平台,导致稀土、钨产业缺乏人才吸附力,难以引进高层次人才。

从脐橙产业来看：赣州市从事果业研究的专业技术人才674人，其中教授（研究员）8人，副教授（高级农艺师、高级讲师）29人，助理研究员（讲师、农艺师）80人，实习研究员（助理农艺师、助教）254人，其他专业技术职称303人。按照国际上1000亩果园1名初级、5000亩1名中级、10000亩1名高级职称专业技术人员的配备标准，赣州市尚缺专业技术人员人数为3413人，其中高级职称263人、中级职称520人、初级职称2630人。目前，赣州市果园面积263万亩，每万亩果园拥有专业技术人员不到3人。

第二节　原中央苏区人才队伍建设中存在的问题及原因

一　人才总量不足，专业技术人才人数不升反降，而且人才整体素质不高

以宁都县为例截至2012年年底，人才总量仅占人力资源总量比例的7.3%，与全国、江西省平均水平差距较大。特别是2001年大中专毕业生取消直接分配后，至2005年机关事业单位几乎没有新增人员，使得各系统出现了人员断层现象，特别是专业技术人才总量严重不足。尤其是卫生系统表现较为突出，全县有执业医师仅479人，每千人人口拥有率仅为0.62人，比全国、江西省、赣州市分别少1.17人、0.77人和0.39人。肖田乡卫生院只有院长一人具有医师执业资格，工作难以正常开展，全宁都县有注册在职护士259人，每千人拥有率0.33人。另外，宁都县医院和宁都县中医院即将整体搬迁，如果按搬迁后的病床位数计算两医院专业技术人才分别缺编742人和485人。例如抚州市全市专业技术人才总量为54133名，仅占全市人口的1.4%，本科以上学历的人才9844名，仅占专业技术人才总量18%，与经济发达地区相比，比重偏低，与各项事业的需求也有一定差距。在现有专业技术人员中，具有高、中级职称的仅占48%，而且由于种种原因，个别专业技术人员所拥有的职称与其实际能力之间还有一定差距，有职称而不称职者也确实存在。

二 人才分布不平衡，结构不合理

例如抚州市人才队伍，从行业分布看，专业技术人才大部分集中在教育、卫生和农业等系统，企业经营管理专业技术人才和工程技术人才相对匮乏，特别是非公有制经济单位专业技术人才更是稀缺。从地域分布看，城区和待遇较高的企事业中人才相对过多，而乡镇和条件较差的企事业单位分布较少。从专业结构看，绝大部分是教育、医卫、农业类的。从学历结构看，以大中专居多，本科以上学历的较少，且大部分是通过函授、进修取得的；从职称结构看，以初级居多，高级仅4667名，没有形成合理的梯级结构；从知识结构看，更新速度慢，有的甚至工作多年都没有参加过继续教育培训，知识老化严重。例如宁都县仅教育、卫生专业技术人员就有6553人，占全县专业技术人才的91%，而作为农业大县，农业技术人员只有227人，只占专业技术人才的3%，每万名农业人口只拥有3名农技人员；而建筑规划设计、市场营销策划、水利水电、园林环保、农产品加工、食品工业等专业的人才更是严重短缺，专业结构不合理。宁都县的人才分布大多集中在机关、事业单位，县城单位多，基层一线少。

三 人才浪费现象存在

一是人才作用发挥不够充分。一些专业技术人才存在着"就评职称而评职称、就涨工资而评职称"的现象，脱离生产一线，没有充分发挥自身的作用。二是人才安置有"错位"。人才队伍中存在专业不对口的现象，用非所学，用非所长，难以施展才华、发挥作用，很难被认定为严格意义上的人才。

四 人才开发投入不足，人才培训、培养工作落后

原中央苏区对人才的进修、培训没有财政专项资金的投入，主要是个人和单位负担，很大程度上影响了人才的成长和自身素质的提高。同时，由于缺乏资金配套建设人才培训基地，造成专业人才培训没有场地等。因此，专业人才的培训，很大程度上只能靠人才本身的努力。大多数的单位对年轻后备人才的继续教育支持力度不够，对有培养前途的业

务技术骨干，因缺乏经费保障，到高等院校深造、到发达地区挂职锻炼的机会少，造成自身素质提高不快。同时，也有些单位担心优秀人才进修后不回原单位工作等，造成人才培训、培养工作相对落后。

五　高层次专业技术人才创业平台少，引进难

一方面由于原中央苏区主要靠农业，农业产业化发展较缓慢，尚未形成规模生产效益，难以吸引具有一定农业科技水平的人才到原中央苏区发展。另一方面，原中央苏区大多工业化程度低，大型工业企业少，大多为科技含量较低的企业。因此，高层次人才创业的平台少，发展空间小，难以吸引高层次人才到原中央苏区创业。

六　人才外流严重

赣州苏区近两年大学毕业生有9万多人，但真正留在赣州就业的只有2万多人，赣州市三所高校的本科毕业生的就业意向大部分是沿海、经济发达省份，愿意留在本地的很少，在人才后备军方面造成很大的问题。例如宁都县自1977年恢复高考制度以来约有5.3万人考取各类大中专学校，其中回宁都县工作的只有7800人左右，只占14.7%；近10年来宁都县约有473人流出到其他县市特别是沿海地区工作（其中研究生及高级职称人员有10人，本科学历、中级职称以上人员有286人）；由于经济待遇低，难以吸引人才，一些年轻优秀毕业生不愿意回宁都工作。根据统计，近两年教育系统4名研究生辞退离开宁都，有6名全国免费师范毕业生，没有一人愿意回宁都任教。卫生系统2005—2012年因退休、调出、辞职等原因离开单位职工达260人，卫生技术人员呈负增长态势，人才外流现象十分严重。

七　"官本位"用人思想严重

原中央苏区由于地处边远山区，经济欠发达，文化也相对落后，在用人方面"官本位"的观念严重，和沿海发达地区有比较大差别。原中央苏区虽然出台了很多人才引进，保留人才方面的政策，但具体执行起来出现偏差。特别是在一些国有企业，排外思想严重，高级人才很难开展工作；岗位安排"用人唯亲"的标准也非常盛行，从外地引进的

高级技术人才因为"人生地不熟",没有相应的人脉关系,受到排挤的现象时有发生。

八 人才管理制度改革和运行机制滞后

一是用人机制滞后。尚未真正建立政事分开、单位自主用人、个人自主择业、政府依法监管的事业单位人事制度,对人才的管理基本上仍采用党政机关干部管理的办法进行,统得过多、管得过死。二是激励机制滞后。以能力、水平、业绩为主导的评价体系尚待完善,待遇与业绩不能挂钩,终身制、大锅饭的弊端并没有革除,缺乏相应的激励机制,人才工作潜能难以激发。三是投入机制滞后。在经济社会投资总额中,人才资本的投入相对较低,造成有些急需专业人才因编制、经费等原因无法引进,人才得不到合理的流动,在人才市场化配置方面突破不大。

第三节 原中央苏区现有人才政策及人才措施

一 原中央苏区现有的相关人才政策

1.《国务院关于支持赣南等原中央苏区振兴发展的若干意见》(国发〔2012〕21号)

文件关于人才政策扶持力度方面规定是加大东部地区、中央国家机关和中央事业单位与赣南等原中央苏区干部交流工作的力度。鼓励中央国家机关在瑞金设立干部教育培训基地。国家重大人才工程和引智项目向原中央苏区倾斜,鼓励高层次人才投资创业,支持符合条件的单位申报建立院士工作站和博士后科研工作站。

2.《国务院办公厅关于印发支持赣南等原中央苏区振兴发展重点工作部门分工方案的通知》(国办函〔2012〕172号)

第一,文件中第70条规定是加强基层人力资源和社会保障公共服务平台建设,依托现有资源建设综合性职业技能实训基地。建立完善统筹城乡的社会保障体系,实现基本养老保险、基本医疗保险制度全覆盖。逐步提高新型农村社会养老保险和城镇居民社会养老保险基础养老金标准以及企业退休人员基本养老金水平。完善城乡低保制度,实现应保尽保,合理提高低保标准。由人力资源社会保障部、民政部、财政部、卫生部负责；第二，文件第98条规定是由中央组织部与人力资源社会保障部负责加大东部地区、中央国家机关和中央企事业单位与赣南等原中央苏区干部交流工作力度；第三，文件第99条规定是由人力资源社会保障部与科技部负责国家重大人才工程和引智项目向原中央苏区倾斜，鼓励高层次人才投资创业，支持符合条件的单位申报建立院士工作站和博士后科研工作站。

3.《国家开发银行关于支持赣南等原中央苏区振兴发展的意见》（开行发〔2012〕392号）

文件内外协调篇中第3条人才交流培训规定是加大国家开发银行与赣南等原中央苏区所在地政府与企业干部的双向交流工作力度，并根据国家开发银行培训计划组织对赣南等原中央苏区地方干部进行专题培训。

4.《中国农业银行关于支持赣南等原中央苏区振兴发展的指导意见》（农银发〔2012〕271号）

第一，文件第20条规定："加强干部队伍建设规定是坚持'德才兼备、以德为先、尚贤用能、绩效为先'的人才理念，选好干部，配强班子。赣南三家分行领导班子年龄、学历、专业结构互补匹配，辖内一级支行3年内分别配备1名全日制本科以上学历班子成员，提高当地行领导班子知识化、专业水平和科学发展的能力。对业务规模较大，辖属机构网点较多的赣州分行可增加1名副行长职数，按1正5副配备，用于加强前台市场营销力量。"第二，文件第21条规定："加大干部交流力度规定是总分行互派交流干部和省际分行交流干部优先安排到赣南三家分行及辖内县支行挂职。有计划地从赣南三家分行班子成员和科级干部中选派人员到总行和其他经济发达省份分行挂职锻炼。"第三，文件第24条规定："适度增加赣南三家分行用工计划规定是一级分行在总行下达的用工计划控制数范围内，加大用工增量计划向赣南三家分行的倾斜力度，主要用于补充网点柜员和营销岗位人员。"第四，文件第25条规定："适度扩大员工招聘范围规定是适当调整合同制柜员招聘条件。赣南三家分行的合同制柜员以本地生源为主，招聘条件放宽至全日制本科应届毕业生（不限录取批次）。确实存在招聘困难的县以下网点，可招聘全日制大学专科应届毕业生。"第五，文件第26条规定：

"加大培训力度规定是加大高管人员培训力度，适度吸取赣南三家分行一级支行副职参加一级支行一把手培训、二级分行副职参加二级分行一把手培训，增加二级分行部门助理以上干部和专业技术骨干参加总行业务培训的名额。强化农行网络学院的推广应用，加强对江西分行组织实施原中央苏区特殊网络培训项目的业务指导。"第六，文件第27条规定："倾斜配置工资资源规定是考虑江西分行效益增长明显，历史原因造成人均工资排名不高，因此，总行在年末核定今年工资总额时，根据该行效益及工资排名情况，酌情给予倾斜，保持工资持续稳步增长"。

5.《中国残疾人联合会办公厅关于促进赣州市残疾人事业发展有关问题的函》(残联厅〔2012〕136号)

文件第6条是积极支持赣州市残联干部到中国残联机关挂职锻炼。在安排全国残联干部培训时，将按计划安排赣州市残联干部参加。

6.《环境保护部贯彻落实〈国务院关于支持赣南等原中央苏区振兴发展的若干意见〉的实施意见》(环发〔2012〕141号)

文件第20条规定是加强环保队伍建设加强环保干部双向交流，积极推荐国家和发达省市环保干部到赣南等原中央苏区挂职，争取两年安排赣南等原中央苏区2—3名环保干部到环境保护部系统挂职（学习）锻炼，协调安排业务骨干到发达省市锻炼培训。加强环保业务培训，力争用三年时间对赣南等原中央苏区市县环保局局长和监测、监察、应急、辐射等各领域业务骨干培训一轮。

7.《广电总局贯彻〈国务院关于支持赣南等原中央苏区振兴发展的若干意见〉的实施意见》(广办发办字〔2012〕181号)

文件第9条针对赣南等原中央苏区广播影视队伍情况开展岗位培训规定是每年为赣南等原中央苏区集中举办一期广播影视专业技术人员培训班，在总局培训计划中对赣南等原中央苏区予以名额保障和经费支持。

8.《民政部关于进一步支持和促进赣南等原中央苏区民政事业振兴发展的意见》(民发〔2012〕237号)

文件保障措施篇中第四条：加强民政人才队伍建设规定是依托重大民政人才工程，将赣南等原中央苏区民政人才队伍建设纳入全国民政人才规划体系给予大力支持。支持赣南等原中央苏区民政干部到民政部机关学习锻炼，选派部机关优秀年轻干部到赣南等原中央苏区挂职锻炼。支持赣南等原中央苏区加强民政人才培训基地建设，开展民政干部、民政专业技术人才、民政技能人才等各类人才培训，为推动赣南等原中央苏区民政事业发展提供智力和人才支持。

9.《国家旅游局关于支持赣南等原中央苏区旅游产业发展的实施意见》（旅办发〔2013〕1号）

文件第四条：强化智力支持规定是帮助赣南等原中央苏区旅游人才培养，定期举办旅游人才培训班。国家旅游局举办的各类培训对赣南等原中央苏区适当倾斜，根据工作需要，视情况安排国家旅游局与赣南等原中央苏区开展干部双向挂职锻炼。

10.《卫生部关于支持赣南等原中央苏区卫生事业振兴发展的实施意见》（卫规财函〔2013〕8号）

文件关于主要任务中第8条：加强基层医疗卫生队伍建设规定是推进全科医生制度建设，加大对全科医生临床培养基地建设支持力度，通过规范化培养、转岗培训、执业医师招聘和设置特岗等方式加强全科医生队伍建设。加强乡村医生培养培训，为赣南等原中央苏区订单定向免费培养一定数量的医学生。开展农村卫生人员实用岗位技能培训。到2015年，使每万名城市居民拥有2名以上全科医生，每个乡镇卫生院都有全科医生。

11.《中共江西省委江西省人民政府贯彻落实〈国务院关于支持赣南等原中央苏区振兴发展的若干意见〉的实施意见》（赣发〔2012〕8号）

文件第四十条人才政策规定：第一，由省委组织部负责，省人保厅配合落实好东部地区、中央国家机关和中央企事业单位与赣南等原中央苏区干部交流工作。从省直机关选派优秀干部和技术型人才挂职或驻点帮扶；第二，由省人保厅牵头，省教育厅、省科技厅配合积极衔接中央国家机关在瑞金设立干部教育培训基地。落实好国家重大人才工程和引智项目向原中央苏区倾斜的政策，鼓励高层次人才投资创业，支持符合条件的单位申报建立院士工作站和博士后科研工作站。鼓励高校毕业生到原中央苏区基层工作。

12.《中共赣州市委赣州市人民政府贯彻落实〈国务院关于支持赣南等原中央苏区振兴发展的若干意见〉的决定》（赣市发〔2012〕13号）

文件组织领导篇第三条：强化人才保障规定是注重在振兴发展一线培养早就人才，将推动振兴发展实绩作为检验考察干部的主要内容，完善双向挂职交流机制，突出培养能谋划、善运筹，懂经济、善管理，会操作、善执行的人才，打造一支眼界宽广、理念先进、作风踏实、堪当重任的干部人才队伍。加快建设区域性人才高地，加强柔性引才，有针对性地吸引国内外各行业的领军人物、拔尖人才落户或服务赣州；降低人才创业的商务成本，办好职教园区、大学生创业园等，加快建设人才创业载体，优化人才服务、政策激励和工作生活环境。

13.《中共赣州市委赣州市人民政府贯彻落实〈国务院关于支持赣南等原中央苏区振兴发展的若干意见〉的实施意见》（赣市发〔2012〕14号）

文件第35条人才政策规定：第一，进一步优化人才发展环境，健全人才引进、培养、使用的激励机制，落实国家加大东部地区、中央国家机关和中央企事业单位与我市干部交流工作的力度，落实省直机关优秀干部和技术型人才在我市挂职或驻点帮扶工作。责任单位是市委组织部、市人力资源社会保障局、市国资委；第二，积极推进中央国家机关在瑞金设立干部教育培训基地。责任单位是市人力资源社会保障局、瑞金市；第三，落实好国家重大人才工程和引智项目向原中央苏区倾斜的政策，鼓励高层次人才投资创业，支持符合条件的单位申报建立院士工作站和博士后科研工作站。责任单位是市委组织部、市教育局、市科技局、市人力资源社会保障局、市科协；第四，鼓励高校毕业生到赣南原中央苏区基层工作。责任单位是市人力资源社会保障局、市教育局。

14.《关于深入实施西部大开发战略的若干意见》（中发〔2010〕11号）

文件关于人才政策的规定是完善机关和事业单位人员的工资待遇政策，逐步提高工资水平。进一步加大对艰苦边远地区特别是基层的政策倾斜力度，落实艰苦边远地区津贴动态调整机制。研究完善留住人才、吸引人才到西部地区基层工作的优惠政策，在职务晋升、职称评定、子女入学、医疗服务等方面给予政策倾斜。

15.《赣州市《关于大力引进高层次人才的若干意见》（2013年4月17日）

第一，关于高层次人才类型的规定：从赣州市行政区域以外引进到我市所属单位的高层次人才，重点是我市"三个三"产业集群（即稀土和钨及其应用、新能源汽车及其配套、铜铝有色金属等三个主营业务收入分别超1000亿元的优势产业集群，电子信息、现代轻纺、食品工业等三个主营业务收入分别超500亿元的产业集群，氟盐化工、生物制药、新型建材等三个主营业务收入分别超200亿元的产业集群）和脐橙产业发展中急需紧缺的高层次人才。主要包括：（1）中国科学院院士、中国工程院院士。（以下简称"第（一）类高层次人才"）；（2）国家有突出贡献的中青年专家，国家重点学科、重点实验室、工程技术中心、企业技术中心的学术技术带头人，享受国务院特殊津贴人员，国家级"新世纪百千万人才工程"人选。（以下简称"第（二）类高层次人才"）；（3）部省级有突出贡献的中青年专家，省级重点学科、重点实验室、工程技术中心、企业技术中心的学术技术带头人，省重点人才工程培养对象，享受省政府特殊津贴人员，省级"新世纪百千万人才工程"人选。（以下简称"第（三）类高层次人才"）；（4）全日制博士研究生，具有正高级专业技术资格人员，具有创新能力及部省级以上科研成果并取得全日制硕士学位或获得副高级专业技术资格人员，具有其他特殊才能的我市"三个三"产业集群和脐橙产业等经济社会重点领域发展中急需紧缺专业技术人才（含高技能人才）。（以下简称"第（四）类高层次人才"）。

第二，关于人才引进方式的规定：按照"双向选择、来去自由，不求所有、但求所用，不求所在、但求所为"的方针，除正式调动外，可采取签约聘用、技术合作、技术入股、合作经营、投资兴办实业，或与国内外高校、科研院所、医疗机构合作设立技术中心、研究所和实验室等柔性流动方式，大力引进带技术、带项目、带资金的高层次人才和创新科研团队到我市工作。

第三，关于政策措施的规定：（1）发放高层次人才特殊津贴，提供住房补贴优惠政策；（2）畅通高层次人才引进工作的"绿色通道"；

（3）建立和完善向优秀人才倾斜的分配机制；（4）建立高层次人才补充保险制度；（5）实行高层次人才休假体检制度；（6）激励各类高层次人才到赣州创新创业；（7）突出企事业单位在吸引高层次人才中的主体作用；（8）大力扶持企事业单位申报设立博士后科研工作站；（9）大力引进国外智力和吸引海外优秀留学人才；（10）加快建设人才公寓。

第四，关于组织实施的规定：（1）提高认识，加强领导；（2）完善高层次人才投入机制；（3）建立人才需求信息发布制度；（4）加大人才工作的宣传力度，营造引才良好氛围。

二 原中央苏区实施人才政策的措施

1. 建立健全人才管理和服务机构。原中央苏区市、县两级普遍成立了人才工作领导小组及其办公室，组织部门设立人才工作机构，并配备有专职工作人员。

2. 搭建引才引智平台。例如赣州市先后与北美洲中国学人国际交流中心、北京博士后联谊会签订了合作的协议，打通了面向国内、国外的引才渠道。

3. 鼓励政府、企业与外地人才开展技术和智力合作。例如赣州市先后聘请了欧洲硬质合金专家罗丹、以色列"世界刀王"波拉特等60多名国内外顶级专家担任政府、企业顾问；组织开展"百名博导千名博士原中央苏区志愿服务团"活动，第一批促成72名博士以上高层次人才与原中央苏区各单位、企业达成合作意向。

4. 鼓励和引导人才加强自我培养。例如赣州市出台了《赣州市人才培养经费资助办法（试行）》，由市人才工作经费资助各类高层次人才培训或开展学术活动，资助比例超过50%，资助重点向重点产业、重点领域倾斜，向紧缺高层次人才倾斜，向有发展潜质的年轻优秀人才倾斜。

5. 为人才创新创业营造良好的社会环境。例如赣州市建立了党政领导联系专家制度，每个市领导亲自联系人才，经常走访人才，关心他们的生活，解决他们的困难。建立了以评选"赣州市突出贡献人才"与"享受市政府特殊津贴专家"为主体的全市人才荣誉体系，评选表彰了10名突出贡献人才和享受市政府特殊津贴专家,并坚持每年组织他们外出休假。

第四节 原中央苏区人才政策效应

原中央苏区经过国家、省及各市县的人才政策及措施实施以来,取得了明显的成效,为赣南原中央苏区振兴发展提供了有力的人才支撑。其中主要成效有:

一 国家对原中央苏区的人才和智力支持进一步加大

国家重大人才工程和引智计划向原中央苏区倾斜。国家部委、央企与原中央苏区双向交流挂职的力度进一步加大。例如2012年,安排了赣州市2名"西部之光"访问学者到国家重点科研院所和高校进修培训。2012年启动了"建设富裕和谐秀美家园江西专家原中央苏区行活动",结合赣南8个市(县、区)10多家中小企业的实际需求,南昌大学、省农科院等4家科研院所、11名高级专家赴会昌、大余等地开展了多种形式的技术服务活动。

二 吸引了一批高层次人才和急需紧缺人才创业就业

例如中科院院士严纯华受聘为赣州市离子型稀土工程技术研究中心主任,并与苏锵院士一起在虔东稀土集团股份有限公司建立院士工作站;涂铭旌院士将在澳克泰工具技术有限公司建立院士工作站。虔东稀土集团股份有限公司和章源钨业有限公司等符合条件的企业正在积极申请设立博士后科研工作站。澳克泰工具技术有限公司等企业引进10名高层次人才,50名高层次人才达成到赣州市投资创业的初步意向。

三 入选国家重大人才工程和享受政府特殊津贴的人才增多

2012年,赣州市入选国贴专家、省贴专家表彰对象各3人;11人取得农业技术推广研究员任职资格。2013年,分配赣州市"百千万人才工程"入选推荐名额13人,其中,省级人选9名;国家级人选4名。

四 建立博士后科研工作站工作有所突破

我国人力资源与社会保障部支持赣南等原中央苏区在钨、稀土、脐橙、汽车新能源、电子信息、铝箔、机械装备制造和生物制药等主导产业建立博士后科研工作站。其中，虔东稀土、章源钨业和青峰药业等企业申报设立博士后科研工作站的相关材料已正式上报国家人力资源和社会保障部。

五 一大批专业技术人才接受了高层次培训

2012年，人力资源与社会保障部首次在赣州市开展了稀土资源开发、脐橙种植与保鲜技术、钨资源高效开发与利用等3期国家级高级研修班，赣州市共250名高层次专业技术人才和高级管理人才参加了培训研修。"国培计划"中小学教师培训12297次、幼儿园教师培训3562人次，分别比上一年增加4324次、2510次，参训比例达全省的51.3%。

六 技能型人才队伍建设得到了加强

加大赣州技师学院等职业技能院校的力度，不断完善了技能人才教育培训体系。赣州技师学院已被认定首批"国家高技能人才培养示范基地"，成为江西省高技能人才培养主要基地之一。建立了高技能人才奖励制度，对青年高级技工、紧缺职业技师培养给予每人2000元的政府补贴，对评选为"江西省首席技师"、"赣州市首席技师"的给予每人18000、10000元的政府奖励、营造了尊重职业教育、学习劳动技能的浓厚氛围。

七 人才公共服务体系进一步完善

优化了人才市场功能，定期举办支柱产业、春季就业招聘大会等大型人才就业招聘大会，取得了较好的成效。更好地发挥了激励分配效能，实施专业技术职称评聘分工管理制度，对优秀专业技术人才、青年高级技工和优秀技工给予职称评选、津贴补贴方面的倾斜。积极打造成长创业，市、县、乡、村四级建立了"创业指导中心"或"创业指导服务窗口",为农民工、大学毕业生等创业主体提供免费服务。赣县、龙南、全南、于都工业园建立了4个大学生实践基地,每年有近5000名大学毕业生到基地进行创业实践。

第五节　振兴原中央苏区发展的人才政策方案设计

由于原中央苏区没有国家重大产业、重大工程和重点项目的布局;没有国家级知名教育、医疗机构、大型中央企业等人才依为附载体;也缺乏国家级重点实验室和国家级科研机构;再加上地处山区,工资待遇偏低,人才吸附力较弱,制约了高层次人才、创新创业人才的引进,也导致了本地高级人才大量流失。因此,对人才政策需要进一步完善,从而为原中央苏区振兴发展提供强有力的智力支撑。

一　人才引进的政策设计

第一,根据原中央苏区现有的人才分布不合理情况(高层次人才多集中在教育、卫生等非生产性行业、其他产业技术人才、技能型人才普遍缺乏等情况),建议人才引进以原中央苏区产业布局为准则,引进支柱产业,依托重点发展的产业引进人才、留住人才,以"事业"吸引人、留住人。

第二,人才市场竞争实力归结于地区经济实力,原中央苏区由于经济欠发达,薪酬待遇普遍偏低,导致人才引进不畅,现有人才大量流失现象。建议设立高层次人才、急需人才开发专项资金,用以制定相关的优惠政策,增加人才引进的吸引力及竞争力,从工作收入、住房、子女教育、配偶工作解决、外国专家在中国当地生活服务等方面给予特殊支持,并且最好由省级层面统一协助用人单位解决。

二　人才培养的政策设计

第一,人才的获取,一靠引进,二靠自身的培养。尤其是从外地引进人才非常艰难的时候,特别要注重本地人才的培养。因此建议用人单位加大人才培养力度,从省级、市级和县级等各级层面专门设立人才培训专项资金，对通过自我培养解决人才问题的单位从政策上给予支持和鼓励。

第二，对于一些当地特殊产业需要的人才，建立相应的专业、培训学校和培训基地。例如目前赣州稀土产业发展良好，2011年其主营业收入已近400亿元，税利近100亿元，但与产业很不匹配的是这方面的专业人才十分缺乏。中国南方没有一所稀土行业的工程科研技术院校，只有江西理工大学设置了稀土专业。而2013年江西理工大学稀土专业的取消使稀土产业未来发展需要的技术人才储备前景堪忧。这种与产业的需求完全脱节的人才缺乏情况严重影响到赣州乃至国家稀土大产业的发展。因此从赣州稀土大产业发展的实情考虑，在江西南昌大学、江西理工大学等相关院校重新设立稀土专业是迫切需要的，可以为江西乃至全国培养稀土产业的实用人才。

第三，赣南原中央苏区很多企业技能型人才非常缺乏，严重影响企业的正常运作及发展，因此建议加强职业院校、职教园区的建设，解决产业发展需要的技能型人才缺口问题。例如赣州正在申请南康职教园区建设，各个县里的职业学校也需要加强建设。

三 人才载体建设的政策设计

高层次人才特别是行业领军人才发挥作用需要一定的人才载体，但是由于原中央苏区目前没有国家重大产业、重大工程和重点项目的布局，也没有国家级知名教育、医疗机构、大型中央企业；也缺乏国家级重点实验室和国家级科研机构，导致原中央苏区高端人才极度匮乏，也难以留住现有的高层次人才。因此建议：第一，国家、省在产业布局、项目方面要对原中央苏区有所倾斜政策；第二，加强国家知名教育医疗机构、大型中央企业对原中央苏区智力支持的力度；第三，对原中央苏区向上申报设立博士后科研工作站、国家级重点实验室、工程（技术）研究中心等符合条件的单位在设备、资金等方面给予政策倾斜。

四 行政事业单位特殊人才政策设计

第一，树立"用人唯贤"的观念，摒弃"官本位"思想，优化人才工作生活等人文环境，促使各级人才发挥最大效应。

第二，加大基层公务员、事业单位公开招聘力度，解决各单位人员年龄老化和断层现象,确保原中央苏区各基层单位各项事业的稳定发展。在招录基础公务员条件方面,可根据基层实际情况适当放宽,如学历可放宽至专科以上,年龄可放至35周岁以下。加大事业单位机构改革力度,增加基层行政事业单位机构编制。

第三,提高欠发达地区基层机关事业单位工作人员的工资福利待遇。首先,建立基层公务员非领导职务正常晋升机制,尤其是县直单位及乡镇村层面;其次,可以根据工作年限、工作业绩等标准,适当向基层工作人员倾斜工资待遇政策,激励党政人才扎根基层。

第十一章

原中央苏区振兴对口支援政策研究

由于我国国土面积辽阔,各个区域发展受到多重因素的影响,使得不同区域的经济发展水平不仅存在很大的差异,而且差异还比较明显。因此引起了党中央和国务院以及各级地方政府的高度重视,通过实施一系列的政策来缩小这种地区间的发展不平衡问题,促进我国不同区域的协调发展,缩小经济差距。其中,对口支援政策就是为解决这个问题而提出的重要政策之一。对口支援政策作为解决缩小区域间经济差距、协调区域经济发展的政策,已经在全国很多地区实施,并且已取得显著的成果。

第一节 对口支援政策的梳理

一 对口支援的界定

什么是对口支援?如何界定?国内学者(李延成,2002)在《对口支援:对帮助不发达地区发展教育的政策与制度安排》中认为"所谓对口支援,是指由政府启动,在发达地区和不发达地区有关机构和学校之间建立稳定的伙伴关系,引进发达地区的物质和智力资源,促进不发达或者欠发达地区教育发展的一种援助模式"。[①] 学者(杨道波,2005)在《地区间对口支援和协作的法律制度问题与完善》中指出:

[①] 李延成:《对口支援:对帮助不发达地区发展教育的政策与制度安排》,《教育发展研究》,2002年第10期,第16页。

"对口支援和经济技术协作法律制度是我国在社会主义建设时期,基于我国各民族在政治、经济、文化和社会等方面发展水平存在着事实上的不平等以及地区之间资源分布的不均衡性和互补性的客观实际,为了缩小汉族地区和少数民族地区之间的差别,推动少数民族地区经济社会较快发展,实现民族平等、团结和共同繁荣而制定的一系列规范性文件的总称。"① 对于学者关于对口支援的解读与界定,国务院三峡建设委员会移民开发局曾在编写的《三峡工程移民工作手册》中对其作出了界定,认为:"对口支援,即结对支援,它是社会主义制度优越性和大协作精神的体现,是区域、行业乃至部门间开展合作与交流的有效形式。通常泛指国家在制定宏观政策时为支持某一区域或某一行业,采取不同区域、行业之间结对形成支援关系,使双方区位或行业的优势得到有效发挥。在对口支援中,提倡优势互补、互惠互利、长期合作、共同发展。"② 因此,对于对口支援的解读与界定,不论是从学者的角度还是从国家出台的有关政策解读的角度都是比较清晰且明确的,即所谓对口支援,是由于我国不同地域之间经济文化发展水平差异,自然资源的分布以及经济、社会发展的不平衡等现实因素的原因,为了更好地促进不同地区的经济文化发展,同时也为更好地促进经济发达省市的经济得到更快的发展,政府在发达地区和不发达地区机构、行业或者部门之间建立一种比较稳定的支援纽带关系,对不发达地区的各项事业的发展进行支援,缩小发达地区与不发达地区间差距,实现区域共同发展、达到共同富裕、共同繁荣的一种政策模式。

二 我国对口支援发展的几个阶段

对口支援政策本身是中央为加快由于不同原因导致的发展程度较慢地区经济、社会发展而采取的一项重要措施。中央曾在1979年召开的全国边防工作会议上就确定了对口支援的政策方案,例如:北京地区支

---

① 参见杨道波《地区间对口支援和协作的法律制度问题与完善》,《理论探索》2005年第6期,第115页。

② 参见国务院三峡建设委员会移民开发局《三峡工程移民工作手册》,三峡工程建设委员会出版1988年版。

援内蒙古地区，河北地区支援贵州地区，江苏地区支援广西地区、新疆，山东地区支援青海地区，上海地区支援云南、宁夏地区，全国支援西藏地区。此后为了保证这项政策能够长期的贯彻，中央有关部门又制定了一系列相应政策。我国1991年12月16日民委专门印发了《全国部分省、自治区、直辖市对口支援工作座谈会纪要》，其中就指出对口支援政策的实施应该不同于普通的经济或者技术上的协作或联合，它应该是有组织性的、有计划性的、不能以经济利益去衡量其成效，其目的是帮助发展欠发达地区加快经济的发展，是一项既有经济意义又有政治意义的工作。因此，对口支援应按照"支援为主，互补互济，积极合作，共同繁荣"的原则进行。即，对口支援首先应强调的是支援，经济发达地区应该站在国家共同繁荣的认识上，多讲贡献，用心地帮助经济欠发达地区。在此基础上，经济欠发达地区也应照顾到支援方，也应该认识到对口支援的互利性，也要讲究互惠互利，使经济发达省、市在对口支援的过程中也得到互补性的发展。自从我国1979年开始实施对口支援政策以来已有20多年的历史，纵观这20多年的发展历程，大体上可以划分出五个阶段：

(一) 对口支援的起步与探索阶段 (1979年—1983年)

对口支援政策的起步阶段可以认为是从1979年开始的，1979年4月全国边防工作会议上通过了中共中央〔1979〕第52号文件，提出"组织内地发达省、市实行对口支援边境地区和少数民族地区。即，北京支援内蒙古，河北支援贵州，江苏支援广西、新疆，山东支援青海，天津支援甘肃，上海支援云南、宁夏，全国支援西藏"。根据这第52号文件的指示，全国各地开始了有组织、有计划的支援工作，积极的开展相应对区域物质、资金、技术的支援活动。1982年10月，在银川召开的"经济发达省、市同少数民族地区对口支援和经济技术协作工作座谈会"上，国家计委和国家民委对对口支援政策进行了经验上的总结，肯定了之前对口支援工作已取得的成绩。1983年1月，国务院相继又批转了《关于组织发达省、市同少数民族地区对口支援和经济技术协作工作座谈会纪要》（国发〔1983〕7号），正式确定对口支援工作由国家经委、国家计委、国家民委三个部委共同负责，主要由国家经贸委牵头负责。从这一阶段来看，对口支援政策刚刚实施起步，属于探索期。因此，这一阶段我们可以认为是对口支援的起步阶段。

(二) 对口支援的全面开展阶段 (1984年—1985年)

1984年9月，国家经委、国家计委、国家民委和国家物资局共同在天津召开了"全国经济技术协作和对口支援会议"，增加上海支援新疆、西藏，广东支援贵州，沈阳、武汉支援青海等对口支援任务。同年10月1日开始实施的《中华人民共和国民族区域自治法》第64条规定："上级国家机关应当组织和支持经济发达地区与民族自治地方开展经济、技术协作和多层次、多方面的对口支援，帮助和促进民族自治地方经济、教育、科学技术、文化、卫生、体育事业的发展。"依照"扬长避短、互利互惠、互相支援、共同发展"的原则，支援范围增加了上海支援新疆、西藏，广东支援贵州，沈阳、武汉支援青海；针对少数民族比较集中的西南和西北地区，形成了西南六省（自治区、直辖市）七方经济协作区和西北五省（自治区）经济协作区；1984年3月召开的第二次西藏工作座谈会，确定由北京、天津、上海、四川等8省市支援西藏的43个项目工程。这一阶段，标志着对口支援政策的实施在我国全面地铺开，支援的地域不断增加，支援的内容形式也逐渐多样化。因此，可以把1984—1985年这个时期认为是对口支援发展的全面开展阶段。

(三) 对口支持政策的改革阶段 (1986年—1989年)

1986年3月，国务院颁发了《关于进一步推动横向经济联合若干问题的规定》的文件，随着文件的颁布和企业改革的不断深化实施，对口支援又呈现出了新的形式，以企业与企业间联合为主要形式，并向企业兼并集团化方向发展，成为新时期下对口支援的主要特点。例如，1986年4月，在辽宁沈阳建立的以大城市为中心的经济区域网络，由东北三省"5市"（沈阳、大连、长春、哈尔滨、赤峰市）和内蒙古"3盟"（兴安盟、呼伦贝尔盟、哲里木盟）组成的以大中型骨干企业为依托的企业群体或集团。1987年4月，《关于我国民族工作几个重要问题的报告》进一步指出："大力发展横向联系，这是加快发展少数民族地区的经济，促进民族交往和进步的重要途径。发达地区应该继续做好对少数民族地区的对口支援。这是一项历史使命，应当坚持做好。同时，在自愿结合、互利互惠的基础上，大力发展多方面、多层次、多渠道、多形式的横向联系。通过横向联合，互通有无，取长补短，促进资金、技术、人才的合理流动。"① 因此，从1986年到1989年这个阶段的对口支援特点可以发现，这个阶段主要是以各个区域内企业为中心的互助支援，对口支援工作主要围绕着怎么样帮助搞活被支援地区的企业、帮助优化其企业结构和资源配置，进而帮助被支援地区发展经济。所以可以把这个阶段称为对口支援政策的改革阶段。

（四）对口支援政策的巩固和提高阶段（1990—1999年）

20世纪90年代以后，对口支援的工作一直在不断地巩固发展和稳步地提高当中，特别是1990年12月30日，党的十三届七中全会通过了《中共中央关于制定国民经济和社会发展十年规划和"八五"计划的建议》，在这个建议中就明确指出"经济比较发达的沿海省、市，应当分别同内地一两个经济比较落后的省、区签订协议或合同，采取经验介绍、技术转让、人才交流、资金和物资支持等方式，负责帮助他们加快经济的发展"，这也标志着对口支援政策的进一步开展。次年9月，国家民委向国务院报送了《关于进一步开展对口支援的请示》，国务院也于1992年对此作了批复，确定由国家计委牵头，国家民委、国务院生产办共同参加，统一领导，组织协调对口支援工作。1991年12月国务院又进一步下发了《关于进一步贯彻实施中华人民共和国民族区域自治法若干问题的通知》，通知中指出："要有领导、有计划地推进经济发达地区与民族地区的对口支援。经济发达的省、市应与一两个自治区和少数民族较多的省，通过签订协议，采取介绍经验、转让技术、交流培训人才、支持资金和物资等多种方式，帮助民族地区加速经济、文化、教育、科技、卫生等事业的发展。"1994年7月，中央召开第三次西藏工作会议，确定62项援藏建设工程，实际投入资金38亿多元。1996年7月6日，国务院批准并转发了国务院扶贫开发领导小组《关于组织经济较发达地区与经济欠发达地区开展扶贫协作的报告》，确定由北京市与内蒙古自治区，天津市与甘肃省，上海市与云南省，广东省与广西壮族自治区，江苏省与陕西省，浙江省与四川省，山东省与新疆

---

① 国家民委：《中国人民共和国民族政策法规选编》，中国民航出版社1997年版，第52页。

维吾尔自治区，辽宁省与青海省，福建省与宁夏回族自治区，大连、青岛、深圳、宁波市与贵州省开展扶贫协作。为实现党中央、国务院关于加快中西部地区开发，逐步缩小地区间差距的战略目标，1996年，中央作出开展援疆工作的重大战略决策，决定从内地省市和国家机关选派2000名至2500名热爱新疆、坚持党的基本路线和方针，正确执行党的民族、宗教政策的党政领导骨干和专业技术骨干到新疆工作。1997年2月，由北京、天津、上海、山东、江苏、浙江、江西、河南8省市和中央及国家有关部委选派到新疆工作的首批200多名援疆干部抵疆，拉开了援疆工作的大幕。特别值得关注的是，1993年6月29日颁布的《长江三峡工程建设移民条例》，指出："国家鼓励和支持国务院有关部门和各省、自治区、直辖市采取多种形式，从教育、科技、人才、管理、信息、资金、物资等方面，对口支援三峡库区移民安置。"这是我国首次针对"重大工程"进行对口支援，拓宽了对口支援的领域。可以看出在这个阶段，对口支援的内容上有了新的补充，形式上也有了新的变化，从支援的形式上来说不仅有大型工程项目的对口支援，也有针对落后贫困地区的帮扶等等。因此，从1990年到1999年国家在对口支援政策上的新举措都归结为对口支援政策的巩固和提高阶段。

（五）对口支援政策不断发展与创新阶段（2000年至今）

教育部、中共中央组织部、国务院扶贫开发领导小组、财政部、国家发展计划委员会和人事部在2000年4月联合印发了《关于东西部地区学校对口支援工作的指导意见》，提出实施"东部地区学校对口支援西部贫困地区学校工程"、"西部大中城市学校对口支援本省（自治区、直辖市）贫困地区学校工程"（简称"两个工程"），对东西部地区教育事业实施有针对性的对口支援政策，并以此为指导思想制定了详细的实施规范，包括实施范围、实施目标和实施期限、实施的具体任务和主要实施目标等等，可以说此次针对东西部地区教育事业的对口支援政策是最具体和可操作性最强的。2001年国家颁布的《长江三峡工程建设移民条例》中规定，"国务院有关部门和有关省、自治区、直辖市应当按照优势互补、互惠互利、长期合作、共同发展的原则，采取多种形式鼓励名优企业到三峡库区移民点投资建厂，并从教育、文化、科技、人才、管理、信息、资金、物资等方面对口支援三峡库区移民"。同年，军队系统的对口支援工作也全面启动,根据有关方面要求,此次对口支援由军队总后卫生部与卫生部共同决定并实施,由全军的100所医院与西部地区的105所医院结成对口支援帮扶关系,支持西部地区的卫生事业,提高西部地区人民的社会卫生服务水平。2008年的"5.12"汶川大地震后,党中央、国务院为了加快汶川地区的灾后重建与恢复,提出了"一省帮一重灾县"的对口支援政策,安排东、中部地区19个省、市对口援建24个重灾县,并要求支援事务工作量按不低于本省市上年地方财政收入的1%考虑。同年6月,国务院又出台《汶川地震灾后恢复重建对口支援方案》,再度重申19个省市以不低于1%的财力对口支援重灾县市三年,并决定由广东省的13个经济较发达市对口支援汶川县受灾的13个乡镇等重大对口支援政策安排。此次对口支援汶川地震灾区的政策安排是我国历史上第一次如此大规模的对口支援。举国上下,众多省、市政府参与,巨大的援建物质及援建资金投入,可以说此次汶川对口援建开创了我国对口支援模式的新纪元——重大灾害对口支援模式,把对口支援这种政策又提高到了一个新的高度。2010年,全国对口支援新疆工作会议在北京召开,时任国务院副总理李克强指出,要按照中央的决策部署,建立起人才、技术、管理、资金等全方位对口支援新疆的有效机制,把保障和改善民生放在支援的优先位置,着力帮助各族群众解决就业、教育、住房等基本民生问题,着力支持新疆特色优势产业发展。从2010年开始的未来10年内,全国19个省市将对口支援新疆12个地(州)市的82个县(市)以及新疆生产建设兵团的12个师,援疆资金仅2011年就逾百亿,10年内总援助资金将逾千亿。这也是我国历史上对口支援所涉及地域最广,时间跨度最长,资金投入最大的一次对口支援项目。纵观2000年至今,我国的对口支援呈现出蓬勃发展、支援方式不断创新等特点。因此,把2000年至今的我国对口支援阶段归结为对口支援的发展与创新阶段。

三 原中央苏区对口支援政策

2013年8月,国务院办公厅印发《中央国家机关及有关单位对口支援赣南等原中央苏区实施方案》,要求充分调动各方面积极性,形成整体合力,共同推动赣南等原中央苏区加快振兴发展。

《方案》规定，对口支援工作期限初步确定为2013—2020年，2020年以后根据实施情况另行研究。到2020年，要通过支援单位、江西省、相关设区市和受援地的共同努力，使受援地有效解决突出的民生问题和制约发展的薄弱环节，干部人才队伍素质全面提升，基本生产生活条件明显改善，公共文化服务体系切实加强，特色优势产业加快发展，自我发展能力和可持续能力显著增强，为实现赣南等原中央苏区与全国同步全面建成小康社会目标提供重要支撑。

《中央国家机关及有关单位对口支援赣南等原中央苏区实施方案》主要内容为：中央国家机关及有关单位（以下称支援单位）对口支援赣南等原中央苏区有关县（市、区），是《国务院关于支持赣南等原中央苏区振兴发展的若干意见》（国发〔2012〕21号，以下简称《意见》）的明确要求，对于充分调动各方面积极性，形成整体合力，共同推动赣南等原中央苏区加快振兴发展，具有重要意义。为推进对口支援工作有序开展，现制定以下实施方案。

（一）总体要求

1. 指导思想

高举中国特色社会主义伟大旗帜，以邓小平理论、"三个代表"重要思想、科学发展观为指导，紧紧围绕《意见》确定的目标任务，以提升受援地自我发展能力为重点，充分发挥支援单位职能优势，切实加大对口支援力度，帮助解决发展中的突出困难和问题，努力构建人才、技术、产业、项目相结合的对口支援工作格局，推动赣南等原中央苏区实现全面振兴和跨越式发展。

2. 基本原则

（1）科学谋划，有序实施。支援单位要根据职能特点和受援地发展需要，科学制定对口支援工作方案，明确工作重点，确定分步推进的时间表，确保对口支援工作扎实有序开展，统筹兼顾，突出重点。支援单位要按照《意见》要求，结合自身优势，着眼受援地长远发展，统筹开展对口支援工作。要坚持把保障和改善民生、提升基本公共服务水平摆在突出位置，全面增强受援地自我发展能力和可持续发展能力。

（2）创新方式，多措并举。支援单位要在总结以往对口支援工作经验的基础上，创新对口支援方式，通过人才交流、培养培训、技术支持、产业扶持、项目引导等多种形式，着力支持受援地优化发展环境，推动对口支援工作深入开展。

（3）加强协作，形成合力。支援单位和受援地人民政府要加强组织领导，搞好协调配合，完善工作机制，推动对口支援任务全面落实。受援地要大力弘扬原中央苏区精神，自力更生、艰苦奋斗，充分发挥主动性和创造性，推动对口支援工作取得实效。

3. 工作目标

到2020年，通过支援单位、江西省、相关设区市和受援地的共同努力，使受援地有效解决突出的民生问题和制约发展的薄弱环节，干部人才队伍素质全面提升，基本生产生活条件明显改善，公共文化服务体系切实加强，特色优势产业加快发展，自我发展能力和可持续能力显著增强，为实现赣南等原中央苏区与全国同步全面建成小康社会目标提供重要支撑。

（二）时间安排和结对关系

1. 时间安排。对口支援工作期限初步确定为2013—2020年，2020年以后根据实施情况另行研究。

2. 支援单位。由发展改革委、中央组织部牵头，中央宣传部、中央统战部、教育部、科技部、工业和信息化部、国家民委、公安部、民政部、司法部、财政部、人力资源社会保障部、国土资源部、环境保护部、住房城乡建设部、交通运输部、水利部、农业部、商务部、文化部、卫生计生委、人民银行、审计署、国资委、海关总署、税务总局、工商总局、质检总局、中华人民共和国国家新闻出版广电总局、体育总局、安全监管总局、食品药品监管总局、统计局、林业局、旅游局、法制办、台办、银监会、证监会、保监会、粮食局、能源局、国防科工局、烟草局、铁路局、民航局、文物局、扶贫办、供销合作总社、开发银行、农业发展银行参加，共计52个支援单位。

3. 受援地。江西省赣州市所辖18个县（市、区），以及参照执行对口支援政策的吉安市吉州区、青原区、吉安县、吉水县、新干县、永丰县、泰和县、万安县和抚州市黎川县、南丰县、乐安县、宜黄县、广昌县等13个特殊困难县（区），共计31个县（市、区）。

4. 结对原则。对赣州市18个县（市、区）原则上各安排两个支援单位进行对口支援。对吉安市、抚州市的13个特殊困难县（区）各安排一个支援单位进行对口支援。在具体对口支援安排上，充分考虑支援单位职能优势与受援地的比较优势和发展需要。

5. 结对安排。发展改革委、中央组织部为对口支援工作牵头部门，负责对口支援工作的组织协调和统筹指导，并结合自身职能全面开展对口支援工作，不再安排具体对口支援关系。其他支援单位的结对安排如下：

首先，赣州市18个县（市、区）。

工业和信息化部、公安部、国资委——章贡区（含赣州经济技术开发区）

财政部、银监会——瑞金市

证监会、民航局——南康市

科技部、国土资源部——赣县

农业部、能源局——信丰县

新闻出版广电总局、安全监管总局——大余县

教育部、法制办——上犹县

环境保护部、体育总局——崇义县

交通运输部、供销合作总社——安远县

海关总署、食品药品监管总局——龙南县

保监会、台办——定南县

商务部、开发银行——全南县

人力资源社会保障部、水利部——宁都县

卫生计生委、粮食局——于都县

民政部、烟草局——兴国县

审计署、质检总局——会昌县

中央宣传部、统计局——寻乌县

司法部、扶贫办——石城县

其次，吉安市特殊困难县（区）。

税务总局——吉州区

旅游局——青原区

住房城乡建设部——吉安县

国防科工局——吉水县

人民银行——新干县

铁路局——永丰县

工商总局——泰和县

林业局——万安县

最后，抚州市特殊困难县。

文化部——黎川县

农业发展银行——南丰县

国家民委——乐安县

文物局——宜黄县

中央统战部——广昌县

（三）主要任务

1. 加大人才技术支援

组织开展支援单位和受援地干部的双向挂职、两地培训，各支援单位要选派优秀干部到受援地挂职。实施专业人才培养计划，加快培养受援地经济社会发展急需的技能型人才。鼓励高层次人才投资创业，支持引进领军型人才，帮助建设高素质企业家队伍。加强技术指导，推动科研机构、高等院校开展多种形式的交流和科研合作，引导鼓励科技型企业到受援地发展。

2. 加强业务指导与支持

各支援单位要结合自身职能，紧紧围绕受援地经济社会发展需求，加强业务指导，在政策实施、项目安排、资金投入、体制创新等方面给予积极支持，帮助受援地加快振兴发展。

3. 帮助解决发展难题

各支援单位要加强与受援地的沟通，全面了解受援地经济社会发展，特别是民生方面面临的突出困难和问题，充分发挥部门优势，积极协调和有效调动社会各方面力量，整合各种资源，加大对受援地支持力度，合力破解制约受援地经济社会发展的重大难题。

4. 支持中央企业开展帮扶活动

支持中央企业在赣州发展，开展帮扶活动。鼓励中央企业自主与赣州市有关县（市、区）形成帮扶关系，通过参与地方资源开发、产业发展和重大项目建设，实现互利双赢、共同发展。中央企业帮扶工作由国资委具体负责。

（四）组织领导

对口支援是一项系统工作，各支援单位和受援地人民政府要高度重视，加强协调，周密安排，扎实工作，力求取得实效。

1. 精心组织实施。各支援单位要按照《意见》精神和本实施方案要求，抓紧与江西省、相关设区市及受援地人民政府协商制定工作方案并组织实施；每年年初要对对口支援工作进行部署，明确年度工作目标和任务，力争每年有实质性进展。江西省和赣州市、吉安市、抚州市人民政府要建立健全工作机制，加强与有关部门的沟通衔接，并参照本实施方案，组织安排本省、市的相关部门和单位对口支援原中央苏区有关县（市、区）。各受援地要主动配合和支持支援单位的工作，积极作为、不等不靠，合力推动对口支援工作顺利开展。

2. 加强督促落实。各支援单位要将本单位对口支援工作方案及年度工作安排、完成情况及时报送发展改革委、中央组织部。发展改革委、中央组织部要按照职能分工，加大督促检查力度，定期对对口支援工作进行总结和效率评估，适时对对口支援工作进行考核，确保对口支援工作取得实效。

福建省、广东省要参照本实施方案，研究制定本省对口支援省内原中央苏区工作方案，明确工作目标和任务，加强人才、技术、产业、项目等方面的对口支援，支持受援地加快振兴发展。

第二节 对口支援政策实施现状

一 我国实施对口支援政策的现实依据

（一）我国实施对口支援的现实条件

众所周知，我国的国土面积十分广阔，国土面积达到960万平方公里，拥有13亿以上的人口，按照区域间的经济发展来看，可以简单地将我国分为"四大经济发展板块"，即中部经济发展板块、东部经济发展板块、西部经济发展板块和东北经济发展板块。而我国的对口支援政策主要就是针对于东部经济发展板块和西部经济发展板块，具体来说东部经济发展板块包括北京市、天津市、河北省、上海市、江苏省、浙江省、福建省、山东省、广东省和海南省10个省（市）。西部经济发展板块包括：重庆市、四川省、贵州省、云南省、西藏自治区、陕西省、甘肃省、宁夏回族自治区、青海省、新疆维吾尔自治区、广西壮族自治区、内蒙古自治区12个省（区、市）。就环境特点来说，东部经济发展板块和西部经济发展板块的自然条件和环境都相差很大，在交通条件、自然资源禀赋方面都有着巨大的差距，这也是造成东西部地区经济发展不平衡的重要原因之一，以至于东部经济发展板块人口比较多，经济发展较好；而西部经济发展板块则在人口、发展速度等方面都远远落后于东部地区。所以，我国东、西部地区发展的差异是我国实施对口支援政策的现实选择之一。

此外，从资源的分布来看，东部经济发展板块资源相对匮乏，尤其是经济发展所需的矿产资源已经严重短缺；而西部经济发展板块从资源储藏量来看则较之东部经济发展板块来说要丰富得多，从数据来看，在全国已探明储量的159种矿产中，西部地区有143种。在45种主要矿产资源中，西部地区的煤炭、天然气、铬矿、铅、锌等资源在全国举足轻重，铝土、磷、锰等资源优势十分明显。据统计，目前西部地区非油气矿产资源矿石总产量20.53亿吨，占全国总产量的30.55%；煤炭产量为0.55亿吨，占全国68.11%；石油产量为4814亿吨，占全国26.60%；天然气产量619.95亿立方米，占全国80.01%。西部矿业产值为3658.05亿元，占全国近1/3。因此，从现实条件来看，对口支援政策的实施有利于资源的合理利用，实现各个区域的共同发展，促进全面的共同繁荣。

（二）我国实施对口支援的政策依据

虽然中国的东部发达地区和欠发达的西部地区，在资源、经济和社会发展上存在着显著的差异和差距，但是当我们仔细比较时，可以找到双方的分配实际上有着显著互补，东部缺乏能源，使得经济已经飙升受到阻碍，而西部尽管资源丰富，但由于经济发展滞后，技术水平低，不能得到充分的利用。正是这种多样性和互补性，东部和西部地区的对口支援才有了客观的依据。

我国走的是有中国特色的社会主义道路，从本质上来说还是社会主义，邓小平曾说："社会主义的本质，是解放生产力，发展生产力，消灭剥削，消除两极分化，最终达到共同富裕。"因此，可以看出共同富裕是社会主义的本质要求，但邓小平也说：共同富裕并不是同时、同步、同等富裕，而是"逐步"实现共同富裕。因此他提出："可以让一部分地区、一部分人先富起来，带动和帮助其他地区、其他人，逐步达到共同富裕。"也正是基于这一指导思想，从70年代末起，在中国掀起了一层轰轰烈烈的经济改革，党中央颁布了一系列的优惠政策，其中大部分政策对东部地区经济发展板块做出了倾斜，加快了东部地区的经济发展，对全国的经济发展都起到了带动和示范作用。但不可否认的是，这一举措也导致了东部和西部地区的经济发展差距不断拉大，东西部地区人民的生活水平差距的进一步扩大。一方面，由于地理位置、文化环境、政策倾斜、体制改革等方面原因，东部地区抓住了发展机遇，利用全球经济一体化带来的产业结构调整，充分发挥了自己的比较优势。另一方面，西部地区由于地理位置偏远落后、文化环境较封闭、体制改革滞后等原因，对外开放的速度较慢，社会经济的国际化程度也较低，非但没能从世界经济发展中得到多少利益，反倒因为国内经济向开放型发展恶化了自身的发展环境，从而拉大了与东部地区的差距。如果任由这种差距加大，不但背离初衷，违背社会主义"共同富裕"的本质，同时也会带来民族矛盾和区域间矛盾的滋生，影响我国民族团结、政治稳定的大好局面。因此，从社会主义的本质要求来说，必须要实现共同富裕，所以以"先富带动后富"思想为指导，国家通过行政命令的方式，开始在人力，物力，财力和其他方面大力支持西部地区的发展，大量的东部沿海地区高技能人才和免费的高素质劳动者支持西部，东部一些公司向西部移动，并奠定了在西部地区的进一步发展、工业化的初步基础。因此，实施符合中国国情的对口支援政策非常重要。

二 我国实施对口支援的模式研究

经过多年来的探索和发展，我国已经形成了独具特色的对口支援模式，也可以看成是政府之间和区域之间的合作模式，总共分为四类：

（一）平行支援模式

对口支援模式中平行对口支援模式指的是按照我国的行政区域划

分，发达地区的省、市、县按照行政区域级别对口支援被援建方的省、市、县。例如，北京支援内蒙古、江苏支援广西、山东支援青海等。

（二）斜向支援模式

斜向支援模式和平行支援模式有点类似却又有着本质的不同，主要体现在援建方与被援建方在区域的行政级别上的差异，可以理解为发达地区较高或较低行政级别区域对口支援欠发达地区较低或者较高行政级别区域，实现斜向的而非平行的特殊的对口支援模式。例如，我国汶川地区的地震灾难发生以后，国家就实施了斜向的对口支援政策，有一个省支援一个县或市等，如广东省对口支援汶川县、浙江省支援青川县、北京市支援什邡市、上海市支援都江堰市等，就属于这种斜向的对口支援模式。

（三）专门领域型对口支援模式

在对口支援的政策中，专门或特定领域的对口支援有其一定的指向性和特殊性，是指由发达地区的特定领域对口支援欠发达地区的特定领域，帮助其发展，培养特定领域的专门型人才，使欠发达地区在特定领域能快速发展。例如，教育对口支援（发达地区重点高校对口支援欠发达地区重点高校，帮助其培养人才，引入先进理念等等，如2001年教育部启动东西部地区教育对口支援，由北京大学支援石河子大学、清华大学支援青海大学、复旦大学支援云南大学、上海交通大学支援宁夏大学等），医疗对口支援（发达地区重点医院对欠发达地区医院的定向支援，如2008年江苏医疗机构对口支援四川省绵竹市医疗事业）等都属于这一类的对口支援。

（四）突发应急型对口支援模式

应急型对口支援模式顾名思义就是在遇到突发事件或灾难的时候启动的支援模式，为应急临时性的一种对口支援模式。例如，2008年发生在我国汶川地区的地震灾害，国家就启动了应对突发事件或灾难的应急型对口支援模式，要求天津市对口援建陕西省受灾严重的地区、广东省对口援建甘肃省受灾严重的地区，帮助其恢复生产和实施重建工作。这种应急型的对口支援政策带有一定的保险性质，若未来其他地区也发生此类的突发情况或灾难，中央政府也可以启动这一应急政策，帮助其快速地恢复生产，摆脱影响。

三 实施对口支援需注意事项

对口支援是具有中国特色的,以促进特定区域的开发和实施特殊的政策,是中国政府运用马克思主义理论解决实际问题在中国的成功尝试。它不同于一般意义上的经济和技术合作,它具有以下几个突出的应注意事项:

(一) 必须从思想上认识到对口支援并不是权宜之计

由于受历史、区位、政策等因素的影响,我国经济发展水平与资源分布极不平衡。西部少数民族地区地域辽阔、资源丰富,有着较好的发展潜力,但由于缺乏资金、技术、人才、管理等,在发展上始终落后于东南沿海地区。而我国东南沿海地区,则具有较高的生产力发展水平,交通便利,信息灵通,工业基础雄厚,商品经济发达,市场经济已初具规模,在人才、技术、设备、资金等方面具有很大优势。因此,东南沿海地区与少数民族地区在资金、技术、人才、资源和管理等方面具有很大的互补性。建立两类地区的对口支援与经济技术协作关系,可以实现优势互补,促进各种生产要素在空间上的合理布局和优化组合,形成更加科学的区域经济布局,使东中西部形成各具特色的产业结构,推动产品结构不断升级改造。这既有利于增强西部地区的自我发展能力,也有利于增强东部地区的发展后劲。中央政府正是看到了东西部地区经济的互补性和两类地区相互依赖、相互合作的不断加深,希望通过对口支援政策的实施,来缩小地区间发展差距,最终实现全面协调可持续的发展目标。

(二) 对口支援不是单方面给予

对口支援既具有支援性,又具有互利性。从战略的高度讲,对口支援是国家赋予经济发达地区的光荣任务,是一项政治责任和义务,是落实中央的战略部署,各有关单位必须不折不扣地完成。这就要求经济发达省市要顾全大局,不要斤斤计较,要努力发扬贡献风格,使少数民族地区得到更多的支援和帮助,促进共同发展和富裕,让少数民族同胞也能享受到改革发展的成果,体会到祖国大家庭的温暖。同时,支援又是互利的,要遵循市场经济规则,按价值规律办事,顺应产业转移规律,决不能违背市场经济原则搞"拉郎配",双方合作还是要讲优势互补,互惠互利,共同发展,在促进少数民族地区经济文化发展的同时,也能给发达省市带来实实在在的经济利益，使经济发达省市在支援过程中自身也得到应有的补偿和发展。这一特点在汶川地震灾后恢复重建过程中也得到了很好的体现。温家宝总理去年在四川考察时就指出，鼓励支援省与受援县在巩固援建成果、互利共赢的基础上，探索建立长期合作机制。在对口支援制度的推动下，受援地可以积极寻求与支援地在更广泛和更深层次上的合作，真正利用好支援政策，在支援的友好环境中寻求合作，促进共同发展。

（三）必须把"输血"和"造血"恰当地结合起来

很长一段时间以来，对口支援政策实施的关键点都是如何坚持"硬件支援"与"软件支援"相结合，把短期"治病输血"与长期的"自主造血"相结合，而重点则是后者，即帮助被支援地区建造自身的造血系统，实现经济的长期发展。但是，由于很多现实条件的约束，例如被援建方的基础设施极其落后，交通、水利、电力、通信等基础设施建设的滞后，使得很多时候被援建方自身的自我发展动力或可持续发展动力不足，很难实现理想的"造血"功能，如果这样，这些被援建地区就很可能陷入"贫困——支援——再贫困——再支援"这样的偏离对口支援政策本意的恶性循环当中。因此，对口支援不能简单地理解为援建方对被援建方进行物质上的支援，或帮助被援建建设基础设施建设，更应该注重在技术、人才、管理、品牌的建设等方面帮助被援建方的发展，可以采取灵活的方式，诸如独资、合资、兼并等方式或手段帮助被援建地区兴建自己的企业，帮助其发展自身经济，增强被援建地区的自身造血功能。为此，如何做到在对口支援中把"输血"和"造血"结合起来，把帮助被援建方发展"硬件支援"与"软件支援"结合起来才是对口支援政策实施的关键，必须充分发挥对口支援援建方在技术、管理、人才、品牌等方面的优势。通过对被援建方实施人才培训、干部交流、本土化人才的培养等手段加强被援建方自身的"造血功能"的培养，可以通过采取双向挂职、两地培训等办法，为受援地区培养大量技术人员和各级干部，提升被援建方的软实力，给予受援地区有力的支持。

四 原中央苏区实施对口支援的难点

2013年8月国务院办公厅印发《中央国家机关及有关单位对口支援赣南等原中央苏区实施方案》，要求充分调动各方面积极性，形成整体合力，共同推动赣南等原中央苏区加快振兴发展。《方案》规定，对口支援工作期限初步确定为2013—2020年，2020年以后根据实施情况另行研究。到2020年，要通过支援单位、江西省、相关设区市和受援地的共同努力，使受援地有效解决突出的民生问题和制约发展的薄弱环节，干部人才队伍素质全面提升，基本生产生活条件明显改善，公共文化服务体系切实加强，特色优势产业加快发展，自我发展能力和可持续能力显著增强，为实现赣南等原中央苏区与全国同步全面建成小康社会目标提供重要支撑。

支援单位包括发展改革委、中央组织部牵头，中央宣传部、中央统战部、教育部、科技部、工业和信息化部、国家民委、公安部、民政部、司法部、财政部、人力资源社会保障部、国土资源部、环境保护部、住房城乡建设部、交通运输部、水利部、农业部、商务部、文化部、卫生计生委、人民银行、审计署、国资委、海关总署、税务总局、工商总局、质检总局、新闻出版广电总局、体育总局、安全监管总局、食品药品监管总局、统计局、林业局、旅游局、法制办、台办、银监会、证监会、保监会、粮食局、能源局、国防科工局、烟草局、铁路局、民航局、文物局、扶贫办、供销合作总社、开发银行、农业发展银行，共计52个支援单位。受援地为江西省赣州市所辖18个县（市、区），以及参照执行对口支援政策的吉安市吉州区、青原区、吉安县、吉水县、新干县、永丰县、泰和县、万安县和抚州市黎川县、南丰县、乐安县、宜黄县、广昌县等13个特殊困难县（区），共计31个县（市、区）。

就目前的实施情况来看，通过调研后发现对口支援实施过程中的主要困难集中在以下几个方面：

（一）如何加强人才技术支援。

如何组织开展支援单位和受援地干部的双向挂职、两地培训，各支援单位如何选派优秀干部到受援地挂职，被援建方如何解决援建方人才的后顾之忧问题。如何有效实施专业人才培养计划,加快培养受援地经济社会发展亟须的技能型人才。通过怎样的方式鼓励高层次人才投资创业,支持引进领军型人才,帮助建设高素质企业家队伍。如何推动科研机构、高等院校开展多种形式的交流和科研合作,引导鼓励科技型企业到受援地发展。

(二)如何加强业务指导与支持。

各支援单位要如何结合自身职能,紧紧围绕受援地经济社会发展需求,加强业务指导,在政策实施、项目安排、资金投入、体制创新等方面给予积极支持,帮助受援地加快振兴发展。

(三)如何支持中央企业开展帮扶活动。

国资委如何支持中央企业在赣州发展,开展帮扶活动。政府采用什么方式鼓励中央企业自主与赣州市有关县(市、区)形成帮扶关系,通过参与地方资源开发、产业发展和重大项目建设,实现互利双赢、共同发展。

以上这些问题都是原中央苏区在国务院办公厅日前印发《中央国家机关及有关单位对口支援赣南等原中央苏区实施方案》后,原中央苏区政府和人民最为关心和期待解决的主要问题。

第三节 对口支援政策实施中存在的主要问题

从前面对对口支援政策的相关分析来看,不能否认,对口支援政策不论从理论上还是实践上都被证明是正确的,它是我国发达地区和欠发达地区之间的经济发展趋于平衡的一种手段,是促进民族团结,人民富裕、国家强盛的一项法宝、对巩固边防和维护祖国统一都起到了一定的推动作用,具有深远意义。从实践层面上来说,对口支援政策不仅缩小了不同地区(发达地区和欠发达地区)的经济、社会发展水平差距,为国家的共同繁荣做出了贡献,而且从汶川等地震灾区的对口支援实施现状来看,它还是一种行之有效的应急风险处理措施。这种国家层面的风险应急处理政策,不仅可以帮助灾区在极短的时间内得到恢复性,而且可以极大地提高政府的公信力,提高政府在人民心中的地位及形象。这些都充分体现了我国社会主义制度的优越性。因此,在今后一段很长时间都必须鼓励对口支援这种政策的长期实施。但是，再良好的政策、再优良的制度都需要有良好的运行机制来保证其正常运作，这样才能发挥政策的最大效益，也才能体现出政策本身的优势。对口支援政策作为一项国家制定的为帮助和改善经济欠发达地区发展落后的政策安排，也需要有相应的机制来保证政策运作的高效性，使各地方政府的合作有序化、规范化，变被动帮扶为主动合作，这都需要良好的制定来保证。这也是原中央苏区政府和人们对于中央实施对口支援政策以来诸多疑虑产生的重要原因。因此，本节主要对以往国家在实施对口支援政策时经常遇到的问题作了一个总结，这些问题如果不设置相应的机制予以规避，很有可能也会成为原中央苏区在实施对口支援政策过程中障碍，总结起来有以下几点：

一 市场和政府间角色定位模糊

自 1978 年我国改革开放以来，我国的经济取得了突飞猛进的发展，发展 30 多年以来，已使我国的各项经济指标位于世界领先水平，这些都是我国经体制改革所带来的巨大变化。不得不说经济体制改革由传统的计划经济体制转向了市场经济体制是有中国特色的社会主义的巨大成功，但是也不能否认，距离真正市场经济体制还有一定的差距，一个最重要的表现就是在市场经济中我国政府的定位问题。政府在现行体制下如何定位？如何做到不"缺位"？如何做到不"越位"？这些都是我国政府需要考虑的问题。自然在对口支援政策中这个政府定位问题也很突出。例如，当地政府在教育方面的对口支援"缺位"的问题。教育作为一种公共产品或准公共产品，具有非排他性和非竞争性，它主要是由政府通过行政手段来分配资源。我们目前的教育经费实行国家财政拨款为主，多渠道筹措教育经费的制度。因此，在这个过程中，政府应该站在主导地位，帮助学校建设相应的硬件设施，以支持区域学校的发展，互相帮助，发挥各自的优势。然而，在实际操作中，对口支援工作的实施主体是支援学校和受援学校，其经费也大多来自对口支援的相关学校，这样支援方学校在除自身办学发展外还要背负起超自身能力外的帮扶被支援方学校的各项政策性援助，对于很多支援方学校来说可谓心有余而力不足，导致支援学校负收益，其根本原因在于政府未能发挥起主导作用，并承担相应的公共义务，也即政府在教育的对口支援角色中"缺位"。

另外，在各个地区政府都积极发展的工业园项目的援建中，对于项目本身而言企业才是其中的主角，应该发挥其主导作用，政府的角色只是辅助进行引导扶持作用。而现实中，受援方的工业园区主要以政府为主导，双方政府的积极性比较高，而双方企业由于担心没钱赚，又担心被政府"吃掉"，参与热情并不高，有些企业甚至抱持观望态度。这种做法不仅违背了市场经济的基本规律，也使得耗费巨大人力、物力建立起来的工业园区成为有名无实的"空巢"。即便项目合作成功，一方面出于双方企业自愿乐意，必然导致责任感较差；另一方面，以政府为主体，项目完成以后只能由政府来接管，政府根本无法充分发挥市场机制作用，项目效率也深受影响。所以，政府盲目深入地介入对企业来说反而不是好事。那么政府应该在多大程度上的介入，才不会导致所谓的"政府越位"现象，产生负效应，也是原中央苏区各地区政府应该着力考虑的问题。

因此，原中央苏区各个地方政府若要更好地发挥对口支援的作用，必须清楚界定市场与政府的角色定位，把握好政府参与市场的程度，这个"度"的把握也直接会影响到对口支援政策实施的最终成效。

二 执行机制不健全

对口支援政策从最初的设计就是希望通过中央的力量动员号召各地方政府支援欠发达地域的一种行政手段。并且这种政策从一开始就向各发达地区地方政府宣传"这是一种政治任务，从大局出发多做贡献"的思想。但由于政治目的强烈，难免支援方会产生被动响应的问题，影响对口支援实施成效。即使是在计划经济时代，这种现象也同样存在，如有的政府文件中谈到对口支援时就有写到"有的地方和部门领导重视，工作进行得较好；有的地方和部门重视不够，工作较差"，这些表述恰恰就印证了这一点。但随着我国改革开放的深入，地方政府对于经济效益的关注度提高，像对口支援这种带有计划经济体制色彩，又一时难见经济效益的政策就存在执行上的问题，"上有政策，下有对策"的事情也时有发生。况且放到实践层面来说，政策本身大多由行政手段确定,且很多都属于指导性的规范,仅仅给出了政策执行的方向或范围,操作性模糊或缺乏现实的可操作性。对于一些基本问题,如谁有资格成为支援方、谁有资格成为受援方、如何支援、支援形式、支援多少、何种比例等问题都没有具体规定,缺乏客观的衡量标准。比如"支援比例按不低于上年财政收入的1%考虑"这一条,仅有下限而缺乏上限规定,使得实施过程中操作难度加大,以北京市对口支援汶川地震灾区为例,如果按北京市上年财政收入的1%计算,其3年实物投入量应为55.88亿元,而实际上计划投入量为70亿元,远远超过要求的比例,有些省市则严格按照1%的比例投入,造成受援地区间差异显著。① 因此,相关对口支援政策规定条款的模糊不明,加上本身各个地区对于对口支援政策上的理解偏差,使得被支援地区获得援助物资的多少不仅取决于援建地区的经济基础,有时还得取决于当地领导的意愿,主观性和随意性过强。因此,在原中央苏区实施对口支援的实践过程中,必须首先使援建双方对于对口支援政策有正确的认识,理解支援与被支援的意义与目的,在此前提下再建立对口支援政策的有效执行机制。

三 管理机制不完善

我国实施对口支援政策的过程中,还存在着管理机制不完善的问题。主要体现在以下几个方面。第一,对于援建双方的对口支援政策的启动与退出机制问题。什么情况下启动对口支援,达到什么条件可以退出对口支援国家都没有相应的规定。对于一些项目来说,什么条件可以退出?达到什么要求可以退出?如果提前完成支援任务是否马上可以退出?这些问题都需要在政策开始执行前作出相应的规定,即明确对口支援双方的启动与退出机制;第二,资金、项目管理机制问题。在以往的对口支援项目中经常会存在物资、资金上的供给与需求,但是需要供给多少,需求又如何计算?没有相应的管理机制,这样就容易造成由于援建方自身的差异及援建方领导的因素造成的差异。例如,对口支援在汶川大地震中3年人均支援分配的资金达21830元,其中汶川县最高达到

---

① 刘铁:《对口支援的运行机制及其法制化:基于汶川地震灾后恢复重建的实证分析》,法律出版社2010年版,第223页。

人均 77257 元，而剑阁县则最低为人均 2490 元，相差了近 31 倍。并且，类似此类的短缺资助很少有援建方考虑项目投资的长期效益及双方经济发展的互补性，没有根据援建双方自身特点有针对性的双向选择援建方及援建项目，而都基于执行政治任务的心态，短期无偿援助的项目投资远远多过长期互利项目投资，"盲目铺摊子"使得对于被支援地区自身"造血"功能的帮扶收效甚微。因此，原中央苏区在实施对口支援政策时必须在资金、项目的选择管理机制上提前考虑；第三，人才、干部管理机制问题。如何引进、如何管理、如何使人才全心全意的为被支援地区做贡献，解决人才的后顾之忧是原中央苏区对口支援政策实施过程中必须重视的问题。例如，有的对口支援项目在实施的过程中因为缺乏规范的人才、干部选拔和管理机制，甚至有些地区派出的"人才"竟是素质较低的闲散人员，或者援建双方没有解决好人才的后顾之忧，使其带着包袱参加到对口支援的建设中来，这样不仅达不到对口支援政策所要求的实施效果，还会严重影响支援双方政府的形象，甚至对国家的公信力都存在影响。因此，解决好人才、干部的管理机制问题也是原中央苏区实施对口支援政策时所必须面对的重要问题。第四，缺乏统一的领导，存在多头管理的问题。很多地区在实施对口支援政策的同时援建双方没有统一的管理办公室去协调对口支援过程中所涉及的各个政府部门、企业等，导致各部门、各企业自行管理人、财、物，并在内部进行转移，导致人员、物资分配和使用高度分散，缺乏统筹管理机制，出现"多头管理"的现象，大大降低了对口支援的效率，影响对口支援政策最终的执行效果。

第四节 对口支援政策实施路径设计

通过对原中央苏区的各个县市区的走访调研，了解到目前原中央苏区对口支援这一块还没有开展起来，相关政策的制定也在酝酿当中。但调研组一行也强烈感觉到原中央苏区人民、政府对于对口支援帮扶加快发展原中央苏区经济的热切期待，但同时也存在着即期待又害怕的矛盾心理。主要是害怕重现由于对口支援在以往地区间存在的在实施过程中所遇到的政策、认识、动力不足等问题，所导致的开始时信心满满，结果却收效甚微的现象。其中在调研走访某地市时,某领导就曾谈到:"相对于我国其他发达地区,原中央苏区需要对口支援的地方其实是多方面的,从资金、项目、人才等方面都需要支持,但是我们更需要的是建立一种长效的支援方式,帮助原中央苏区实现自身的造血功能,从而实现长期稳定的发展。相反,如果只是短效、短期的支持,反而会影响原中央苏区经济发展过程中的平稳性,扰乱发展的自然规律,导致最终收效甚微或倒退现象的产生。因此,希望并建议援建方必须首先从对口支援的本质和目的上有所认识,并把援建的成效纳入到援建方自身的考核机制当中;设立援建项目长期办公室,增强援建方与被援建方的互动等。"①

基于课题组对原中央苏区实地的走访调研,我们把收集到的关于对口支援方面的建议与意见进行了归纳和总结,得出了原中央苏区在实施对口支援政策过程中所需要注意的事项和怎样让这些政策执行的更好、发挥更大的帮扶作用所提出的一些建议,也为相关部门制定相关对口支援政策提供些许参考。总结归纳起来有以下几点:

一 提高援建方在对口支援目的与意义上的认识

从对口支援的意义与目的上提高援建方的认识,有可能的话把被援建方的援建成效纳入援建方的干部考核中去。只有从认识上得到统一,提高援建方与被援建方思想的一致性,才能更好的开展对口支援工作,朝着共同的目标努力。共同目标是合作过程中最为理想的状态,当合作成员彼此的价值观越接近,他们对于事物的认知就会越接近,越容易产生好的结果。因此,援建方和被援建方首先必须在精神和意识上统一,有共同的目标。通过前面的分析也不难看出,对口支援政策不只是某一地区或某一部门的责任,它是一项关系到国家统一、民族团结、全民富裕的重要任务。所以,对口支援不能只是简单的看成是"政治任务",而应成为全国所有人的共识。如果援建双方在开始就缺乏共识,再加上对口支援双方的经济、地域、文化差异,就难以避免这项工作在还未开展前就遭遇"利益博弈"和"利益冲突"的问题。因此,只有提高援

---

① 根据2013年7月3日赣州市调研座谈会录音整理。

建方与被援建方的认识，树立共同的目标，这样才能使援建方与被援建方在各个层面的合作得到更有效的开展，才能形成心往一处想、力往一处使的局面。

二 健全完善对口支援政策实施的管理机制

目前，对口支援这种特殊政策虽然在我国有着不短的发展历史，但是在实施的过程中依然存在管理机制不健全，需要完善的地方。例如，政府和市场角色间的定位模糊问题、政策执行难问题、盲目发展、多头指挥等现象。因此，原中央苏区在实行对口支援政策时应当避免出现此类现象。所以，针对对口支援政策在管理机制方面不健全的情况，可以从以下几方面入手：

（一）设置稳定长效办事机构

设置长效的驻被支援地区的办事机构作为支援方与被支援方相互沟通和联系的桥梁与纽带。这种办事机构不仅是要起到纽带桥梁的作用，更要起到平台的作用，它不仅是支援方与被支援方人力、资金、物质、信息流发挥作用的一个保障平台，更是支援方与被支援方相互交流、相互促进、互惠互利、共同发展的平台。因此，首先重视这种办事机构、长效办公室的建设，且提升到一定的政治高度。

（二）健全人才、干部的管理机制

如何引进、如何管理、如何使人才全心全意地为被支援地区做贡献，解决人才的后顾之忧是原中央苏区对口支援政策实施过程中必须重视的问题。人才支援和干部支援的目的在于提高被支援地区人力资源素质，进行智力支援，但因为缺乏规范的人才、干部选拔和管理机制，甚至有些地区派出的"人才"竟是素质较低的闲散人员。因此，借鉴卫生部和教育部选拔对口支援人才的相关经验，原中央苏区在实施对口支援过程中相关部门应当对对口支援原中央苏区的人才和干部的选拔条件、程序、待遇保障等做出详尽具体的规定，解除人才在引进过程中的后顾之忧，以充分发挥智力支援的效用，同时被支援方还可以尝试像柔性引进等相关措施，实行人才的人性化管理模式。

（三）完善对口支援的指挥体制建设

原中央苏区应当对对口支援政策所涉及的各部门、各行业和各系统进行统筹安排、合理规划，避免人、财、物的分散使用所带来的"政出多门、效率低下"问题。

三 建立对口支援政策规范有效的监督机制

在原中央苏区建设完善对口支援政策管理制度的同时还必须加强对口支援实施过程中有效监督，建立健全对口支援政策在实施过程中的监督机制，发挥社会媒体的监督力度，弱化"同体监督"，强化"异体监督"是原中央苏区对口支援政策实施最后成败的关键因素。由于对口支援过程中所涉及的资金、人员、项目物质等资源量巨大，有效的监督机制是提升政府公信力，顺利实施对口支援相关政策的保障，因此，在对原中央苏区实施口支援政策的过程中应加强监督机制的建设。具体来说有以下几点：

1. 采用事前评估、事中评估、事后评估的"三估"手段，减少相关因估计错误所带来的损失。

2. 发挥社会和媒体的监督作用，地方政府网站和相关媒体及时披露对口支援项目实施的情况，增加透明度。

3. 对于对口支援相关实施的成效，应由多渠道、多角度收集项目实施所带来的成效，避免因只追求经济效益所带来的其他方面不可逆的损失。并且所有相关评估方案应由专业的独立于政府以外的评估机构来实施操作，以保障评估的公正有效。

四 构建合理的产业转移机制

增强被援建方的"造血"功能，一直是对口支援政策的最根本目的。怎样帮助被援建方发展，实现自我的"造血"功能，又能使援建方从中寻找互动互利的发展方式，主观上形成长期，稳定的结对帮扶意愿，实现援建双方的共同发展？合理的产业转移提供了一种新的帮扶新模式，对口支援中的产业转移，不应当是简单理解为"直线式转移"，即依靠市场机制的简单的资源配置规则，将在发达地区发展趋向缓慢、甚至已经成长停滞的产业转移到被支援地区，这种简单的产业转移往往会给援建双方带来不可避免的损害。因此，原中央苏区如何在援建方的帮助下实现特殊的产业转移，实现"互利共赢"，这时就必须依靠政府，在强调"自愿平等、互利共赢"的基础上开展"对口产业转移"。具体而言，原中央苏区在实现产业转移的过程中需要注意以下几点：

(一) 对于"高污染、高消耗、低收益"的产业，不应作为产业转移的对象

从考察的过程中发现，原中央苏区生态环境还是比较好，受污染和破坏相对较少，但也应清晰地看到原中央苏区生态环境的脆弱面，如果被破坏，资源再生能力差，破坏后短时期恢复能力差，原中央苏区的经济可持续发展将受到严重的阻碍，对原中央苏区的生态环境来说也必将受到毁灭性的打击。因此要防止在产业转移中存在"先破坏后保护"的观念，用牺牲环境、以环境为代价来保增长，追求短缺利益的错误观念。

(二) 产业转移应当充分考虑地区间的优势互补

产业转移应当充分考虑地区间的优势互补问题，一方面，通过调研考察来看，原中央苏区已经有一定的有良好基础的相关产业；而这些可以作为产业转移优先考虑的对象，通过转移使其能形成规模效应。例如，原中央苏区稀土资源丰富，在国家和地方政府相关政策的支持下，可以考虑优先转移以稀土为原材料的高科技产业，形成从原料开采到产品深加工的产业链，形成规模效应；另一方面，援建方也可以根据原中央苏区的自然地域及人文特点，把自身的能够形成拉动作用的行业龙头企业，作为对口支援中产业转移的重点，通过产业转移为原中央苏区带来配套加工项目，从而形成跨区域产业链，实现援建双方的共同发展。

参考文献

［1］2003年国家颁布《关于实施东北地区等老工业基地振兴战略的若干意见》的意见。

［2］2006年4月颁布《关于促进中部地区崛起的若干意见》的意见。

［3］阿拉塔高娃：《关于东南沿海地区与少数民族地区的对口支援和经济技术协作发展的再认识》，《内蒙古社会科学》（汉文版）2000年第2期。

［4］本书编写组：《〈国务院关于支持赣南等原中央苏区振兴发展的若干意见〉简明读本》，社会科学文献出版社2013年版。

［5］边俊杰：《"稀土企业可持续发展风险准备金制度"释义——基于当前几种制度的辨析》，《有色金属科学与工程》2012年第3期。

［6］蔡文伯、刘月：《对口支援西部高校社会资本的三个维度分析》，《石河子大学学报》（哲学社科版）2010年第2期。

［7］陈宇：《中国土地收支预算管理研究》，华中科技大学硕士论文，2012年。

［8］陈志刚：《对口支援与散杂居民族地区小康建设——来自江西省少数民族地区对口支援的调研报告》，《中南民族大学学报》（人文社会科学版）2005年第3期。

［9］程雪阳：《中国土地制度的反思与变革》，郑州大学硕士论文，2012年。

［10］丁煌：《政策执行阻滞机制及其防治对策——一项基于行为和制度的分析》，人民出版社2002年版。

［11］丁希滨：《山东省森林生态效益补偿机制研究》，山东农业大学博士论文，2006。

[12] 丁岩峰:《生态价值评估方法研究及实例分析——以六安市舒城县为例》,合肥工业大学硕士论文,2010。

[13] 丁岩林、李国平:《我国矿产资源开发生态补偿政策演进与展望》,《环境经济》2012年第3期。

[14] 定财:《提升我国地方政府执行力的路径选择》,《中共桂林市委党校学报》2008第3期。

[15] 董海军、曾东霞:《区域梯度教育结构与对口支援西部高校的反梯度》,《科学经济社会》2009年第4期。

[16] 杜玲、陈阜、张海林、李琳、刘国民:《基于博弈论模型的北京市农田生态补偿政策研究》,《中国农业大学学报》2010年第1期。

[17] 杜群:《生态补偿的法律关系及其发展现状和问题》,《现代法学》2005第3期。

[18] 方精云、郭兆迪、朴世龙:《1981—2000年中国陆地植被碳汇的估算》,《中国科学:D辑》2007年第37期。

[19] 冯艳芬、王芳、杨木壮:《生态补偿标准研究》,《地理与地理信息科学》2009年第25期。

[20] [美]卡斯特、罗森茨韦克著:《组织与管理——系统方法与权变方法》(第四版),傅严译,中国科学出版社2000年版。

[21] 高芳、蔡文伯:《东西部高校"对口支援"政策执行分析》,《河北科技大学学报》(社会科学版)2009年第4期。

[22] 高亢:《高等学校对口支援互动双赢机制研究——以北京大学对口支援石河子大学为例》,《石河子大学硕士论文》2013年。

[23] 高永志、黄北新:《对建立跨流域河流污染经济补偿机制的探讨》,《环境保护》2003年第9期。

[24] 国家民委:《中华人民共和国民族政策法规选编》,中国民航出版社1997年版。

[25] 国良、周东升、陆小成:《基于公共治理范式的地方政府政策执行力研究》,《湘潭大学学报》2007年第4期。

[26] 国务院三峡建设委员会移民开发局:《三峡工程移民工作手册》,三峡工程建设委员会1998年版。

［27］黄富祥、康慕谊、张新时：《退耕还林还草过程中的经济补偿问题探讨》，《生态学报》2002年第22期。

［28］黄小虎：《我国土地制度与土地政策的走向——从土地财政和土地金融说起》，《中州学刊》2012年第6期。

［29］蒋延玲、周广胜：《中国主要森林生态系统公益的评估》，《植物生态学报》1999年第23期。

［30］金波：《我们将和新疆人民共同努力——浙江省考察团赴新疆对接考察对口支援工作纪实》，《今日浙江》，2010年第8期。

［31］孔凡斌、张利国、陈建成：《我国生态补偿政策法律制度的特征、体系与评价研究》，《北京林业大学学报（社会科学版）》2010年第3期。

［32］孔凡斌：《江河源头水源涵养生态功能区生态补偿机制研究——以江西东江源区为例》，《经济地理》2010年第30期。

［33］兰英：《对口支援：中国特色的地方政府间合作模式研究》，西北师范大学硕士学位论文，2011年。

［34］李建琴、王诗宗：《民间商会与地方政府：权力博弈、互动机制与现实局限》，《中共浙江省委党校学报》2005年第5期。

［35］李敬辉：《新时期中国产业政策研究》，哈尔滨工程大学博士学位论文，2004年。

［36］李克国：《对生态补偿政策的几点思考》，《中国环境管理干部学院学报》2007年第3期。

［37］李丽英、刘勇、鲁叶江：《煤矿区生态补偿政策研究》，《矿山测量》2010年第4期。

［38］李文华、李世东、李芬、刘某承：《森林生态补偿机制若干重点问题研究》，《中国人口·资源与环境》2007年第17期。

［39］李文华、李世东、李芬：《森林生态补偿机制若干重点问题研究》，《中国人口·资源与环境》2007年第17期。

［40］李小云、靳乐山、左停：《生态补偿机制：市场与政府的作用》，社会科学文献出版社2007年版。

［41］李晓建、孔元：《煤矿区生态补偿机制研究》，《中国矿业》2009年第18期。

[42] 李延成：《对口支援：对帮助不发达地区发展教育的政策与制度安排》，《教育发展研究》2002年第10期。

[43] 李玉杰、刘志峰：《企业生态位本质、特征与结构研究》，《企业经济》2009年第9期。

[44] 李长亮：《中国西部生态补偿机制构建研究》，兰州大学博士论文，2009年。

[45] 林保民、李克国：《生态文明与农业发展》，《中国环境管理干部学院学报》2008年第3期。

[46] 刘建军：《对口支援政策研究——以广东省对口支援哈密地区为例》，《新疆大学硕士论文》2007年。

[47] 刘铁：《对口支援的运行机制及其法制化：基于汶川地震灾后恢复重建的实证分析》法律出版社2010年版。

[48] 刘熙瑞：《公共管理中的决策与执行》，中共中央党校出版社2003年版。

[49] 刘志峰：《现代服务业企业竞争研究：企业生态位视角》，《中部崛起与现代服务业——第二届中部商业经济论坛论文集》2008年。

[50] 罗豪才、宋功德：《公域之治的转型——对公共治理与公法互动关系的一种透视》，《中国法学》2005第5期。

[51] 马刚、曹玉书：《土地政策影响经济发展的几个核心问》，《题中国国情国力》2012年第5期。

[52] 毛显强、钟瑜、张胜：《生态补偿的理论探讨》，《中国人口·资源与环境》2002年第12期。

[53] 孟光新、王力、王新宇：《辽宁东部重点区域生态补偿政策的探讨》，《地方财政研究》2008年第5期。

[54] 明秋：《公共政策执行失灵的成因与对策探讨》，《云南行政学院学报》2006第5期。

[55] 莫勇波：《提升地方政府政策执行力的路径选择——基于制度创新角度的探析》，《云南行政学院学报》2005年第6期。

[56] 宁国良：《公共利益的权威性分配——公共政策过程研究》，湖南人民出版社2004年版。

［57］裴秀丽：《丹江口水库调水工程移民迁移的动力机制与生态补偿政策研究》，山东师范大学硕士论文，2010年。

［58］彭春凝：《论生态补偿机制中的政府干预》，《西南民族大学学报》2007年第7期。

［59］彭勇平、黄正坤、郭利平：《赣南等原中央苏区经济社会发展状况调研报告》，《江西省人民政府公报》2012年15期。

［60］乔小雨：《中国征地制度变迁研究》，中国矿业大学硕士论文，2010年。

［61］清华大学课题组：《东西部高校对口支援的实践与经验》，《清华大学教育研究》2007年第4期。

［62］瞿宛文：《多层次架构的中国产业政策模式——对白让让教授评论之回应》，《经济学》（季刊）2010第1季。

［63］容志：《政策变迁中的中央与地方博弈》，复旦大学硕士论文，2008年。

［64］孙力：《解构与反思：中国生态补偿法律制度探析》，《理论探讨》2007年第2期。

［65］万军、张惠远、王金南、葛察忠、高树婷、饶胜：《中国生态补偿政策评估与框架初探》，《环境科学研究》2005年第2期。

［66］王金南：《生态补偿机制与政策设计》，中国环境科学出版社2006年版。

［67］王良海：《我国生态补偿法律制度研究》，西南政法大学硕士论文，2006年。

［68］王清军：《生态补偿主体的法律建构》，《中国人口·资源与环境》2009年第19期。

［69］韦贵红：《我国森林生态补偿立法存在的问题与对策》，《北京林业大学学报》（社会科学版）2011年第4期。

［70］邬亮、马丽、齐晔：《省级政府环境政策制定过程的特征分析——以陕西和云南水土保持生态补偿政策为例》，《中国人口·资源与环境》2012年第3期。

［71］熊平生：《赣南地区水土流失成因分析及其治理措施》，《水土保持研究》2007年第4期。

[72] 杨成湘：《人对自然态度的历史擅变与生态环境》，《理论研究》2006年第1期。

[73] 杨道波：《地区间对口支援协作的法律制度问题与完善》，《理论探索》2005年第6期。

[74] 杨道波：《对口支援和经济技术协作法律对策研究》，《中央民族大学学报》（哲学社会科学版）2006年第1期。

[75] 杨璐璐：《中国土地政策演进阶段性结构特征与经济发展转型》，《现代财经》（天津财经大学学报）2014年第6期。

[76] 杨天宇、刘瑞：《论资源环境约束下的中国产业政策转型》，《学习与探索》2009年第2期。

[77] 杨志鹏：《北京市生态公益林补偿制度研究》，北京林业大学硕士论文，2012年。

[78] 绽小林、马占山、黄生秀、花宇南、朱晓达：《三江源区藏民族生态移民及生态环境保护中的生态补偿政策研究》，《攀登》2007年第6期。

[79] 张建肖、安树伟：《国内外生态补偿研究综述》，《中国环境科学学会学术年会优秀论文集》，2008年。

[80] 张杰、李嘉诚、焦淏嵩、张涵、甘复兴：《中国生态补偿政策实施的问题与对策》，《陕西农业科学》2011年第4期。

[81] 张敏：《中国林业碳汇交易的法律制度构建》，中南民族大学硕士论文，2012年。

[82] 张为波、王莉：《试论公共政策执行的阻碍因素及对策》，《西南民族大学学报》（人文社会科学版）2005年第3期。

[83] 张志强、徐中民、程国栋：《生态足迹的概念及计算模型》，《生态经济》2000年第10期。

[84] 赵从举、毕华、张斌、吴倡仪：《海南西部退耕还林还草生态补偿政策的效果评估》，《安徽农业科学》2010年第2期。

[85] 赵翠薇、王世杰：《生态补偿效益、标准——国际经验及对我国的启示》，《地理研究》2010年第29期。

[86] 郑雪梅、赵颖：《辽宁、福建、浙江三省的水源地生态补偿政策及其比较》，《大连干部学刊》2009年第11期。

［87］ 中国21世纪议程管理中心可持续发展战略研究组：《生态补偿：国际经验与中国实践》，社会科学文献出版社2006年版。

［88］ 中国环境与发展国际合作委员会生态补偿机制与政策研究课题组：《中国生态补偿机制与政策研究》，科学出版社2007年版。

［89］ 周银珍等：《对口支援三峡移民政策分析》，《三峡大学学报》（人文社会科学版）2003年第2期。

［90］ 庄国泰：《经济外部性理论在流域生态保护中的应用》，《环境保护》2004年第6期。

［91］ Liu W., Draw lessons from CDM. setup the ecological compensation-mechanism ofdomestic block. Northwest Population Journa, July 2012, 491–503.

［92］ P. F. Drucker. The Deadly Sins in Public Administration. *Public Administration Review* (March-April), May 1980, 253–265.

［93］ Stefano Pagiola, Joshua Bishopand. *Selling forest environmental services*. Natasha Landel-lMills (eds), London: Earthscan Publications, 2002.